Jamás pidas p

Sólo perdona

La sana solución ante la esperanza tóxica

Especialmente para

_____

De

_____

5 advertencias | 5 preguntas | 5 parábolas | 5 desafíos | 5 avisos

Un innovador programa de cinco fases para:
Purificar la memoria
Vigorizar la voluntad
Encauzar los sentimientos
Vencer la dificultad para perdonar
Impulsar la paz interior

FRANCISCO IRIZARRY

ISBN-13: 978-1512169102
ISBN-10: 1512169102

Pedidos a:
Correo electrónico: soloperdona@yahoo.com
Visítenos en nuestra web: www.soloperdona.com
Texas, USA

Caratula y diagramación: Francisco Irizarry
Dibujos interiores: Fabiola Irizarry

Impreso por Amazon Publishing
P.O. Box 400818, Las Vegas, NV 89140

Impreso en los Estados Unidos de América
Printed in the United States of America

Todas las personas
sobre las que leerás aquí
son muy especiales para mí,
pero dedico este proyecto a Jany.
Ella me mostró hace muchos años
que jamás debo pedir perdón por existir.
Algunos años después, me convertí en su amigo
y años más tarde nos casamos. Ha sido muy poco tiempo.

Contenido

Francisco Irizarry

Jamás pidas perdón por existir…

Sólo perdona

Prefacio

Sí queremos causar impacto en nuestra lucha por alcanzar nuestros sueños, debemos encontrar la manera de resolver los conflictos internos. Yo no soy la excepción a esta regla. Todavía recuerdo como ayer cuando anhelaba el poder pararme frente a un grupo de personas sin sentir pánico. Por más que me esforzaba no podía pronunciar una sola palabra sin que todo mi cuerpo dejara bien claro mi inseguridad. Sudaba, me movía de lado a lado como si estuviera en un baile, usaba muletillas, no podía mirar a nadie a los ojos, en fin un saco de nervios.

El terror que sentía no me dejaba avanzar. No me daba cuenta que todos mis conflictos internos se pusieron de acuerdo para sabotear mi éxito. Para ese entonces odiaba a algunas personas y las culpaba de mis sentimientos. Era muy difícil hablarles y sostener la mirada. No solo eso sino que adopte un comportamiento soberbio que me hacía creerme más que los demás. Miraba por encima del hombro a los que me hacían la competencia y dejé muchos corazones dolidos en el camino. Cometí muchos errores a causa de mis resentimientos y les hice daño a algunas personas muy queridas durante mi juventud.

Hoy pido perdón por todo el daño que he cometido. Ninguna de esas personas merecía que las tratase de esa manera. Mi equivocación hizo que perdieran la confianza en mí y no las culpo por eso. Me he dado cuenta que la confianza se tiene que ganar y que debe crecer poco a poco, como crece una pequeña plantita, si es que ambas partes lo desean.

Pero si hoy puedo pedir perdón por mis faltas es porque un día perdone. Un día me atreví a perdonar y decidí que no merecía cargar con tanto resentimiento. Tampoco los que estaban a mi alrededor debían recibir de mi el desprecio y el desamor. No fue nada fácil, puesto que no contaba con la motivación y la información para perdonar. Pero pude hacerlo tan pronto comencé a dejar de pedir perdón por mi existencia.

Sin saberlo comencé un camino de sanación interior que poco a poco me permitió recordar sin dolor. Comencé a tratar mejor a los demás y hasta pude sostener la mirada cuando me hablaban. No solo eso, sino que pude pararme frente a una multitud sin tener que salir corriendo.

Sé que no soy el único que ha tenido que lidiar con conflictos internos para alcanzar sueños. Esto lo he evidenciado luego de compartir con un sin número de jóvenes y adultos durante las conferencias que he impartido los últimos 25 años. Muchos de estos conflictos provenían de resentimientos o heridas de múltiples palabras ofensivas. Los golpes y las traiciones fueron los protagonistas de estos conflictos.

No es suficiente con querer cumplir nuestros sueños y ponerles fecha para transformarlos en metas. Es necesario despertar y darnos cuenta que tener buenas intenciones no es suficiente.

Sí desde el interior de nuestro corazón nos saboteamos a nosotros mismos siempre estaremos en guerra, aunque por afuera nos vistamos de blanco.

Es como si se nos hubiera infiltrado un pequeño caballo de Troya. Todo nuestro ser es como si fuese esa base de control desde donde planificamos, implementamos y ejecutamos nuestro plan de batalla. Sin poder evitarlo, al intentar librar una batalla en busca de nuestro éxito personal, este caballo nos perjudica. Desde muy adentro sabotea nuestras buenas intenciones y busca la forma de desarmarnos. Lo hace con tanta frecuencia que ya nos faltan dedos para seguir contando. Ese caballo puede tener muchos nombres dependiendo de cada persona. Algunos lo llaman miedo, otros lo llaman glotonería, otros violencia, otros soberbia, en fin; la lista es interminable.

Sin estar buscando el caballo que más nos puede influenciar, me tope con uno que ejerce una influencia increíble sobre nosotros; uno que tiene la potencia para sabotear los sueños a más de una persona.

Me di cuenta de este animalito a través de una poesía que escribí intuitivamente. La poesía se titula: «Jamás pidas perdón por existir» y nunca me imagine el impacto que tendría en la vida de todos los que la leyeron. De una forma sencilla más de uno se sintió identificado con el «Caballo de Troya» y con la alternativa para impedir que nos perjudique.

Recuerdo que la primera estrofa leía así:

 «No pidas perdón por no hacerlo feliz. Mejor perdona a quién te puso otra carga al creer que su felicidad dependía de ti».

Quizás no pidamos perdón por hacer feliz a alguien con palabras, pero si con nuestros actos. El asunto radica en que muchas veces asumimos una actitud de pedir perdón por no cumplir con las expectativas de los demás, sin tan siquiera cuestionarlas. Muchas veces lidiamos con un sentimiento de culpa sin preguntarnos si los requisitos que tratamos de cumplir son adecuados o no.

En el caso de esta estrofa proclamo que no debemos pedir perdón por no poder hacer feliz a una persona. Deseo puntualizar la enorme carga emocional que asumimos cuando creemos que podemos hacer feliz a alguien. Cuando otra persona nos hace responsables de su felicidad diciéndonos dulcemente que de alguna manera la hacemos tan feliz, corremos el riesgo de creerle. Al creerle nos sobreviene la emoción que será solo el comienzo de nuestro clavario.

En adelante trataremos de cumplir con esa expectativa y cuando la otra parte nos muestre insatisfacción, comenzaremos a desilusionarnos y a disculparnos cayendo en un círculo sin fin. Viviremos pidiendo perdón sin tan siquiera recordar donde comenzamos a sentirnos culpables.

Por otro lado, ¿por qué no nos preguntamos si realmente podemos hacernos felices? ¿Tendremos nosotros esa capacidad? La razón por la que preguntó es porque nadie da lo que no tiene. Si no tenemos paz, no daremos paz. Si no tenemos alegría, no daremos alegría. Por tanto, si no podemos hacernos felices, mucho menos podremos hacer felices a otros.

Lo que si podemos hacer es compartir lo que tenemos. Si tenemos amor en nuestro corazón, entonces podremos compartirlo. Si tenemos felicidad, también la podremos compartir con los demás. Esto significa que quizás no hagamos felices a los demás, pero si podemos y debemos compartir nuestra felicidad con ellos. Cuando la compartimos a manos llenas dejamos de cargar el peso de que la felicidad de otros depende de nosotros y motivamos a otros a hacer lo mismo. Comenzamos a liberarnos de un poder que no nos pertenece, los liberamos a ellos y construimos un mundo sin apegarnos a los demás. Al compartir nuestra felicidad comenzamos a tomar responsabilidad por las cosas que si podemos hacer. Podemos dar de lo que tenemos e inquietar a los demás a animarse a tomar responsabilidad por ellos mismos.

Nuestra respuesta por tanto, no debería ser excusarnos por no hacer feliz al otro o por no poder dejar de emocionarnos al oír frases como: «Me haces tan feliz». Nuestra respuesta sería mucho más efectiva si solo perdonáramos a la persona que nos influenció al proponernos que su felicidad dependía de nosotros.

El perdonar nos abre las puertas a una nueva dimensión de paz. No solo nos liberamos de una responsabilidad que no nos pertenece ni a la cual podremos cumplir jamás del todo, sino que liberamos a los demás del yugo que ejercen sobre nosotros. El yugo de culparlos por amarrarnos a una idea que nos aprisiona.

Cuando perdonamos somos libres de muchas otras ideas preconcebidas que día a día nos someten a una vida donde dejamos de ser los protagonistas para permitir que otros lo sean. En las otras estrofas del poema expongo algunas de ellas. En fin, sin perdonar solo tenemos papeles secundarios en la historia de nuestra existencia.

No importa si eres una persona de negocios, un maestro, un vendedor, un ejecutivo, un ingeniero o de cualquier profesión, todos y cada uno de nosotros, necesitamos perdonar si queremos que algunos sentimientos no saboteen el éxito por el que trabajamos. La falta de perdón es uno de los mayores problemas cuando nos proponemos metas. Si no trabajamos con nuestro dolor jamás disfrutaremos de las victorias.

 ## ¿Qué es perdonar?

Parece una pregunta fácil, pero no lo es. Es sin duda una pregunta sencilla, pero de fácil no tiene ni un pelo.

Al tratar de contestar esa pregunta me tuve que enfrentar a un sin número de definiciones. Algunas de ellas llegaban incluso a contradecirse. Definiciones como por ejemplo: «Amar es nunca tener que decir lo siento», como si el amor fuera cosa de personas que no se equivocan. ¿Dónde dejamos nuestra humanidad? ¿Tengo que dejar de ser humano para amar? También encontré muchos requisitos que hacían del perdón algo inhumano. Eran tantos que al final solo pocos podían utilizar el perdón como una herramienta eficaz.

Encontrar una definición acerca de lo que es realmente perdonar, examinar los distintos requisitos para perdonar y proponer un sistema práctico que pueda ayudar a perdonar en profundidad, fueron las inquietudes que me movieron a este proyecto. No pretendo proponer el único acercamiento en torno a lo que debe ser perdonar, pero si propongo una alternativa que nos vaya liberando un poco más para dejar de pedir perdón por nuestra propia existencia. Una alternativa para comenzar a desprendernos de ciertas cargas que hacen nuestras vidas complicadas.

¿Qué es entonces perdonar? No pretendo que lo comprendas en este momento. Pero me gustaría anticiparte lo que es perdonar para luego ir sobre lo que se necesita antes, durante y después de perdonar.

Perdonar es un acto donde optamos por purificar la memoria, vigorizar la voluntad, vencer las dificultades para perdonar, encauzar nuestros sentimientos e impulsar la paz interior.

Estoy complacido de presentar un trabajo sin ninguna persona ficticia. Todas las personas e historias que leerás son tan ciertas como el aire que respiramos y tan ciertas, como que en la mañana, se levanta el Sol. Lo único distinto es su nombre, ya que ha sido sustituido para preservar su intimidad. Por lo demás, todo es auténtico.

Con todo lo que presento en este proyecto no pretendo sustituir ninguna terapia psicológica a la que estés sujeto en este momento. No soy médico ni pretendo serlo. Si estas asistiendo a algún tipo de terapia psicológica o psiquiátrica te exhorto a que continúes asistiendo.

El contenido en esta obra literaria no sustituye ningún tipo de terapia a la que estés asistiendo.

En adición a esto, te advierto que no encontraras nada nuevo aquí, pero encontraras muchas cosas que no aplicamos. El problema no es que pequemos de ignorancia, todos de alguna manera sabemos que perdonar es beneficioso para nuestras vidas.

El problema es la inacción y este proyecto viene a susurrarnos una respuesta a nuestra complicada existencia. Es un llamado muy sutil a descomplicarnos. Un llamado a ver el perdón como una opción ante la incansable lucha por complacer a todos los que nos quieren traer más culpa de la que ya tenemos. El propósito de este proyecto es inquietarte lo suficiente para que hagas algo por aplicar los conceptos que aquí se presentan. En fin, es un grito contundente a que jamás pidamos perdón por existir en este momento.

Solo debemos perdonar.

El Autor

Introducción

En este momento me gustaría hacer una prueba. En ella verás doce situaciones diferentes donde solo debes contestar si o no.

La intención de esta pequeña prueba es que tú mismo puedas evaluar, antes de seguir leyendo, sí en realidad necesitas leer este libro o no. A pesar de que son situaciones muy cortas te exhorto a que no subestimes su contenido y pongas mucha atención a cada una. Si lo deseas puedes buscar un papel y escribir los números del uno al doce para que apuntes tus respuestas. Bueno, cuando estés listo puedes comenzar a leer y a contestar las preguntas.

1. Te sucedió algo muy terrible y doloroso. Por mucho tiempo resentiste mucho lo que pasó. Con el pasar del tiempo, al recordar ese suceso, no te resulta tan doloroso. ¿Crees que por sentir menos dolor has perdonado más? ___

2. Tu pareja te maltrató física y emocionalmente. Tú decidiste trabajar con tu perdón, pero tú mamá guarda rencor por lo que te hicieron a ti. ¿Tu mamá debe entender que no debe guardar rencor contra tu pareja porque el daño no se lo hicieron a ella sino a ti? ___

3. Supongamos que alguien te ha lastimado. Tan pronto como se lo hiciste saber comenzó a disculparse una y otra vez con toda sinceridad. Hasta te hizo un gran regalo. No solo eso, sino que te pide que por favor le digas que más tiene que hacer para que te sientas mejor. ¿Esta persona merece tu perdón? ___

4. Un empleado robó en tu negocio. Él usó el dinero para pagar una delicada operación. Gracias a esto su mamá está viva. Él te suplica por otra oportunidad, que trabajará duro para pagarte. Está tan arrepentido que hasta puso su casa, que tiene más valor que la deuda, a tu nombre hasta restituir todo lo que te debe. ¿Debes perdonar a ese empleado restituyendo la confianza? ___

5. Tu pareja no te pega, pero te agredió verbalmente. Las dolorosas experiencias de la vida la hicieron ser áspera. Nunca recibió amor ni cariño en su infancia. Ahora, busca cambiar y ser mejor persona. Está arrepentida y te pide que la perdones. ¿Debes perdonarla aceptando con sacrificio la cruz de los insultos? ___

6. No te tomaron en cuenta al planificar las vacaciones. Llevaban mucho tiempo que no salían. El lugar a donde van a ir es tu favorito. Te sientes un poco mal porque no te consideraron. ¿Debes sonreír aunque no quieras para no echar a perder las vacaciones? ___

7. Luego de años de amistad tu mejor amigo te ofende y te lastima. Con dolor se arrodilla y te pide perdón. Lamenta haberte ofendido y no quiere que la amistad termine. Su arrepentimiento es sincero y por eso hace muchas cosas para reparar su error. Tú deseas poder sentir lo que sentías antes de que tu amigo cometiera su falta. Sí perdonas, ¿crees que puedas comenzar a sentir lo que sentías antes? ___

8. Te despojaron de casa, tu carro y tus pertenencias. Te sentiste humillado y lastimado. Con el tiempo recuperaste lo que perdiste pero ese evento te ha desarrollado migraña. ¿Debes perdonar para olvidar la ofensa y sanar de tu migraña? ___

9. Quemaron tu negocio. Por años trataste de recuperarte. Enfermaste del estómago como consecuencia de lo sucedido. ¿Debes perdonar la deuda y al criminal para encontrar alivio a tu estómago? ___

10. Esta persona te dijo cosas que te hirieron. No sabes por qué te las dijo y exiges una explicación. Tú siempre le explicas como tú actúas y sientes que es justo una explicación. Se lo comentas y esta persona se da cuenta de su error, te explica lo que pasó y te pide perdón. Luego de entenderla te compadeces de ella. ¿Debes perdonar a esta persona por haberla comprendido? ___

11. Te asaltaron y te rompieron varias costillas. Culpas al criminal por la incomodidad de tener que ir al hospital. Llegas a odiar al criminal. ¿Solo basta con caer en cuenta de que te equivocaste al culpar? ___

12. Ocurrió un malentendido en tu trabajo. La persona se disculpa pero tú no ves ofensa en la situación. ¿Debes dejar ir a esta persona sin perdonarla? ___

Por favor no continúes leyendo
si no contestaste todas las preguntas.

Espero que te hayas tomado un tiempo para leer con detenimiento cada una de las situaciones antes expuestas. Aunque, todas son muy parecidas y giran en torno al concepto de perdonar, todas buscan resaltar un elemento distinto.

La respuesta a cada una de las preguntas debió haber sido no. Si contestaste que sí a alguna de las preguntas anteriores entonces este libro es para ti. Más adelante irás descubriendo en detalle por qué cada una de las respuestas debió haber sido negativa. No deseo entrar en una polémica en este momento ni mucho menos que estés de acuerdo a cabalidad. Solo te pido una oportunidad para exponerte el por qué muchas veces se nos hace tan difícil perdonar y como tanta información puede llegar a confundirnos.

Por otro lado, existen algunos signos que podemos utilizar para identificar si necesitamos perdonar en nuestras vidas. Los mismos los expongo de esta manera:

- Si no hemos proclamado el perdón específicamente sobre la persona o situación que nos irritó comprendiendo el alcance de la ofensa, experimentando los sentimientos y emprendiendo un camino hacia la sanación total de tu persona y quien te ofendió.
- Si en algunos momentos tenemos un comportamiento defensivo, violento, posesivo, muy perfeccionista, trabajamos en exceso o actuamos como si todo nos resbalara y con indiferencia.
- Si somos a veces tan susceptibles que no resistimos la crítica y hasta el halago que nos hacen.
- Si a veces nos aislamos para que no nos metan en problemas y pensamos que nosotros no tenemos problemas ya que son los demás los que tienen problemas con nosotros.
- Si sentimos enojo, rabia, rencor, frustración, rebeldía, disgusto, ansiedad, irritación o resentimiento.
- Si a veces siento lástima, tristeza, ansiedad, depresión, engaño, desánimo, decepción, rechazo, abandono o amargura.
- Si he participado en una ofensa con otra persona como puede ser el caso de un aborto, un robo, un crimen o teniendo relaciones extramaritales.
- Si me encuentro buscando solución o entretenimiento en brujería, santería, espiritismo, cartas del tarot, caracoles, la santa muerte o cualquier otra superstición.

- Si me encuentro a veces criticando, chismeando, quejándome, juzgando, condenando, con celos, envidia, abusando del alcohol, usando pornografía, drogas con un vicio destructivo.
- Si sospecho que alguien tiene algo en contra mía, que me hizo algún brujo, que me echaron mal de ojo, que alguien me echó una maldición, que las cosas me salen mal porque la vida se ha puesto en mi contra, que la suerte no está de mi lado o todo me sale mal sabiendo o no la razón.
- Si sospecho que no fui deseado o que hubieran preferido que no naciera, que me rechazaron en el vientre de mi madre, que esperaban un hijo de otro género, que el desprecio de otros me marcó cuando me dijeron: «¡Tienes que aprender de tu hermano! ¡Desaparécete de mi vista! ¡Estoy harto de ti! ¡Nunca haces nada bien! ¡Tenías que ser tú de nuevo! ¡Como no me deshice de ti!» o que pasó algo malo durante mi infancia que recuerdo o no recuerdo.

Muchas veces tratamos todas estas situaciones como si fueran la enfermedad, más sin embargo son solo los síntomas que nos influencian a pedir perdón por existir. La pregunta que debemos hacernos es:

«¿Para qué estamos haciendo estas cosas? ¿Será que no creemos que nosotros ni nadie puede cambiar?»

Echamos un vistazo a cómo el concepto de perdonar se puede materializar en nuestras vidas de una manera sencilla y nueva. Veremos por qué no se trata de un largo proceso ni de una varita mágica con la cual resolvemos de un tiro todos nuestros traumas. Se trata de cómo podemos incorporar esta herramienta de manera que trabaje para nosotros en medio de una sociedad que muchas veces se conforma con pedir perdón por existir.

En los capítulos siguientes discutiré como podemos lograr, aquí en nuestro presente, lidiar con nuestro pasado. Propongo como podemos dejar de pedir perdón por existir y como abrir la puerta para que todas nuestras heridas y traumas sean sanados.

Durante las primeras dos partes de este proyecto obtendrás una sólida formación en torno a lo que es y no es perdonar. Ambas partes contienen información imprescindible, a través de «Cinco advertencias y Cinco preguntas», que sirven de fundamento para asimilar el trabajo que necesitamos ejecutar en el programa «Just 4Give™.»

Este programa lo comprenderás en la tercera parte bajo el título de

«Cinco parábolas» las cuales te servirán en esta preparación para perdonar. Cada parábola forma parte de cada una de las cinco fases del programa. Estas fases son:

1. Un capítulo sin luz en mi biografía.
2. El fruto de mi aprendizaje.
3. Desenmascarando mis requisitos.
4. La verdad acerca de mis sentimientos.
5. Mi nueva historia.

Luego de esta importante preparación en las primeras dos partes y el trabajo realizado en la tercera parte, en la cuarta parte llamada «Cinco desafíos», podrás proclamar tu perdón de una manera profunda y recibir en fe la paz interior. Finalmente, durante la quinta parte llamada «Cinco avisos» vamos a adquirir las herramientas necesarias para la sanación total y verás la poesía que dio origen a este trabajo.

Cada una de ellas es una pieza que forma parte de un gran rompecabezas cuyo objetivo final es la sanación total de nuestra persona. No son unas reglas rigurosas que pretenden establecer el único camino para perdonar. Más bien son fragmentos de entendimiento sobre lo que es y no es perdonar. Además, pretendo demostrar cómo podemos lograr hoy beneficiarnos de esta poderosa herramienta.

Por lo tanto, te invito a leer los próximos capítulos con mucha esperanza, pues aquí hay información sin la cual creo que nadie debería quedarse sin recibir. Date la oportunidad de cuestionar la implicación de cada una de las herramientas expuestas en este trabajo y llegar a tus propias conclusiones. Te aseguro que cada una de ellas contiene una gota de información que unidas serán como un río que te ayudaran a dejar de pedir perdón por existir.

Buen viaje.

Primera Parte
Cinco advertencias

No existe una varita mágica
Tu felicidad no depende de tu pasado
Nadie puede perdonar por ti
Perdonar no te libera de todo tu dolor
Entre cuatro la carga es más ligera

No existe una varita mágica

Durante las pasadas navidades, como de costumbre, decoramos nuestra casita con luces, adornos, pesebre y arbolito. No está de más decirte que la ilusión y la desgana fueron dos emociones que se entrelazaron dentro de mí. Por un lado tenía la ilusión de poder ver de una vez todo montado y decorado.

Por otro lado, con el simple pensar en todo lo que faltaba por hacer, me daban deseos de salir corriendo. Yo sabía que si quería disfrutar de ese ambiente navideño tan deseado, tenía que trabajar muy duro antes de que ese momento llegara. Tenía que desempacar todos los artículos con los que contaba, planificar donde iba a estar cada cosa, qué no iba a utilizar, por dónde iba a comenzar, colocar todo de manera que cumpliera con la expectativa final, quitar cualquier decoración que después de colocada no luciera bien y guardar todas las cajas donde todo estaba guardado.

En ese momento deseé tener una varita mágica.

Deseé poder tener ese delgado instrumento que tanto maravilla a los espectadores en los espectáculos de magia. Todo el mundo espera que el mago solo repita sus palabras mágicas y mueva su varita para asombrarse de los milagrosos y anti naturales efectos.

De hecho la admiración se produce porque no es natural que se resuelvan las cosas con la misma rapidez como cuando comenzaron. Todo lo que no es posible en nuestra mente y se materializa ante nuestros ojos nos maravilla.

De la misma manera a veces quisiéramos poder tener una varita mágica con la cual pudiéramos maravillarnos al borrar todo lo malo que nos ha sucedido. Quisiéramos poder moverla de un lado para otro y borrar todas las desilusiones para que no nos afecten. Lo cierto es, que con tantas soluciones simples a nuestro alrededor, deseamos que todo este asunto de perdonar también estuviera disponible a través de un sencillo auto servicio. Sí, donde como mínimo pudiéramos poner nuestra orden a través de un intercomunicador y luego pasar a la ventanilla a recogerla.

Deseamos un perdón mágico.

Es aquí, en medio de todo este deseo anhelado, que me toca decirte que no existe una varita mágica. No existe una herramienta instantánea con la que puedas decir: «¡Zas!» y de repente todo el daño y las secuelas de dolor desaparecen como por arte de magia. No podemos esperar que se construya con la misma facilidad con la que se destruye.

 Nuestra propia experiencia de vida nos deja ver que edificar un puente es mucho más difícil que destruirlo.

Cuando nos tocó remover toda la decoración de navidad hubieras visto con cuanta facilidad pudimos quitar todo. En un instante todos los adornos del arbolito se habían empacados, la luces estaban guardadas y el árbol estaba sellado en su caja y acomodado en su lugar de descanso. Comparado con colocar la decoración, el quitarla fue mucho más fácil.

De igual manera pasa con todo este asunto de perdonar. La paz que tenemos siempre va a ser mucho más fácil perderla que recuperarla de nuevo. En un instante podemos perder lo que por tanto tiempo nos tomó obtener. Por eso es muy fácil desilusionarse y darse por vencido ante la humillación, la opresión y la pérdida.

Quizás el hecho de que no exista una varita mágica nos cause decepción. Lo cierto es que debería ser todo lo contrario.

Deberíamos alegrarnos.

Muy a pesar de todo el sacrificio que supone el volver a colocar toda la decoración, todos los años volvemos a colocarla de nuevo. Más que fijarnos en todo lo que hace falta por conseguir, nos fijamos en la ilusión de poder disfrutar de un cambio de ambiente. Nos imaginamos como va aquedar todo y lo bien que se verá. Por eso volvemos a realizar la tarea cada año.

Por eso mismo deberíamos alegrarnos. El hecho de que de forma instantánea no podamos deshacernos de tanto dolor, no significa que debemos rendirnos. La varita que anhelamos es solo producto de nuestra desesperación por no saber todavía como sacarnos el aguijón del rencor de nuestras mentes. Lo que fácil llega, fácil se va.

Esperanza es el vivo ejemplo de lo que estoy comentando. Lo que le sucedió a ella fue terrible, mas sin embargo no se dio por vencida. Nunca encontró una varita mágica para desprenderse de las secuelas horrendas que vinieron luego del suceso. De hecho nunca la necesitó. A ella, lo que más le ayudó fue entender la forma que tomaba el rencor dentro de ella. Entendió que el rencor era como un animal que serpenteaba dentro de ella y que necesitaba hacer algo antes de que fuera tarde.

* * *

A mis 10 añitos quedé huérfana. Mi padre partió primero debido a un accidente y luego mi madre falleció de neumonía a sus cortos 35 años. Como podrás ver, ya desde muy temprano, la vida comenzó a marcarme con espantosas tragedias. Junto a mis tres hermanas de 13, 14 y 16 años quedamos al amparo de una abuelita de 73 años y de mi tía que era la hermana menor de mi mamá. Esa tía comenzó a tomar posesión de todo lo que mis padres dejaron. Todo estuvo bien mientras estuve junto a mis hermanas. Pero esa estabilidad no iba a durar para siempre. La separación era inevitable. Otra tía que ya estaba en Estados Unidos decidió traer a mis tres hermanas, quedándome sola al amparo de mi tía y mi abuelita. Cuando mi tía vio que me quedé sin el amparo de mis hermanas, comenzó a tratarme mal y a humillarme sin que yo entendiera por qué lo hacía. La situación era desesperante porque no podía entender cómo alguien pudiera tenerle tanta mala voluntad a una persona. Buscaba en mi mente para ver si encontraba en que fallé y no conseguía nada. Es como si ella se hubiera empeñado en hacerme daño por el simple hecho de estar allí. Pero mi calvario apenas comenzaba. Cuando cumplí 16 años mis hermanas deciden poner todos los bienes a mi nombre. Eso a mi tía la encolerizó. Se puso como una fiera. Pero no me di cuenta hasta que comenzó con premeditación y alevosía a difamarme. No sé de dónde se sacó que yo estaba embarazada. ¿Te puedes imaginar cómo me sentí? Nuevamente se inventaba algo para herirme donde más me dolía, en mi relación con mi abuela, quien era la única madre que me quedaba. Mi abuelita por su parte le creía más a ella que a mí, por ser yo la niña. Así que me obligó a tomarme una bebida para que el supuesto bebé saliera. La bebida que era como un té me ocasionó un malestar en mi estómago que me hizo sufrir muchísimo. Yo empecé a orar y a pedir a Dios que me ayudara porque lo que mi tía decía de mí era falso. Todos los días oraba y suplicaba. Eso me daba fuerzas, pero cuando mi tía se daba cuenta que no estaba logrando hacerme sentir mal, se inventaba algo nuevo para maltratarme. Cada día era para mí era un reto. No podía confiar en nadie y todos los días le pedía a Dios que me ayudara. Esto me llevó a aprender solita a rezar el rosario. Un día hincada cerca de mi cama le pedí orando a Dios que me cuidara. Luego le pedí a la virgencita María que me adoptara como hija porque yo necesitaba una madre conmigo. Fue cuando miré su rostro y el rostro de nuestro Señor Jesús por primera vez. Eso me pasó por tres meses. Mientras tanto, mi tía se inventó algo nuevo como siempre. Pero ahora lo hizo para que mi abuelita me corriera de la casa. Ella comenzó a decirle a todos, los que me conocían, que me encontró con un hombre teniendo intimidad.

No existe una
varita mágica

Ahí comencé a odiarla; un odio a morir.

Todo era peor con mi tía. Aunque mi abuelita me quería mucho ella le creía más a mi tía. La maldad que ella tenía contra mí no parecía tener límites. Cada día sufría humillación tras humillación. Creo que lo que empeoraba las cosas era el hecho de que yo me quedaba callada y nunca respondía a las acusaciones que ella me hacía. Eso me hizo mucho daño porque todo lo guardaba en mi corazón. Por eso creo que el odio hacia ella crecía cada día más al saber que ella pisoteó mi dignidad y mi orgullo propio.

Fue entonces que yo dejé de orar y de rezar el rosario.

Así perdí la gracia que Dios me regaló.

Con el tiempo ella emigró a E.U. desde el Salvador. Yo me alegré mucho porque pensé que al fin ya no me iba a perjudicar más.

Pero no fue así porque el daño que llevaba por dentro me perjudicaba aunque ella no estuviera.

Dos años después, por motivos de la guerra, mis hermanas deciden que yo tenía que venir a este país.

Aquí encontré al que ahora es mi esposo.

Ya casada empecé a acercarme a Dios. Volví a creer que solo Dios me podía ayudar. Por eso busqué confesarme y pedir a los sacerdotes que oraran por mí. Un día uno de ellos me dijo: «¡Ese odio que tú tienes es como una serpiente que te está destruyendo por dentro.

Tienes que perdonar para que Dios te perdone.»

Pasaron los años y yo seguí buscando de Dios hasta que mi esposo me apoyó para que asistiera a un retiro de sanación que hubo en la iglesia.

Allí decidí poco a poco perdonar todo el daño moral que ella me ocasionó. Antes yo no podía llamarla tía de ninguna manera porque todo mi ser rechazaba el hecho de que un familiar pudiera ser capaz de dañar a alguien tan cruelmente como lo hizo ella. Tampoco soportaba que alguien me preguntara por ella. ¿Por qué iba yo a querer hablar de ella? Que le pregunten a ella si quieren saber de ella.

A mí que me dejaran tranquila.

Era como si al preguntarme me quisieran atormentar con sus preguntas.

¡No lo aguantaba!

Ahora es diferente.

Yo oro por ella y pido a Dios que la perdone como yo la he perdonado.

Luego de perdonarla reafirmé mi perdón las veces que fue necesario.
Después de 20 largos años siento que he sanado
el profundo dolor que sentía.
Ahora me siento libre gracias a un Dios que es todo poder
y a mi madre santísima que me adoptó para ser la madre que por
muchos años deseé tener.
¡No soy huérfana!
Mi madrecita del cielo nunca me abandonó. Hoy te digo que estoy
felizmente casada desde hace 24 años con un esposo maravilloso.
Tengo 2 hijos hermosos que son mi tesoro.
Mi princesa tiene 23 años y mi príncipe 21 años.
Son los preciosos regalos que Dios me prestó.
Esperanza

* * *

Para Esperanza el hecho de que no existiera una varita mágica para perdonar, la ayudó a tener más precaución en su vida y a valorar más su libertad. Ella quería un perdón instantáneo, pero lo que realmente necesitaba era un instante de paz que fuera creciendo hasta convertirse en una eternidad.

Necesitamos estar seguros de que estamos pisando firme para luego no hundirnos en un mar de desesperación. La paz que tanto anhelamos está mucho más cerca de nosotros, cuando miramos más lo que necesitamos que lo que queremos.

Tu felicidad
no depende de tu pasado

La felicidad que anhelas no depende de lo malo ni lo bueno que te pasó. No es resultado de un grupo de experiencias. No tiene tan siquiera que ver con algo que puedes alcanzar.

Imagina por un momento que estas sentado en la banca de un parque. Frente a ti hay un niño juega muy animado con una pelota. Vez como patea la pelota una y otra vez. Mientras lo hace, todo su ser refleja una expresión de felicidad. Si pensamos que la pelota es la felicidad habremos caído en la trampa de perpetuar la idea de que la felicidad es solo un estado de ánimo. No es un destino como podemos llegar a pensar o un lugar para descansar. Para nada tiene que ver con la idea de reposar.

La felicidad es un verbo.

No es la pelota que se alcanza sino la acción de jugar con ella. La felicidad es activa, es el camino a la meta. Cuando confundimos el medio con nuestro objetivo habremos perdido nuestro norte.

Si vemos la felicidad de esta manera será muy sencillo entender que no depende de lo que nos ha sucedido. Los sucesos pueden ser buenos o malos y como quiera será inmaterial.

Entonces, ¿de qué depende nuestra felicidad?

 La felicidad que anhelamos depende de cómo respondemos a lo que nos sucede.

La felicidad depende de cómo caminamos por el sendero. Ésta es un verbo que solo ocurre en el presente. Depende de lo que escogemos en este instante.

Las decisiones que tú y yo tomamos hoy son las que nos pueden proporcionar la felicidad que tanto anhelamos. Si nos atrevemos a escoger lo positivo es mucho más probable que consigamos lo positivo para nuestras vidas. Si escogemos ser felices significa que escogemos la caridad, el gozo, la paz, la paciencia, la perseverancia, la bondad, la alegría, la mansedumbre, la fidelidad, la humildad, la templanza y el dominio propio, por mencionar solo algunos.

Él responsable de mi propia felicidad soy yo mismo. Tú y yo somos responsables de cómo nos sentimos aquí y ahora.

Por lo tanto, si hoy siento rencor en mi corazón es porque escogí el rencor. Cuando nosotros escogemos directa o indirectamente guardar rencor en nuestro corazón estamos escogiendo sentirnos con todas las consecuencias que esto implica. Ahora es cuando muchos alegan: «Yo no escogí guardar rencor. El rencor es solo un sentimiento que se apodero de mí.» Lo cierto es que sentir rencor es lo mismo que odiar. Para entender esto deberíamos primero distinguir entre la ofensa y como reaccionamos a la ofensa. ¿No te has preguntado como ante situaciones similares algunas personas desarrollan rencor y otras no?

 El rencor es un enojo persistente movido por una ofensa, daño o perjuicio; que desequilibra enfermando el cuerpo, el alma, la conciencia y la afectividad.

De repente nos encontramos súper indiferentes ante lo que pasa a nuestro alrededor y no sabemos el por qué. Llega una persona a contarte lo bien que le va y no sabes porque se despierta en ti la envidia cuando sin pensarlo sueltas frases mordaces que hacen que esa persona se aleje. Luego, no entiendes la razón por la cual estas tan amargado, insoportable y triste. ¿No será qué te cuesta aceptar tu responsabilidad en todo esto?

Somos responsables de nuestros sentimientos.

Tú y yo somos responsables totalmente de cómo nos sentimos hoy porque los sentimientos son una reacción física a un pensamiento. Si cambiamos nuestros pensamientos, cambiaran nuestros sentimientos. No son las personas o las situaciones las que nos hacen desdichadas o no. Son nuestros pensamientos acerca de las personas o situaciones. Dicho en otras palabras, de acuerdo a nuestra manera de pensar será nuestra manera de sentir. No se puede tener ningún sentimiento sin antes haber tenido un pensamiento. Sin el cerebro, desaparece nuestra capacidad de sentir. Por lo tanto, si somos responsables de nuestros pensamientos, somos también responsables de nuestros sentimientos.

 Somos responsables de nuestros sentimientos porque somos responsables de nuestros pensamientos.

No se trata de buscar culpables. Se trata más bien de buscar nuestra responsabilidad. Más que buscar lo que otros deben hacer, bebemos enfocarnos en lo que nos toca a nosotros. Es fijar la mirada en lo único que podemos cambiar, nuestros pensamientos.

Quizás ante este argumento habrá más de uno que se pregunte como deberíamos responder ante una macabra violación, un vil engaño o hasta un cruel genocidio. Quizás habrá quien se pregunte como Jasmine: «¿Cómo se supone que debo responder ante el daño que le hice a mi propio hijo?» A Jasmine le tocó comprenderlo de una forma difícil y desgarradora.

* * *

Antes de llegar al año de casada, casi a mediados de diciembre, me sentí adolorida de la garganta y del estómago. Fui al médico y éste me receto antibióticos. Recuerdo que pasaban los días y no mejoraba. Un día, cerca de las navidades, fui a visitar a mi mamá. Al llegar ella me miro a los ojos y me dijo: «Hija tus ojos brillan de una manera especial.» Yo por mi parte no comprendía por qué me decía eso. Pero lo comprendí cuando más tarde la prueba del embarazo me dio positiva. Fue algo maravilloso. Toda mi vida me imagine ese momento porque sabía que es la culminación del amor que existe entre los esposos. Tan pronto lo supe comencé con mis chequeos preventivos. Pasaron los meses y al llegar al octavo mes me practicaron una cesárea por orden del médico. Mi varón esperado nació. No puedo describir toda la alegría que sentí en ese momento. Yo estaba anestesiada, pero no totalmente y nunca pude escuchar su llanto. Solo escuchaba a los médicos hablando y entrando al cuarto. Aparentemente todo estaba bien, pero no fue así.

Con el pasar de los meses mi bebito no desarrollaba como los niños de su edad. Mi esposo logró obtener una visa de turista para ver si en Florida nos podían indicar que era lo que sucedía. Ya el bebé tenía año y medio cuando, el 11 de enero de 1996, un médico me dio el diagnóstico: «¡Su hijo es autista!»

En ese momento no entendí que en realidad significaba eso. Al llegar de regreso a nuestro hogar mi esposo me decía: «Todo estará bien. Saldremos adelante.» Yo pensaba que esa noche por fin descansaría. Nada que ver. Esa noche fue la más larga de mi vida porque repace día con día mi existencia. Lo más duro fue que comencé a darme cuenta que no hice las cosas bien. Pensaba más en mantener una figura esbelta que en tener un cuerpo sano y fuerte para darle vida al nuevo e inocente ser humano que traería al mundo.

Pero todo esto era el principio de unos años llenos de culpas.

Lo primero de lo que me percate fue de que concebí a mi bebé usando antibióticos. Mi bebé tenía mil problemas de salud. Él tenía fragilidad

*muscular, parálisis de la mandíbula, escoliosis en la columna, no le
llegaba líquido a su cerebro, no caminaba, no hablaba,
Solo lloraba y lloraba. Tan solo se calmaba cuando
lo abrazaba y lo dormía en mis brazos.*
*Después de esto, vinieron muchas operaciones y tras ellas, la angustia
de que podía morir. Yo me convertí en una mujer muy nerviosa, el
corazón se me quería salir cuando no lo veía junto a mí. Es por eso que
comencé a estudiar el por qué a mi hijo le pasaban estas cosas. Para mi
sorpresa descubro que mi ácido fólico no estaba en el nivel cuando
concebí a mi hijo y que tenía anemia y muchas otras cosas más. Esto
disparo aún más la culpa en mí. Yo era mi propio juez y me odiaba a mí
misma. De verdad no me gustaba como me sentía. Pero como la
misericordia de Dios es grande, Él no me abandono a pesar de mi culpa.
Yo no podía ni rezar porque me sentía sucia ante Él. Sin embargo, un
domingo de verano, mi papá me visitó de Perú y me dijo: «Hija vamos a
misa. Siento que debemos ir.» Yo no quería ir, pero él insistió. Para mí
era muy difícil salir con mi hijo porque ya tenía 4 años. Él caminaba con
dificultad y por eso lo tenía que cargar. Además, sentía algunas veces
que esto era un castigo de Dios por no haberme cuidado.
La cuestión fue que fuimos a misa y a la salida unas personas se
acercaron a invitarnos a un compartir mientras mi papá iba al baño.
¡Qué error! Me distraje y el niño desapareció en un minuto. Me volví
loca de la angustia. Fue tanta mi ansiedad que caí desmayada. Cuando
reaccione, tenía los paramédicos por un lado y mi papá por el otro.
Él me decía: Tranquila hija el va a aparecer.
En ese momento caí en cuenta de lo que pasó y me volví como loca.
¿Cómo iba a encontrarme si todavía no hablaba?
Me paré y entre gritando a la iglesia. Frente al altar me puse de rodillas
y grite: «¡Perdóname Dios mío! ¡No me lo quietes! Sé que no lo merezco
pero lo amo.» No paraba de llorar allí postrada en el piso. De pronto
sentí como una manita calientita me tocaba la cabeza. Cuando levanto la
mirada mi corazón salto de alegría, pues era mi niño. Él que hasta
ahora no hablaba me dijo: «Mamá.» Él tampoco te miraba a los ojos
nunca y no caminaba. Para aumentar más mi sorpresa, el sacristán me
dijo: «Lo encontré en el cuarto de los monaguillos. Estaba gateando
hacia la cruz y mirando unos niños que allí estaban.» En ese momento
comprendí que papá Dios me perdonó y me daba una oportunidad para
volver a empezar. Pasaron los años y me volví extremadamente ansiosa
si no lo tenía bajo mi mirada. Para ese entonces yo ya iba a misa
regularmente pero no me acercaba a la confesión, hasta que en una
nueva cita médica me dicen que hay que operarlo nuevamente. Ya iban
tres operaciones y su corazón estaba apretado por la desviación de la*

16

columna. Ese día llegue a la iglesia con mi hijo en los brazos y pedí ver un sacerdote. Para cuando el sacerdote me pudo atender ya el niño se había dormido. Así que el sacerdote sale y me dice: «Hija, deja el niño y entra al confesionario.» Yo le dije que no me podía separar de él porque es un niño especial.» El sacerdote pasó su mano sobre mi hombro y me dijo: «Dios te ha bendecido, porque eligió para este ángel una mujer especial.» Yo empecé a llorar y le dije: «¡No Padre, soy una pecadora y una irresponsable! ¡Él nació mal por mi culpa y no puedo más con esto! ¡Quisiera morirme, pero junto con mi niño!» Recuerdo que el padre me miro fijamente y me dijo: «Dios te ha perdonado, pero lo más importante es que te perdones a ti misma. Dios te bendice y te da la paz. Vete y reza un rosario.» Yo salí de allí y me quede en la iglesia no se cuanto tiempo con mi mirada fija en la Cruz. Ese día le prometí que iba a luchar por mi hijo y por todos los niños especiales. También, que lucharía por ser una mejor mamá. Al salir de la Iglesia eran casi las tres de la tarde. El sol no me dejaba ver hacia fuera. Por unos minutos sentía que un fuego me abrazaba y me hacía temblar. Seguido de esto, muy dentro de mí, escuche una voz que me decía: «Perdónate solo así lograras ser la mamá que tu hijo necesita» Por eso volví a entrar a la Iglesia para perdonarme y al mirar la cruz solo dije: «De hoy en adelante me abandonaré en ti, te seguiré y haré de mi familia un hogar donde tú siempre estarás en el sitio de honor.»

Al salir no había sol y me asuste. Pensé que era tardísimo.

Tome un taxi y le dije al taxista: «Señor, ¿oscureció muy rápido? Hace un rato había sol.» El taxista se volteo y me dijo: «Todo el día ha estado nublado. Nunca hubo sol.» ¿Qué más signos que la presencia de Dios en mi vida? Ese día me perdone y me sentí liberada de mi culpa. La confesión para mí fue el camino a romper mis cadenas de culpa que no me dejaban ver la misericordia de Dios.

Empecé un nuevo camino de la mano de Dios y solo recibí bendiciones.

Mi hijo finalmente sano físicamente, aunque de lo neurológico hay secuelas leves. Hoy puedo decir con mucha felicidad que el perdón abre las puertas para que sane el alma y el cuerpo. A través de mi sanación, mi familia se purificó. Mi hijo tiene 21 años y es un joven independiente que trabaja en muchos ministerios de la iglesia. Él dice que es su casa.

Mi hija sirve como lectora, acólito, Ministerio de Próvida y canta en la Santa Misa.

Mi esposo es coordinador de ministerio de comunicaciones y yo, luego de pasar por muchos ministerios, dirijo los servidores del altar.

> Tu felicidad no depende de tu pasado

Mi hijo es uno de ellos.
He podido escribir esto sin llorar. Al contrario, he sentido la presencia
de Dios en este momento porque he escrito lo que tenía en el cofre de
mis recuerdos. Yo se que todo esto tiene un propósito.
Ser madre de un niño especial no es un castigo, es una bendición muy
grande. Dios elige a quien se los da a cuidar
y que honor que seamos los elegidas.
Jasmine

* * *

Lo cierto es que nadie puede decir: «Yo en su lugar hubiera hecho tal o cual cosa.» Nunca vamos a poder ponernos totalmente en los zapatos de otra persona. Si nosotros hubiéramos sido Jasmine, hubiéramos respondido exactamente como Jasmine. Porque tú y yo reaccionamos con todo lo que somos, con todo lo que tenemos y eso incluye todo lo que hemos aprendido.

Es como si nos hubieran lanzado una pelota con todos estos problemas. A medida que se acerca la pelota a nuestra cabeza nuestro cerebro enviara una señal a nuestra mano para que pueda bloquear la pelota antes de que nos golpee. Es decir, vamos a reaccionar con los reflejos que tengamos. Nuestros músculos van a responder por señales nerviosas ante estos estímulos externos. Si nuestros reflejos son rápidos es muy posible que salgamos bien librados. Pero si no lo son, pobre de nosotros.

¿Crees que deberíamos vivir a merced de la suerte? ¿Crees que ante la lucha diaria deberíamos limitarnos a reaccionar ante los estímulos? ¿Crees que ganaríamos la victoria ante la adversidad sin entrenar nuestros reflejos?

Piensa por un momento en las personas que practican las artes marciales. No te has fijado que estas personas reaccionan a los estímulos con todo lo que han aprendido en sus prácticas. Basta con solo tomarlos desprevenidos y lanzarles un buen derechazo para ver como su reacción efectiva no se hace esperar.

Estas personas no necesariamente son rápidas por naturaleza. Sino que entrenan para el estimulo. Ellos saben que no basta con ser rápidos.

 Es necesario entrenar para un reflejo efectivo.

Todos tenemos reflejos. Unos más rápidos que otros. Pero, en una pelea con peleadores experimentados debería ganar el que tenga mejores reflejos. El peleador experimentado va a practicar para obtener un reflejo efectivo que lo ayude a obtener la meta que se ha trazado. Entrenara para

18

poder ver los golpes, para poder escucharlos y hasta para sentir los golpes antes de que sean lanzados.

De la misma manera en que estos peleadores se preparan entrenando sus reflejos, así mismo nosotros podemos entrenar nuestros reflejos para reaccionar con eficacia ante tantos estímulos indeseables. Debemos entrenar sabiendo que los reflejos rápidos no ayudan, si no reaccionamos con efectividad.

Nosotros no somos como el agua que se ajusta siempre al envase que la contiene. Tampoco somos como el barco que va a la deriva viajando en la dirección en que sopla el viento. No tenemos que dejarnos llevar por esa corriente que vocifera: «al que a hierro mata a hierro muere», o la que proclama: «ojo por ojo, diente por diente.»

Cuando nos dejamos llevar por esa «corriente» lo único que cosechamos es resentimiento, rencor, odio, y cualquier otra cosa negativa que nos aleja de nuestro anhelo de libertad y felicidad.

¿Quiere decir esto que el dejarse llevar esa «corriente» es algo negativo?

Absolutamente.

Te has puesto a pensar en qué cosas positivas hemos logrado sin el menor esfuerzo. Por lo tanto el responder negativamente ante la ofensa o el no responder pretendiendo que nada ha pasado es indudablemente ir con esa «corriente.» Si queremos resultados positivos debemos saber que no llegaran sin esfuerzo alguno.

Por lo tanto es hora de reconocer que debemos entrenar nuestros reflejos porque somos seres sensoriales. Nuestra vida no ha sido fácil. Hemos experimentado un sin número de sucesos negativos que jamás le desearíamos a nadie que los experimentara. Y en este punto debemos ser muy enfáticos; las cosas horribles que nos han pasado no las podemos cambiar. Pero si podemos cambiar nuestros reflejos para reaccionar con eficacia cuando experimentemos estímulos que se conecten con las heridas de nuestro pasado.

En los próximos capítulos vamos a ver cómo podemos entrenar estos reflejos para que pasen de ser una simple reacción cualquiera a una reacción efectiva. Si somos responsables de cómo manejamos nuestros sentimientos debemos ejercitar lo mejor que podamos nuestra área afectiva. Tú y yo tenemos toda clase de funciones físicas evolucionadas para responder al estimulo, pero si queremos comenzar a reaccionar efectivamente es necesario una tercera advertencia.

Nadie puede perdonar por ti

Cuando me mude a un bello vecindario en la ciudad de Ocoee en Florida, nunca me imagine que tendría tantos problemas con el recogido de la basura. Yo miraba como los demás vecinos colocaban su basura frente a sus casas el día asignado para la recolección y se la recogían.

En cambio mi basura no la recogían.

Yo pensaba: «¿Será que tienen algo en contra de nosotros? ¿Acaso no se supone que nos traten igual que los demás?» Toda esta situación nos traía bien molestos porque esperábamos algo y no veíamos resultados.

Cuando investigue la razón por la cual no nos brindaban el servicio me lleve una gran sorpresa. Descubrí que cada paquete, bolsa o contenedor de desechos de jardín deben pesar menos de cincuenta libras, que los desechos de jardín se limitan a diez bolsas o una pila que no mida más de 4 metros cúbicos, que si decidimos poner los desechos de jardín en un recipiente, el recipiente debe ser un contenedor de basura aprobado, no exceder 50 galones, tener manijas y una tapa que lo cierre bien; que los recortes y ramas de los árboles deben estar empaquetados y deben ser de seis pies o menos de longitud; por solo mencionar algunos requisitos.

De más está decir que no esperaba toda esa lista de requerimientos. En mi pasada experiencia solo bastaba con sacar la basura la noche antes del día asignado. Tal y como lo estaba haciendo. La diferencia en ese momento era que esperaba algo que a mi entender, debería ser de la forma en que pensaba. Al no recibir lo que esperaba me moleste, me frustre y comencé a buscar a quien culpar.

Yo pensaba que alguien debía hacerse responsable por toda la basura que tenía acumulada frente a mi casa. Sí yo estaba haciendo todo como se suponía que lo hiciera, alguien debía responder por todo el problema que mi basura me causaba y en definitiva ese alguien no iba a ser yo.

¿Por qué iba yo a responder por algo que no era mi responsabilidad?

Así mismo nos pasa a algunos de nosotros cuando nos molestamos y comenzamos a culpar a otros por no hacerse cargo de nuestra basura.

Nadie va a llevarse nuestra basura
por el simple hecho de sacarla a la calle.

Si nosotros no hacemos primero lo que nos toca hacer no esperemos que los demás hagan lo que esperamos de ellos. Debemos primero hacernos responsables de lo que nos toca hacer.

El problema es que muchas veces sucede como me sucedió a mí. Quería hacer lo correcto de acuerdo a mi experiencia, esperaba resultados, no los conseguía, me frustraba, me molestaba y buscaba a quien culpar. Al final me quedaba con toda mi basura y buscaba una oportunidad para desahogarme y aliviar mi problema.

Lo cierto era que la basura seguía ahí.

Por más que me quejara y me desahogara, la basura continuaba inmóvil. No importa cuánto culpara a alguien, la basura seguía en el mismo lugar. Solo cuando me di a la tarea de averiguar las causas por la cuales mi basura continuaba frente a mi casa pude encontrar una solución que aliviara el problema y la frustración asociada al problema. Cuando dejé de buscar culpables y me hice responsable de cómo me sentía, fue que comencé a descubrir lo que debía hacer para que mi basura desapareciera. No solo tuve que hacerme responsable por saber lo que debía hacer, sino por hacer lo que debía hacer. Parece la misma cosa pero existe una distancia abismal entre «saber» y «hacer.»

El problema es que a muchos de nosotros nos han enseñado a huir de la responsabilidad. Hemos aprendido que la responsabilidad viene acompañada de sacrificio, trabajo y riesgo. Es más fácil vivir sin responsabilidades que vivir con ellas y sus consecuencias. Que fácil me resulto culpar a los trabajadores por no llevarse mi basura. Lo cierto es que con culparlos no logre escapar de la basura que tenía frente a mí. La culpa solo me llevó a renunciar al poder que tenía de obtener paz. Peor aún, al culparlos los invite a tener autoridad sobre mis sentimientos. Es cierto que no soy responsable de mis emociones, pero sí de lo que hago con ellas.

Quizás hoy sea un buen día para dejar de ver la responsabilidad como una obligación y más bien verla como lo que realmente es, un gran regalo que nos damos a nosotros mismos primero. Un presente con la capacidad de movernos de una posición de victimas a victoriosos. De esta manera no estaremos esperando a que nadie perdone en nuestro lugar.

A lo mejor eres de los que pienses: «Yo no quiero que nadie perdone por mí, solo deseo dejar de sentir la rabia que siento. Quisiera solo un milagro en el cual Dios me quite todo esto.»

Cuando queremos que otro nos quite la basura que tenemos es exactamente esperar que otro perdone por nosotros. Ni siquiera Dios con todo su poder quitara la basura que a ti y a mí nos toca quitar. Sí así lo hiciera dejaría de creer en nosotros mismos. Perdonar por ti es algo que solo tú lo puedes hacer. No es tarea de ángeles, amigos, ni de nadie que no seas tú. Si no perdonas y aceptas toda la responsabilidad que esto implica, jamás experimentaras los beneficios milagrosos que ofrece el perdonar. Pero si por el contrario, aceptas el reto que supone el tomar la responsabilidad por cómo te sientes y te das a la tarea de hacer lo necesario para que tu basura desaparezca, ¿no crees que la calle estaría más limpia?

Así mismo le pasaba a Alondra. Ella pasó por una tempestad que le enterró la felicidad por completo. Tenía la alternativa de sentarse a llorar o trabajar por su sanación. Inclusive al trabajar por su sanación iba a encontrar una serie de problemas que la dejarían sin aliento. ¿Hasta cuando ella iba a seguir sin darse por vencida? Ese día todavía no ha llegado y si sigue como va, dudo que jamás llegue.

* * *

Mi niñez podría decirse que fue como la de cualquier niña. Me abrí paso en este mundo con mucha ilusión por descubrir y experimentar todo mi entorno. Lo que no sabía era que la inocencia con la que nací estaba a punto de ser hecha pedazos. Aquella niña que jugaba con muñecas descubriría un juego para el cual no estaba preparada.
Fui víctima de violación sexual en 3 ocasiones y con hombres diferentes. Estuve expuesta a muchas situaciones de acercamientos inapropiados que incluían el tocarme partes íntimas. Mis padres siempre estuvieron pendientes de mí, así que estas situaciones se dieron con personas muy cercanas en las que ellos confiaban y en su mayoría ocurrieron de día. No de noche como quizás alguno puede imaginar.
Estos espantosos eventos me ocurrieron de adulta. A la edad de 25 años fui vilmente atacada por alguien que siempre vi como una figura protectora. Esta persona me apoyaba, me cuidaba y por sobre todas esas cosas yo sentía que me amaba. Por mi parte yo sentía un cariño y un aprecio grandísimo. Puedo decir que genuinamente lo amaba.
Lamentablemente el amor que él me tenía era un amor desfigurado y enfermo. Se trataba de mi primo hermano, quien incluso hasta vivió en mi casa durante algunos meses o más de un año tal vez. Esta persona decidió alcoholizarme. Ese día se detenía a comprar tragos mientras nos dirigíamos hacía algún establecimiento para compartir. Él buscaba lo

que yo le pedía y sin que yo me diera cuenta le echo algo a mi bebida para endrogarme. Luego de eso, lo demás lo recuerdo con áreas grises. Algo que puedo recordar es que durante el camino me hablaba muy obsesionado. Se empeñaba en dejarme saber que él me defendería de lo que fuera y como fuera. Lo que

Nadie puede
perdonar por ti

no me advirtió fue como defenderme de él mismo. Lo irónico era que la persona a la cual debería temer, era la misma que afirmaba que me defendería. Lo que pasó fue espantoso. La forma tan dolorosa en que pasó todo es indescriptible. Mi mente se rompió en mil pedazos como si se hubiera roto la estatua del ídolo más adorado. Sentí que mientras me deshonraban, asesinaron a alguien que ame con admiración y expresividad. Sentí que mataron algo que me hacía falta tener a pesar de tener un hermano. Yo encontré en mi primo a esa persona y al mismo tiempo él era el hermano que mi hermano hubiera querido tener. Aunque en ese momento no entendía el alcance de la desgracia, pude sentir la intimidación, la planificación perversa y la obsesión premeditada. Mi mente estaba en otro lugar, pero mi corazón fue testigo de un daño inimaginable que se convertiría en un violento rencor. Todo fue a la fuerza y definitivamente en contra de mi voluntad. Después de toda esta pesadilla logre que me dejara en mi vehículo. Recuerdo que guíe por más de 3 horas. Por la madrugada llegue a mi casa en un estado de absoluta desolación. Al despertar al día siguiente me sentí morir. Tuve un sobresalto fatal entre el corazón y el estómago. Solo quería volver a dormirme y no despertarme a menos que la realidad fuera diferente. Con el pasar de los años tuve la valentía de enfrentarlo. En esa ocasión le dije todo lo que pude dentro de un desahogo atacante. Saque toda la rabia y el coraje que llevaba por dentro. Demás está decir que también sentí un profundo dolor. Esa llamada, al igual que el día siguiente de esa violación me confirmó que estaba fuera de la realidad en cuanto a quien era él, pues lo desconocía totalmente. Poco a poco le fui quitando la máscara ante sus 2 hermanos, mi hermano, algunas tías y en su momento, hasta a mi mamá. Nunca se lo dije a mi padre, ni a sus padres. Actualmente su madre, mi tía adorada por parte de madre, tiene Alzhéimer y se me complica el verla por su cercanía con él. Con los años me he desahogado y recibido terapia. Hace como un año fui a una misa de Jueves Santo en la Iglesia Católica. En el momento en que elevaron la Eucaristía nos pidieron que entregáramos nuestra rabia, nuestros miedos, odios, traumas y resentimientos. Yo por mi parte lo relacione a una parte del Padre

Nuestro donde decimos: «Perdona nuestras ofensas como también nosotros perdonamos a los que nos ofenden.» Acto seguido decidí orar con todo mi corazón y sinceridad de una manera similar a esta: «Señor, padre, vengo ante ti humillada y con las muelas de atrás a hablar de algo que me cuesta demasiado... el perdón. Señor no hay una fibra de mi ser que quiera perdonarlo, no quisiera quitarle con mi perdón el peso que le corresponde... pero me pesa a mí y no es justo. Señor, que junto a ti pueda pasar por encima de mi rencor y hasta de mi odio. Te pido que lo restaures y enséñame a desear el perdón. ¡No puedo sola! Tienes luz verde para manifestarte en medio de todo esto muy a pesar de mí misma.» No sé cuantas veces lo perdone esa tarde. No sé si mi oración haya sido de las mejores recibidas, pero si sé que fue de corazón. La hice en espíritu y verdad porque fue una oración sincera. En ese momento llore tanto que me asombre de tener más lágrimas de las que creía tener y eso me alivio bastante. Con el tiempo las pesadillas que tenía con él bajaron considerablemente. Puedo hablar del tema sin mucha lágrima y trato de no tener ningún pensamiento que genere pensamientos peores sobre la situación. Estoy segura de no querer ningún tipo de relación con él y hace muchos años que no nos cruzamos.
Alondra

* * *

Alondra estaba comprometida con su sanación. Ella sabía que nadie iba a llegar a recoger por ella y que si quería cambios en su vida no podía quedarse cruzada de brazos. Es por esto que decidió emprender un camino de sanación que comenzó con su perdón. No se le hizo nada fácil ya que sus heridas eran profundas. Ella no estaba segura todavía de cómo lo iba a lograr, pero eso no la detuvo. No se dio por vencida porque estaba convencida de que algún día iban a terminar sus pesadillas. Es por eso que entre varias cosas que le comente a Alondra le mencione lo siguiente: «Primero quiero felicitarte por no dejarte vencer y por tener un compromiso constante de no tener ningún pensamiento que genere pensamientos peores sobre la situación. Al hablar del tema sin mucha lagrima evidencia el hecho de que ya emprendiste un camino de sanación. Eres una luchadora incansable y a pesar de todos los sobresaltos que has pasado, te has mantenido con una actitud generalmente positiva. Tú y yo somos responsables de nuestros sentimientos y por más duro que sea el dolor, debemos perdonar para comenzar a sanar.»

En fin, ¿quién puede acaso perdonar en nuestro nombre? Si la respuesta es: «nadie», entonces entiendes lo que es la responsabilidad. Si luego quedamos libres del dolor, eso es tema del siguiente capítulo.

Perdonar no te libera de todo tu dolor

Te has hecho alguna vez la pregunta, «¿cómo puedo saber que ya he perdonado?» La verdad es que me temo que la respuesta a esa pregunta no me toca a mí contestarla. Pero si existen algunas pautas que bien nos pueden ayudar.

- Primero, cuando ya no se le desea el mal al otro y decides amar muy a pesar de las acciones de otras personas.
- Segundo, cuando se ha renunciado a la venganza y no devuelves a nadie el mal por mal.
- Y tercero, cuando uno es capaz de ayudar a su ofensor si lo ve pasar necesidad.

Por supuesto no incluí aquí una conocida frase que puntualiza que perdonar es recordar sin dolor. Aunque parece muy inofensiva, la realidad es que encierra una semilla de destrucción.

Aquí es que entra la cuarta advertencia.

El perdonar no te va a liberar de todo el dolor que hoy estas sintiendo necesariamente. Ese mito se ha difundido tanto que mucha gente ni siquiera se cuestiona las implicaciones que tiene.

Lo cierto es que es una trampa mortal.

 Cuando aceptamos que el perdonar logra un recuerdo libre de dolor nos volvemos vulnerables a la decepción.

En el momento en que descubramos que no es así comenzaremos a cuestionarnos si en realidad perdonamos o no en profundidad. Como consecuencia, esa duda vendrá acompañada de frustración y desilusión.

Es como si compráramos un diamante carísimo con la idea de que son eternos. Al principio nos maravillamos con su excepcional belleza. Nos deslumbramos porque son una de las sustancias más duras jamás descubiertas por el hombre. Nos asombramos porque resisten una mezcla de ácido sulfúrico y ácido nítrico sin disolverse. Nos fascinamos porque tienen una resistencia a las ralladuras tal, que solo se puede rayar por otro diamante. También pueden cortar el acero por largo tiempo.

Pero, ¿son los diamantes para toda la vida?

Que decepción cuando los calentamos al aire libre hasta estar de color rojo brillante. La desilusión que nos llevaríamos disolvería toda esperanza como se disolvería el diamante ante nuestros ojos. Este se incendiaría mientras sus átomos de carbono se combinan con el oxígeno. Luego, se transformará en una nube de bióxido de carbono que se mezclará rápido con la atmósfera desapareciendo ante nuestra vista.

El diamante que adquirimos definitivamente es caro, duro y escaso. Pero por más cualidades sorprendentes que tenga, no dura para siempre. Por eso es que esperar que un diamante dure toda la vida, es algo que un diamante no puede cumplir.

Así mismo ocurre con el perdón. Liberarte del dolor es algo que el perdón no puede hacer necesariamente por ti. Esa falsa expectativa desvirtúa toda la verdad acerca del perdón. Mario, a través de su experiencia con su suegro, nos explica un poco más ésta realidad.

* * *

A finales de mi bachillerato mi suegro me quiso humillar.
Me dijo: «Si tú lo que aspiras es a ser un simple servidor público, ¿qué futuro le vas a ofrecer a mi hija?» Él pensaba que si yo pretendía a su hija, era solo por puro interés. Ellos viven en una acaudalada urbanización en el pueblo de Dorado y son dueños de una compañía de construcción. En verdad puedo decir que ella y yo nos queríamos de verdad. Pero, yo no estuve dispuesto a aguantar ningún tipo de humillaciones. Por eso rompí con ella. Ella por su parte, estaba furiosa, porque vio como que no aguante presión. En mi casa somos gente sencilla. Nunca mis padres trataron mal a mi cuñado ni a ella. Yo esperaba el mismo trato de parte de sus padres. Pero no fue así. Pase muchos años arrastrando mi desilusión hasta que perdone y lo supere. Fue difícil, porque la razón de nuestra ruptura, no fue porque no nos entendiéramos ni nada por el estilo. Mientras estudiaba mi maestría, y ella derecho, nos seguíamos buscando; pero sin llegar a nada que pasara de una amistad. Al sol de hoy somos muy buenos amigos. Hace ya varios años que perdone y hasta le llegue a confesar a ella todo lo sucedido. El tiempo y la madures fueron los que me hicieron sanar y olvidar.
Mario

* * *

Perdonar no hizo que Mario recordara sin dolor. La sanación fue algo que pasó después. Para Mario el perdonar no fue una finalidad, sino un medio para comenzar a sentir paz en medio de la tormenta del pasado. Perdonar es

una herramienta o un instrumento para conseguir un fin superior. Si ejercemos el perdón con falsas expectativas terminaremos siendo esclavos de decepciones y desilusiones.

La pregunta ahora sería, ¿por qué entonces querríamos perdonar si no hay ninguna garantía de que se irá todo nuestro dolor?

La respuesta sería muy sencilla. Debemos atrevernos a perdonar porque es la única forma real de comenzar a deshacernos de nuestro dolor. Luego, estaremos capacitados para emprender nuestro camino hacia la sanación total. Es por esto que perdonar no es una finalidad, sino un medio.

Mary es otro ejemplo de cómo el acto de perdonar le abrió las puertas para comenzar a sanar. El perdón fue la sabia ejecución de una decisión que le abrió el camino para comenzar a sanar la relación con su mamá. La crianza que ella tuvo la marcó de tal manera que la hizo perder el rumbo en la vida. Ella no se dio cuenta de que perdió el rumbo hasta que experimento las amargas consecuencias y tuvo la oportunidad de descubrir que no tenía que seguir cargando el peso del rencor.

* * *

Lo más significativo que he perdonado ha sido a mi mamá.
Su forma de criar y sus comentarios me crearon muchas inseguridades.
Ella me criticaba diciendo que me parecía a mi papá en lo negra,
que no me casaría nunca y cosas por el estilo.
Tanto fue la crítica que dejé de ser yo misma para convertirme en la
persona que mi mamá quería. Sentía un profundo rencor hacia ella.
No era libre y no me encontraba a mí misma.
Así que comencé a tratar de demostrarle que no eran ciertos sus
comentarios. Luego crecí y le respondí de igual manera. Con el pasar
del tiempo tuve la oportunidad de participar en una actividad donde
identifiqué algo que cambiaria mi vida. En esta actividad tuve que
enfrentarme al hecho de que necesitaba perdonarla para encontrar mi
camino. Fue una actividad muy intensa
en la cual llore como nadie tiene idea.
Allí la pude perdonar a través de un acto simbólico.
Aunque la perdoné por primera vez en esa actividad,
la sanación tomo meses en completarse.
Fue bueno porque ya no sentía esa carga ni el miedo.
Algo que me ayudó, fue el entender que ella no actuó por maldad,

sino que así la criaron, pero a pesar de eso yo estaba marcada por todas
las humillaciones. Aún hoy en día, algunas frases o comentarios me
molestan y solo se lo dejo saber con amor. Algunos los entiende,
pero otros no. A pesar de todo la amo más que nunca.
En mi caso el perdón se dio con mucha oración.
Cada vez que me acordaba, la perdonaba
y oraba pidiéndole a Dios sanación.
¡Ha sido estupendo!
Luego de perdonarla a ella
se me ha hecho más fácil perdonar a otras personas
y ahora hasta podemos hablar con serenidad.
Mary

* * *

El pensar que perdonar es una finalidad es esperar algo que el perdón no puede otorgar y por lo tanto abrirle la puerta a la frustración. La curación de las emociones vendrá luego, si tan solo te das la oportunidad. Recuerda, las heridas que llevas por dentro no estarán listas para sanarse sino perdonas las veces que sea necesario, aunque antes de que eso suceda debo advertirte una última cosa.

Entre cuatro
la carga es más ligera

Este pasado diciembre decidimos mi esposa y yo, comprar un trampolín para nuestros hijos. Fuimos a una tienda por departamentos y vimos uno de 15 pies que se ajustaba perfectamente a nuestras necesidades. Lo único que pensábamos en ese momento era en que nuestros hijos se pondrían súper contentos cuando brincaran sin cesar en su nuevo juguete. Teníamos la seguridad de que una vez estuviera en nuestro patio, no solo ellos se divertirían, sino que nosotros tendríamos un poco de descanso.

De la misma manera podemos nosotros lanzarnos a la aventura de perdonar. Podemos lanzarnos con mucha ilusión esperando obtener unos resultados específicos. Puedes tener la misma esperanza que nosotros teníamos. Pero esa ilusión no es suficiente. Quizás te puede suceder como nos sucedió a nosotros.

Nosotros deslizamos la caja sobre el carrito de compra que traíamos con esa esperanza en la mente. Mi preocupación en ese momento era relacionada al balance entre la caja y el carrito.

La preocupación de mi esposa era otra.

El carrito se movió un poco pero logramos mover la caja en una posición adecuada para que quedara balanceada y no se cayera. En un momento dado casi se nos resbala, pero logramos estabilizarla.

En ese momento mi esposa me expreso lo que tanto le preocupaba. Con una mirada inquieta me preguntó: «¿Tú crees que quepa en el carro?» Sin pensarlo mucho le conteste con toda seguridad: «Ya veremos.» Yo tampoco estaba seguro de que cupiera, pero por el tamaño de la caja, me parecía que cabría apretadita en el asiento de atrás. Ni siquiera me tome un momento para pensar que haríamos, si al llegar al estacionamiento, la caja resultara muy grande para nuestro carro. Estaba tan decidido a terminar la tarea que solo me enfoque en equilibrar la caja y el carrito hasta poder pagar en la caja registradora.

Pagamos por el artículo, llegamos al estacionamiento, abrimos las

29

puertas del carro y le dije a mi esposa: «¿Qué te parece si yo lo agarro por un lado y tu lo agarras por el otro? Así entre los dos lo colocaremos en el asiento trasero.» Ella me miro un poco escéptica pero asintió con la cabeza. Ella ya había comparado el tamaño de la caja con la del asiento y se había dado cuenta de que había una gran posibilidad de que cupiera en el carro, mas sin embargo parecía seguir preocupada. Yo en cambio si estaba seguro de que cabría en el carro.

Lo que no sabía era que ella estaba preocupada por otra cosa.

Le dije: «Bueno, a la cuenta de tres lo levantamos y lo ponemos en el asiento. Uno, dos y tres.» En ese momento la caja se me hizo muy pesada y dejé de ver a mi esposa.

Todo fue como un acto de desaparición. Fue como si me hubiera dicho: «Ahora me vez y ahora no.» La realidad fue que no desapareció ni se calló, sino que cuando tratamos de levantar la caja todo desapareció frente a mis ojos.

Todo quedo a oscuras.

Solo quedamos la pesada caja y yo porque mi esposa la soltó. Ella no se esperaba que pesara tanto y yo menos. Así que se fue a un lado a reírse mientras yo procesaba toda la información. Coloque la pesadísima caja en el suelo y le dije que se fuera por la otra puerta mientras yo metía la caja en el carro. Ni yo mismo me creía lo que estaba diciendo. Si entre los dos no pudimos, que me hacía pensar que yo solo podría meterla. Lo cierto fue que por más que trate de meter la caja no pude. Trate de empujarla de mil formas en el interior del carro sin ningún resultado.

Solo conseguí que mi esposa se riera más.

Muy a pesar de tener la confianza en que lo iba a lograr no pude hacerlo por mis propias fuerzas. La pesada caja estaba decida a permanecer inmóvil. Mi intento fallido no logro mover la caja ni siquiera un centímetro.

A veces nuestras propias fuerzas no son suficientes para alcanzar lo que nos proponemos. Podemos tener la confianza en que lo vamos a lograr, pero aun así no veremos más resultados que los de alguna gente reírse ya sea por lo ridículo y graciosos que nos vemos o por lo insensatos que lucimos. Todo lo que queríamos lograr puede reducirse a una risa ajena si no perseveramos.

Es por eso que no me di por vencido.

Aunque el trampolín no quisiera entrar al carro, yo iba a continuar perseverando. Continúe empujando cada vez con más fuerza por más de cinco minutos.

De repente, como por arte de magia, apareció uno de los empleados que me observó intentar lograr mi objetivo. Con toda probabilidad debía haber estado riéndose también. Se acerco, me preguntó si necesitaba ayuda y por supuesto que le dije que sí. ¿Cómo no habría de aceptar su ayuda si ya hice todo lo que humanamente estaba a mi alcance y no conseguí resultado alguno?

Entre los dos empujamos la caja con fuerza.

En menos de un minuto la caja se dio por vencida y tuvo que dejarse mover al interior del carro. En un abrir y cerrar de ojos conseguimos el objetivo por el que tanto nos esforzamos. En definitiva, esta hazaña no la hubiéramos logrado si no hubiéramos reconocido que necesitábamos ayuda. Reconocer que a veces necesitamos auxilio es reconocer nuestra fragilidad.

Eso fue lo que hizo Luisa. Ella reconoció la fragilidad de que no se podía levantar. Ella reconoció que su humanidad era tan frágil, que no solo quedo marcada por el desamor, sino que al querer perdonar la ofensa le resultaba tan doloroso que sola no lo podía lograr. Ella se pudo haber dado por vencida porque motivos no le faltaron. Pero no lo hizo. Ella decidió, que por más vergüenza que sintiera, iba a seguir adelante por ella y por alguien más.

* * *

A veces nuestra vida esta tan metida en la rutina
que jamás piensas que algo malo te va a suceder.
Ves en el noticiero historias de las que te compadeces,
pero no piensas que te vaya a suceder a ti.
Así mismo me sucedió a mí. Todo comenzó una tarde,
la más terrible de mi vida. Esa tarde, en la que iba a trabajar
junto a mi pareja, me sorprendió lo peor.
Unos malhechores esperaron que anocheciera para asaltarnos.
Vilmente nos quitaron nuestras pertenencias y el poco dinero que
llevábamos. Ellos al parecer sabían
que habíamos cobrado en nuestros trabajos
y aunque no teníamos mucho dinero, era todo lo que teníamos.
Me sentí atacada y la verdad tenía un miedo terrible,
no tanto por mí, sino por alguien más.
No podía creer lo que nos estaban haciendo estos bandidos.
Pero lo peor aún no sucedía.
A mi pareja la dejaron irse y eso me hizo sentir aliviada
porque por fin la pesadilla iba a acabar.
Para mi sorpresa la pesadilla estaba a punto de comenzar.
A mí no me dejaron ir.
Ya que anocheció me llevaron a un barranco sucio y pedregoso.
Recuerdo que les rogué con todas mis fuerzas que no me hicieran nada.
Les dije que si no lo hacían por mí, que era una mujer indefensa, que por
lo menos lo hicieran por el hijo que gestaba en mis entrañas.

Sí, estaba embarazada.
Yo tenía en ese momento 3 meses de embarazo. Estaba totalmente
ilusionada porque un hijo es el milagro más grande del cual una mujer
puede participar. La verdad es que no me creyeron y tampoco les
importó. Lo que luego sucedió fue horrible.
Abusaron de mí de la forma más vulgar y despiadada.
Fue tan horroroso que no deseo dar detalles. Salí con vida pero en un
estado fatal. Muy sucia llegue a mi casa al amanecer.
Eran como las 4 de la mañana.
Ya mis familiares habían denunciado mi desaparición, mas las
autoridades no irían sino después de 72 horas. La pesadilla se extendió
durante todo mi embarazo.
Estuve visitando al médico mes tras mes
por miedo a perder a mi bebé. Yo sentía un odio atroz.
Todo lo que quería era verlos muertos a todos.
Les deseaba lo peor. Esos infelices ni siquiera respetaron el hecho de
que estaba embarazada. No tenían derecho a abusar así de mí.
Yo no les hice nada. La furia que sentía no la puedo describir con
palabras. A veces sentía que mi cuerpo iba a colapsar.
Estaba tan llena de traumas que le tenía miedo a toda persona.
Me convertí en una persona muy nerviosa.
Además de desearle la muerte a esos malhechores quería olvidar todo lo
sucedido. Por más que me esmeraba en olvidar no podía.
Las imágenes de dolor venían sobre mí y experimentaba de nuevo la
repugnancia de sus actos. Eso me hacía sentir terriblemente sucia.
Por otro lado trataba de recordar sus rostros
pero no los reconocía, no sabía ni quiénes eran.
Luego de muchos años de miedo y agonía
me acerque a una parroquia.
Allí me hablaron sobre perdonar.
Me hicieron ver que si quería retomar mi vida
tenía que dejar todo ese terrible pasado.
¡Fue muy lindo!
Gracias a mi Dios, a la virgencita
y a las personas que me ayudaron me liberé de eso.
Si no hubiera sido por todas estas personas
no sé donde hubiera terminado.
Entre varios la carga siempre es más ligera.
También me libere del yugo de mi vida pasada.
¡Bendito sea Dios!
Luisa

* * *

También Amelia, al igual que Luisa, se dio cuenta de que no podía sola con el gran peso que tuvo que cargar. Ella pudo sentir como una mentira puede destrozar en un instante una amistad que tardo muchos años en construirse.

* * *

Todavía recuerdo como ayer a mi gran amiga de la infancia.
Ella se llamaba Chea. Nuestra amistad era de esas
que no se pueden olvidar con facilidad.
Nosotras tuvimos nuestra infancia en la República Dominicana.
Fuimos amigas desde la primaria hasta la universidad.
¿Te lo puedes imaginar?
Estando en la universidad nos asignaron un examen
y nos dieron unos días para estudiar.
Yo le dije que fuéramos a estudiar juntas
y ella me dijo: «Yo ya estudie con Carmen.
Ella se sabe el libro completo.»
Yo le dije: «Chea no diga que ella se sabe el libro entero.
Se sabrá el material del examen pero no el libro.»
En fin, el día del examen
Carmen me dice: «Aquí está la más sabia del curso.»
Muy extrañada le pregunte por qué decía eso.
Entonces me dijo: «Porque tu dijiste que yo era una bruta.»
A pesar de que le aclare a ambas que yo no dije eso no me creyó.
Eso me afecto tanto que hasta me dio fiebre.
Jamás imagine, que mi amiga de toda la vida,
iba a inventar cosas que no dije.
Desde ese momento no quise saber más de ella.
La odiaba a morir.
No fue hasta que Jesús transformó mi vida
que la perdone y me sentí liberada.
Amelia

* * *

Son muchos los que como Amelia han experimentado la ayuda de Dios en sus vidas. El daño que una mentira puede hacer, a veces es tan profundo, que hace falta que una ayuda espiritual intervenga en el proceso.

Juana María por su parte sufrió en carne propia lo que es sentirse como una esposa desechable. El abandono hizo que cayera en una desesperación tal que la obligó a abandonar la patria que la vio nacer. Las heridas que tenía la hicieron sucumbir hasta que reconoció que necesitaba ayuda.

* * *

Cuando fui abandonada por mi marido
con tres hijos de 13, 14 y 15 años
pude experimentar el momento más horrendo de mi vida.
¿Cómo una mujer como yo se supone que iba a soportar
tan pesada carga?
No había forma de que eso sucediera.
La sorpresa fue como si estuvieras en un crucero por placer
y sin previo aviso te anuncian que el barco se hunde.
La barca de mi vida estaba naufragando.
Me sentí horriblemente por mucho tiempo.
Fue una traición terrible para la que sentía que no estaba preparada.
Muy abandonada sentía que el mundo se me venía encima.
Si a eso le sumamos que tuve que trabajar muy duro en México
sin ganar lo necesario para vivir, te podrás imaginar
un poco por lo que pasaba.
Esto nos forzó a tener que correr a los Estados Unidos
para buscar al papá de mis hijos.
Ya él tenía otra mujer y nada más nos ayudó 8 meses con la renta
y como dos meses con la comida. Con mucho esfuerzo busqué trabajo ya
que caminaba 20 minutos diarios sin importar que lloviera,
tronará o hiciera frío.
Una de las cosas más dolorosas era que mis hijos
no me perdonaban el que no haya sabido pelear por mi marido y mi casa
de México. Siempre me veían como la débil y yo me sentía muy culpable.
Aparte de eso, la mujer por la que me cambio, sentía que era más joven
y bonita que yo. Eso me enfurecía.
Además, ella también estaba casada. Pero eso no la detuvo cuando
traiciono a su marido con mi esposo. No solo eso,
sino que abandono a su hijo con su abuelita
con tal de quedarse con mi marido.
Pensaba que nunca iba a tener amor sincero.
También tuve que pasar por tener que soportar
a todos los hombres que, te ven sola y con hijos,
y lo único en que piensan es en fornicación.
A la hora de la verdad nadie te ayuda
ni quiere ser responsable de una mujer con hijos.
Después de 20 años el marido me pidió perdón por teléfono,
ni siquiera me lo dijo de frente. Con todo eso, yo lo perdoné porque era
más fuerte la necesidad que yo tenía de liberarme que el hecho de que él
lo supiera. Yo perdone para no seguir arrastrando la pena que tenía.
No solo lo pude perdonar a él, sino todas las ofensas de mi niñez porque

tuvimos una familia de doce hijos y vivimos como pudimos.
Con el tiempo descubrí que el amor el cariño
sincero lo tenemos en Cristo Jesús. Ahora tengo
a Cristo conmigo, el que nunca me abandona.
El perdón es muy importante para mí porque
solo así descubrí la felicidad que es Cristo. Él es
mi vida y lo amo. Ya mis hijos tienen su familia. Cada uno tiene 3 hijos
igual que yo
Juana María

Entre cuatro
la carga
es más ligera

* * *

Juana María pudo haber decidido llevar la carga sola, pero no lo hizo. Ella al igual que Alberto decidió darse una oportunidad para sobrellevar sus amargas heridas. Alberto no comprendía ni siquiera el por qué les tenía tanto odio a las personas que lo hirieron tanto en su pasado. No podía comprenderlo. Tampoco comprendía cómo podía deshacerse de toda su pesada carga. El vivió atrapado por mucho tiempo, hasta que unos ángeles disfrazados de personas, le dieron un mensaje ante el cual tuvo que tomar una decisión de la cual no se ha arrepentido.

* * *

Un día me puse a pensar en por qué tenía tanto odio en mi corazón
contra las personas que de pequeño me hicieron tanto daño. A través de
los años seguía con odio, con coraje y siempre estaba a la defensiva.
Pensaba que mi problema no tenía solución.
Un día una pareja me hablo de un retiro de evangelización, pero yo no
escuchaba ese llamado. Ponía de pretexto el trabajo. Ellos me decían
que lo pusiera en manos del Señor.
Llego el día del retiro donde fui con duda y preocupación.
Dudaba que valiera la pena y si en realidad podría perdonar.
Cuando entramos sentí un gran amor y un cariño sincero a través de los
servidores, algo que yo no conocía. A través de la alabanza y la oración
fui comprendiendo como el Señor estaba cambiando poco a poco mi
dolor por sanación. Ahí me di cuenta de que sin Él nada puedo hacer
porque yo luche por dejar todo atrás y nunca pude, pero con Dios todo
se puede. Me sentí liberado cuando dejé de culpar, de odiar y de cargar
toda esa basura que llevaba.
El Señor tocó mi vida y ahora puedo ver las maravillas del Señor
dejando que él sea el primero en mi vida. No tomaba a Dios en serio
y no reconocía que estaba mal. Quería luchar solo pero estaba
equivocado. Con Dios todo se puede. En cualquier problema
y preocupación recuerdo que todo lo puedo en Cristo que me fortalece.
Luego de perdonar he ido sanando a través de la oración, de cursos de

seguimiento, de estudiar la palabra del Señor y tratando de realizar las
cosas según sus mandamientos. Pero lo que más me ha ayudado es estar
en comunión con Él a través de la confesión constante,
la Eucaristía y la Santa Misa.
Ahora me siento diferente, cambie mi forma de pensar
y de convivir con los demás.
Aprendí que los problemas son parte de la vida
y que a través de los problemas solo hay que acudir
a Dios porque él solo puede darme ese amor que tanto necesito.
Yo decidí creerle cuando el pidió
que fueran a Él todos los que estén cansados
y agotados de llevar pesadas cargas para que Él los alivie.

Alberto

* * *

Solo me resta decirte que en tus manos está el lanzarte solo o acompañado en esta preparación que continua en esta Primera Parte y la Segunda Parte de este trabajo. Es una invitación abierta a aceptar tu fragilidad. Pero como te digo es una decisión que tú debes elegir.

La guía que yo te puedo brindar es ridícula si la comparas con las enormes cargas que tendrás que mover. Esto va a requerir de un gran esfuerzo de parte tuya.

Así que te toca elegir si decides sobrellevar tus cargas junto al Padre, el Hijo y el Espíritu Santo y así obtener una fuerza que va más allá de la voluntad humana o confías en tus escasas fuerzas. Pero como te dije, es tu elección.

Segunda Parte
Cinco preguntas

¿Debo pedir perdón por existir?
¿Habrán más de 20 motivos para perdonar?
¿Para qué voy a usar el globo?
¿Por qué es tan difícil perdonar?
¿Cómo perdono?

¿Debo pedir perdón por existir?

Para poder contestar la pregunta: «¿Debo pedir perdón por existir?» quisiera recordar la memoria de un gran guerrero. Este combatiente se llamó Osceola y la paz que le ofrecieron es la misma que ofrece la resignación al pedir perdón por existir.

Osceola fue uno de los más importantes líderes de los Seminoles, una tribu de gente nativa que se negaba a abandonar la Florida ofreciendo resistencia al poder estadounidense. Cuando en Washington se aprobaron las leyes de traslado forzoso, Osceola dejo bien claro que prefería la guerra sobre salir de sus tierras. Durante varios años Osceola logro contener al ejército enviado por Washington ganando varias batallas. En octubre de 1837 el general Jesup pactó una tregua de paz con Osceola y ofreció su disponibilidad para tratar sus diferencias. En medio de esa tregua sucedió uno de los hechos más oscuros que guarda la historia militar estadounidense.

Una traición abominable.

Osceola estaba listo para hablar de paz, pero el general Jesup no. Aunque la bandera que el general levanto fue blanca, la realidad era que ocultaba una bandera negra. Bajo el vil engaño de una supuesta paz capturaron a Osceola en ese octubre terrible. Solo bastaron unos meses para que Osceola muriera con una malaria crónica en una fría cárcel.

A Osceola le ofrecieron una paz oscura. Bajo engaño le hicieron creer que la paz que anhelaba para su pueblo era posible. Qué triste sería el descubrir que lo menos que quería su opresor era la paz para él. Qué triste tuvo que haber sido morir tras la infamia de una mentira. Una mentira similar a la que ofrece la resignación. La resignación escondida detrás de frases como: «¿Qué tu quieres que yo haga?» esconde la misma promesa de paz que le hicieron a Osceola.

Una promesa vacía.

Cuando nos resignamos a pensar que ya todo está hecho y que no podemos hacer nada más obtenemos esa paz vacía que obtuvo Osceola.

 La paz oscura nos encarcela en el más frio conformismo.

Es cierto que no podemos escapar de nuestro pasado. Es cierto que por más que corramos el pasado siempre busca la forma de abrirse camino hasta nuestro consiente.

¿Pero sabes una cosa? No importa cuán rápido corras, no importa cuán lejos llegues, el pasado siempre te alcanza. Y cuando te encuentra lo único que deseas hacer de nuevo es salir huyendo tan solo para que te vuelva a encontrar.

¿Hasta cuándo vas a seguir huyendo de tu pasado? ¿Hasta cuándo vas a continuar escapando de lo inescapable? ¿No te cansas de correr?

Necesitamos encontrar una nueva forma de lidiar con las heridas del pasado de manera que no tengamos ya que correr. Encontrando una forma honesta de lidiar con el pasado encontraremos también la forma de lograr sanar ese dolor.

Pero, la ilusión de un mejor pasado nos ha traído la desesperación disfrazada de paz. Nos está alejando tanto de la realidad que no sabemos distinguir si lo que estamos sintiendo proviene de nuestro pasado o de nuestro presente. Hemos caído en una resignación que no es otra cosa que una forma de pedir perdón por existir.

Quizás digas: «Es que yo no estoy pidiendo perdón.»

¿Estás segura? ¿Estás seguro?

Cada vez que pides perdón por no ser lo que alguien esperaba de ti no solo estas pidiendo perdón por lo que hiciste, si no que está pidiendo perdón por existir. Cuando te desanimas y comienzas a arrastrar la vida estas pidiendo perdón por existir. Cada vez que haces algo malo y te escondes para que nadie lo sepa viviendo en una vergüenza constante, estas pidiendo perdón por existir. Te avergüenzas de tus raíces y pides perdón por nacer en un lugar que no vale la pena ni mencionar. Piensas que eres mejor y pides perdón por compararte. No te das cuenta que cuando pides perdón por existir caminas de rodillas desde que te levantas hasta que te acuestas.

Deseas no sentirte así, pero lo que deseas en realidad es ser otra persona. Deseas ser como esa persona que no le afectan los problemas. Deseas ser como aquella otra que expresa todo lo que siente y es feliz. En fin, te molesta la felicidad ajena por vivir pidiendo perdón por existir.

Cada vez que te dices que ya no puedes ser feliz, que ya todo está perdido, incluso que ya no vale la pena vivir... estás pidiendo perdón por existir. Cada vez que piensas que no sirves, que nadie te puede querer, que no conviene expresar tus emociones porque te van a lastimar de nuevo; estas pidiendo perdón por existir.

¿Dónde más pedimos perdón por existir?

- Pedimos perdón por existir cuando le creemos a otros que podemos amar a los demás sin amarnos a nosotros mismos. ¿Cómo podemos amar a otros sin amarnos primero? Nadie da lo que no tiene. Es necesario amarse en mente, cuerpo, alma y espíritu.

- Pedimos perdón por existir cuando le creemos a otros que somos un accidente. Cada vez que enfatizamos que somos producto de una gran explosión pedimos perdón por existir.

- Pedimos perdón por existir cuando le creemos a otros que no somos seres trascendentales. Por lo tanto sin propósito y sin sentido. Lo cierto es que somos importantes y lo que hacemos es importante. Si estamos vivos, es por una razón. Aunque todavía no la hallamos descubierto.

- Pedimos perdón por existir cuando le creemos a otros que no conviene expresar nuestros sentimientos. Como resultado nos reprimimos y cosechamos complejos.

- Pedimos perdón por existir cuando le creemos a otros que tenemos que decir siempre «si» para no causar problemas. Nos acostumbramos a querer complacer sin mirar las consecuencias.

- Pedimos perdón por existir cuando le creemos a otros que no conviene expresar cuando cometemos errores. Después nos preguntamos él porque somos tan rígidos.

- Pedimos perdón por existir cuando le creemos a otros que la opinión de ciertas personas no es importante. Luego nos atrevemos a criticar a Hitler por racismo.

Más que justificarnos pensando que nada podemos hacer porque eso fue todo lo que aprendimos, necesitamos preguntarnos: ¿Qué necesito hacer ahora? O mejor dicho ¿Qué necesito dejar de hacer? Porque quizás lo que necesitas es dejar de creerle a otros y comenzar a creer en ti mismo. Me refiero a que debemos dejar de creerles a otros que somos mejores o peores. Debemos dejar de magnificar las virtudes de los demás mientras desvalorizamos las nuestras porque pedimos perdón por existir cuando le creemos a otros que nuestro valor depende de ellos; que éste es determinado por la opinión de otros. No nos damos cuenta que hemos cedido nuestra responsabilidad. Claro como resultado es mucho más fácil culpar a otros. También debemos dejar de creerles a otros los insultos que nos han propiciado. Esos insultos se han quedado martillando nuestra cabeza como clavos calientes que cuestionan nuestras capacidades.

Por otro lado, ya basta de seguir creyéndoles a otros que valemos por lo que tenemos. No somos vitrinas que se exhiben para agradar a otros.

Por esa mala costumbre de estar pidiendo perdón por existir es que cuando llegan las ofensas mayores nos destruyen. Cada ofensa es un ataque a los cimientos de nuestra autoestima. Reaccionamos con lo que aprendimos, nos tambaleamos hasta que ceden los cimientos y el edificio de nuestra persona se viene abajo. Queremos reconstruirlo pero no sabemos por dónde empezar y nos frustramos al no deshacernos de ese dolor. Culpamos al ofensor de nuestra desgracia. Luego recurrimos a la esperanza toxica. Pretendemos olvidar lo que pasó; pero seguimos frustrados. Ahí es que comenzamos a pedir perdón por existir.

Bethenny es un ejemplo de una persona que pidió perdón por existir cuando se dejo dominar por la culpa. Ella no vio venir la desgracia porque se sentía confiada en que Dios iba a realizar un milagro. Lo cierto es que los milagros de Dios no son siempre los que nosotros esperamos.

* * *

Cuando me dijeron que mi hija no nacida, era un alto riesgo por un defecto de nacimiento, yo estaba convencida de que podía manejar cualquier cosa con la ayuda de Dios.
Mantuve mi fe en Dios, en mí, en los médicos y seguí adelante.
Desafortunadamente el destino de Becky iba a ser desafortunado.
Después de 3 meses de vida su trastorno metabólico la drenó y la enfermó. Toda esperanza parecía perdida. A pesar de eso, yo creía de todo corazón que, mientras yo estuviera a su lado y ella se aferrara a mí, ella se recuperaría por completo. Justo antes de lo peor, después de 3 semanas en el hospital, me fui de su lado para ir a mi lugar de trabajo.
Iba a trabajar con el papeleo y extender mi permiso de ausencia.
De repente, recibí una llamada de emergencia muy aterradora.
Me indicaron que tenía que volver al hospital porque necesitaban nuestro consentimiento para que ellos hicieran una línea central en ella porque sus venas estaban colapsando. La línea central se necesitaba para colectar fácilmente su sangre y darle los nutrientes que la alimentaban a diario. Tuve que dar el consentimiento de emergencia a través del teléfono y salir corriendo para estar a su lado.
El riesgo de perforar sus diminutos pulmones sucedió y fue cuesta abajo desde allí. Sus pulmones colapsaron, sus órganos comenzaron a fallar y su pequeño cuerpo no podía manejar el trauma. Falleció después de 3 días en ICU. Culpaba a los médicos, al hospital, a mi marido, pero sobre todo me culpé por no estar allí para abrazarla en los momentos decisivos. Los momentos en que más me necesitó.
Me ahogaba en mi misma desesperación por toda la culpa que sentía.
¿Qué pasó con nuestros felices para siempre? ¿Qué hice mal?

Me tomo varios años para renunciar al hecho de que nadie fue capaz de ayudarla. Ni siquiera yo. Servicios de apoyo emocional en la iglesia, junto a otros padres que perdieron a sus hijos, me hizo ver que nunca iba a encontrar la paz hasta que me perdonara a mí misma. Debía dejar ir a Rebecca para que pudiera descansar en paz. Entregarla a la voluntad de Dios me permitió vivir de nuevo sabiendo que mi pequeño ángel esta en el cielo.
Bethenny

* * *

Si queremos dar el primer paso para dejar de ser una víctima lo primero que debemos hacer es dejar de pedir perdón por existir como lo hizo Bethenny. Debemos reconocer que culpando a los médicos, la familia y a nosotros mismos no vamos a obtener que las cosas sean como antes. Tampoco vamos a obtener la paz que buscamos. Ella dejo ir a Becky para que descansara en paz y al dejarla ir encontró ella misma la paz que la culpa le robo. Es un proceso de limpieza interno.

> *Reconociendo lo valioso que somos no tendremos que hacer nunca nada para valer más ni dejar de hacer nada para valer menos.*

Somos seres en continuo crecimiento. Por eso un día podemos sentirnos que tenemos un crecimiento impresionante. Nos sentimos como que llegamos a la cima de una gran montaña. Puede que hasta toquemos el cielo con nuestros dedos.

Otros días nos sentimos miserables.

Sentimos que nos caemos de lo alto de un edificio. Que todo lo que conseguimos se desvanece. Es como si el arcoíris de repente perdiera todo su esplendor y su color.

Así pasa con la opinión que tenemos sobre nosotros mismos. A veces solo sube y baja al ritmo de las olas si entender siquiera de donde viene el viento que las hace danzar. Aunque la opinión propia puede crecer o desvanecerse, existe algo que se mantiene constante. Existe algo que no cambia. ¿Sabes qué es?

Nada es tan inamovible como tu valor.

> *Tu valor es tan constante como la velocidad de la luz en el vacío.*

La luz viaja tan rápido, que como en un segundo, puede llegarnos desde la Luna. También durante ese mismo segundo le daría 7 vueltas a la Tierra. Pero existe algo que hace a la velocidad de la luz extraordinaria. Lo que impresiona de la velocidad de la luz es que su velocidad no depende de que exista en el espacio un elemento para su propagación. Eso quedo demostrado desde el 1887 con el experimento de Michelson-Morley.

Con el experimento Michelson-Morley se descubrió que la velocidad de la luz en el vacío es constante.

No importa cuál sea la dirección de donde proceda, la luz llega a nosotros con la misma rapidez todo el tiempo. Más aún, la percepción de su velocidad es independientemente del movimiento de traslación de la Tierra. Podría esperarse que cuando la Tierra se mueve contra la luz que viene, la velocidad detectada sería mayor que cuando la luz persigue a la Tierra. Pues bien, esa afirmación no se cumple con respecto a la luz.

Su velocidad no es relativa.

Está demostrado científicamente que la velocidad de la luz en el vacío es una constante universal.

Tu valor es una constante universal.

De igual manera tu valor es una constante universal. No existe nada que puedas hacer para valer más. No hay nada que puedas dejar de hacer para valer menos. Tu valor jamás cambiará. Por lo tanto no hay forma que puedas alterar eso.

Lo que sucede es que simplemente no estamos consientes del gran valor que poseemos. Por eso buscamos modelos que nos inspiren para algún día poder alcanzar el éxito. No nos damos cuenta de que el éxito no reside en tener más habilidades o lograr mayores cosas. Tampoco en aumentar nuestro valor al ciento por uno.

¿Cómo puede aumentar algo que no cambia?

Nada te hace menos ilustre que no reconocer tu inmenso valor.

La única forma de aumentarlo es engañándonos como hacen muchos. Viven tan engañados que luchan toda la vida por alcanzar algo inalcanzable. Por eso siempre están ansiosos y nunca disfrutan de paz en su corazón. Están tan enfuscados en lograr el éxito que la vida se les escapa como arena entre los dedos. Se han puesto un precio como si fueran mercancías. Porque dicen que todo en esta vida tiene un precio. Pobres de ellos. A ver, dime una cosa: ¿Cuánto vale tu alma?

En el momento en que crees que vales por los talentos, habilidades o posesiones que tienes le has puesto precio a tu alma. En adelante no hay forma de que algo te llene. Estas condenado a vivir vacío para el resto de tu vida.

¿Debo pedir perdón por existir?

Si tan solo comprendieras el inmenso valor que tienes. Te garantizo que dejarías de pedir perdón por existir en ese momento. Si tan solo entendieras que no naciste por casualidad dejarías de ver tu vida como un mar de accidentes.

Puedes multiplicar tus habilidades y te exhorto a que lo hagas, pero el día en que creas que vales más por eso ya habrás dictado sentencia.

Quizás te preguntes:

«¿Cuánto vale mi vida?» Lo cierto es que esa es la pregunta equivocada.

La pregunta no es, ¿cuánto valgo? sino,
¿qué voy a hacer con mi inmenso valor?

No has pensado que si existes no puede ser por casualidad. Tú existes y punto. Le guste a quien le guste. Tú estás aquí. Y estas para quedarte. No te dejes engañar por los cobardes que se burlan por que en el fondo se sienten inferiores. Tú tienes el mismo derecho a ser feliz que cualquiera. Tienes derecho a que se te respete y a que se te trate con la dignidad que mereces.

No eres alguien extraño. Eres una importante persona que tiene un alma invaluable. Cada vez que te haces daño con palabras destructivas, con vicios que te consumen, con relaciones muy dañinas y toxicas, estas pidiendo perdón por existir.

No te das cuenta que no eres cualquier cosa. El molde donde naciste fue destruido para que nadie se te parezca. Eres irrepetible, tú lo sabes. Eres una obra maestra original. Tu ADN lo prueba. Nunca ha habido nadie como tú y nunca más lo habrá. El creador no ha hecho a nadie más usando la arcilla con la que te creo. Es crucial que recuerdes tu identidad y de donde provienes.

Una vez eres consciente de tu singularidad te preparas para el tremendo impacto que causaras en este mundo.

Tu vida aquí en la tierra es la oportunidad única e irrepetible para magnificar la grandeza que el creador ha puesto dentro de ti en forma de semilla.

Sí, una asemilla.

Todos le pedimos a Dios un árbol con todo y frutos. Más sin embargo nos puso una semilla llena de talentos dentro de nosotros. Cuando muera y germine será un gran árbol. Así será el árbol tuyo y el de Él. Ambos estarán orgullosos no por lo que eres, sino por lo que llegaste a magnificar en ti.

Tu semilla de talentos no es fácil descubrirla. Solo te digo que la forma cada una de tus habilidades en unión a lo que más te gusta hacer. En otras palabras tu propósito es el punto máximo de tu productividad. No se trata de imponerte un propósito, sino de descubrirlo a la luz de tus talentos y lanzarte a saciarlo. Sacia lo que necesita ser saciado y dejaras una huella inconfundible en este mundo. Escapa de tu zona de comodidad si quieres hacer germinar la hermosa Semilla de Talentos que llevas en tu ADN.

¡Salta y aparecerá el camino!

¿Habrá más de veinte motivos para perdonar?

No puedo perdonar si no tengo buenas razones para hacerlo. Si leemos la historia de Mily podremos comprender que un buen motivo para perdonar puede hacer la diferencia, entre perdonar y abrir la puerta de la sanación, o cargar un resentimiento que nos pudre el alma.

* * *

Mi papá era un hombre duro, avaro y muy machista. No te puedo decir que nos maltrató físicamente porque no fue así. Pero si nos maltrato emocionalmente. Nos decía muchas cosas negativas que se quedaban clavadas en el corazón y nos hacían sentir una enorme tristeza. Me decía cosas como: «¡Tú no sabes hacer nada bien! ¡Estas gorda! ¡Estúpida!» Esas palabras eran como estacas que se espetaban mi alma. La persona que debía amarme y enseñarme el camino, fue la que con cada palabra, perforaba el camino por el cual debía caminar. A mi madre también la lastimaba diciéndole palabras hirientes que la ofendían mucho.
El maltrato que sufrimos fue tan profundo, que el amor que sentíamos se marchitó con cada gota acida que salía de su boca. En la casa tampoco ayudaba a mi mamá en nada. El cuidado del hogar nos tocaba a nosotras como si él no viviera allí. Tampoco le daba dinero para nada. Ella cargaba con todos los trabajos mientras él siempre decía como se hacía todo. Él mandaba. Siempre quise que se divorciaran pero mi mamá tenía miedo. No nos daba cariño de ninguna manera.
Ni físicamente ni con palabras. Todo lo que hacía nos dolía mucho y teníamos miedo a que nos regañara. Por supuesto, nos sentíamos bien cuando él no estaba. Yo siempre buscaba ese afecto en un «tío» que era bien bueno conmigo. Siempre lo quise como si fuera mi otro papá. Cuando tuve como 19 años ya no lo respetaba, lo enfrente muchas veces para defender a mami, que es una santa, pero no conseguí resultados.
Con el tiempo entendí que él fue muy inmaduro y que aprendió a ser duro porque su mamá fue muy dura. Pero lo que me hizo perdonarlo fue

la necesidad que tenía de liberarme del rencor que me mataba.
Lo perdone y a través del tiempo he ido reafirmando mi perdón.
Algo que me ha ayudado a sanar, luego de perdonarlo,
es el hecho de que ha cambiado bastante y me respeta porque ve que salí
adelante. También, lo cambió el golpe de la muerte de sus padres,
el darse cuenta que nosotros no le hacíamos mucho caso y el nacimiento
de mi sobrino. Todo eso lo ablandó un poco y ve algunas cosas con más
amor; aunque a su manera Me siento mejor y hasta puedo tener más
confianza con él. Puedo decirle cosas con más calma
y hasta tener una conversación.
También puedo tocarlo más a menudo en el hombro o darle un beso al
verlo, sin sentir que se me revuelque el interior. Sé que no es perfecto
y me siento mucho mejor respecto a todo lo que ocurrió en el pasado.
Ya no me molestan ni me dan coraje las cosas que hizo.
Mily

* * *

Al igual que Mily, tú y yo necesitamos de uno o varios motivos si queremos perdonar. Ella vivió la pesadilla de tener un padre maltratado que se convirtió en maltratante. De pequeña ella no entendía como su padre no podía quererla y porque la humillaba del modo en que lo hacía. Pero algo que descubrió fue que si quería la paz interior, necesitaba comenzar por perdonar. La paz que anhelaba fue el motivo y motor que la movió a perdonar.

Mily al igual que Ashley necesitaron un buen motivo para perdonar. El caso de Ashley no tuvo que ver con su esposo, sino con el hermano de su esposo. Ella no estaba preparada para, lo que inclusive tu propia familia, pude llegar a hacer.

* * *

Para el año 1974, el hermano de mi esposo nos dijo que nuestro negocio
no daba más. Además, nos dijo que no alcanzaba ni para pagar las
deudas a los acreedores. Este negocio siempre fue el sueño de nuestras
vidas y en ese momento sentí que todo se derrumbaba. No podía creer
que todo el dinero que ahorre por dos años desapareciera. Durante esos
años todo lo que gane se lo di intacto a mi esposo y no podía creer que
ahora mi cuñado nos dijera: «Aquí se termina todo. Hay que buscar
trabajo y liquidar lo poco que nos queda.» Estábamos sin plan médico,
sin dinero y esperando el último hijo que Dios quería que tuviéramos.
Había que pagar luz, agua, casa y comida; la crisis era total.
Además teníamos que pagar $7,000 adicionales por un préstamo
colateral que habíamos tomado a nombre de nuestra humilde casa.
Mi querido cuñado me había convencido para que yo firmara

47

en el banco; pues sin mi firma no nos lo daban. Nos dijo: «No va a ver problema. Lo vamos a pagar y que tu casa quedará a salvo.» Pasaron tres meses y mi cuñado no nos daba la cara para ayudarnos a pagar el préstamo. Por eso decidí llamarlo ya que mi esposo no se atrevía llamarlo. Cuando contestó el teléfono lo salude y le pregunte: «¿Cuándo nos vas a ayudar a pagar el préstamo colateral de nuestra casa?» Él muy cínicamente me dijo que él no tenía conocimiento de ese préstamo. En ese momento me comenzó a hervir la sangre y le pregunte: «¿Cómo? Si tú mismo me convenciste para que yo firmara y ahora me vienes con que no tienes conocimiento.» Él contestó: «Mira, yo estoy en la misma condición que ustedes.» Yo le dije que juntos podíamos hacer la lucha porque mi casa estaba a punto de ser embargada por el banco. Él por su parte me dijo: «¿Qué es lo que tú quieres que haga? ¿Qué me venda?» Jamás espere esa contestación de una persona que era hermano de mi esposo. Sentí que el mundo se nos venía abajo. Yo le conteste que no era para tanto, que lo que quería saber era si podíamos contar con él. En ese momento me colgó el teléfono y jamás le volví a mencionar nada. Hasta nos dejamos de visitar; en otras palabras había muerto para mí. Me dije: «Esta deuda es en común acuerdo con mi cuñado, pero tengo varios hijos y tenemos que salir adelante.» Mi esposo le dijo a su hermano que venderíamos el negocio para poder sufragar las deudas que teníamos con los acreedores.
En fin, no nos sobro ni un centavo.
Los años iban pasando y con la fe puesta en el Divino Creador nos dimos a la tarea de salir adelante. Mi vida cambio. De ama de casa pase a coser ropa, hacer cortinas y a preparar una bebida que se llama maví y otra llamada ajonjolí. Mi esposo encontró trabajo de mesero y poco a poco, centavo a centavo, fuimos pagando las deudas. Hablamos al banco y nos dieron una prórroga. Así no perdimos nuestro hogar.
Tenía mucha rabia y mucho dolor por todo lo que había pasado.
En especial sentía mucha ira por lo de mi cuñado.
Era un dolor que taladraba mi alma y mi corazón.
Un dolor que solo a mi misma me hacía daño. Pues me lo trague sin reclamarle jamás a mi cuñado. Lo puse todo en las manos Dios, le pedí sabiduría y tolerancia. Esa traición no la podía superar.
¿Qué tu sangre hiciera eso? No lo podía concebir.
Dios fue tan misericordioso con nosotros que pudimos levantar a nuestra familia con muchos sacrificios. Lo logramos todo con mucha dignidad para la Gloria de Dios. Todavía me duelen en el alma esos recuerdos; no por lo que nos hizo a nosotros, sino por la familia de mi cuñado. Él con su egoísmo tomó otras

decisiones y lo perdió todo; hasta su familia. Lo abandonaron.
En cambio yo, tenía patente la lucha por mis hijos y la fe puesta en
alguien que no era terrenal. La puse en mi Padre Dios, a quien siempre
le agarre la mano. Jamás lo solté ni lo suelto. Nuestros hijos eran el
motor y el deseo de nuestra lucha. Eran mi tesoro más preciado
y por ellos hasta mi propia vida hubiese dado.
Después de muchos años, escuche a un sacerdote hablar sobre el
perdón. El habló de lo fácil que era invitar a un amigo a tus fiestas, pero
si quieres llegar al Reino de Dios, invita a tu enemigo
o aquel que te hizo daño y verás las sanación de tu alma.
Esas palabras se metieron en mi mente y no tenía paz.
Un día me arme de valor y decidí perdonarlo. Por eso lo llame y le dije
que tenía a la familia reunida y que me gustaría que nos acompañara.
Era navidad; mejor momento no pudo haber sido. Para mi sorpresa él
asistió con su segunda esposa. Al servirle a la mesa como a cualquier
otro invitado le otorgue mi perdón. Él comió y disfruto de la familia por
primera vez en mucho tiempo ya que él se había aislado. Al irse lo volví
a perdonar cuando nos dimos las gracias mutuamente y nos despedimos
con un beso. Al quedar sola me eche a llorar. Pensaba que no lo iba a
poder lograr. Pero con la ayuda de Dios lo pude hacer.
Me dije: «Que tonta he sido, tanto dolor que cargaba y no me había
dado cuenta que esa carga de odio no me hacia ningún bien.
Solo me hacía daño a mí misma.» Pues hay personas que no les importa
hacer daño. Tal vez por su ignorancia o por desconocimiento de Dios.
Ya no lloraba por el dinero que mi esposo y yo tuvimos que pagar ni por
no haberlo disfrutado. Lloraba porque el desamor sucumbió ante el
perdón. Luego sentí tristeza por su anterior esposa e hijos quienes no
pudieron superar los problemas que con él tenían.
Después de tantos años de necesidad todo esto me hizo más fuerte.
Hoy me siento millonaria. Millonaria por tener a mis hijos; así se lo
hago saber a mi esposo y lo grito: «¡Soy Millonaria! ¡Amo a mis nietos
y a mis nueras!» Por eso le pido a Dios que les dé sabiduría
y gozo en sus matrimonios. Siempre me dije: «¡Mis hijos son mi tesoro!»
No solo el dinero te hacen sentir millonario, hay otras cosas que hacen
sentir al ser humano de la misma forma. Por ejemplo, mis hijos son unos
guerreros y cada uno tiene una bella familia. Eso me hace sentir muy
bendecida. La persona ya falleció y jamás le hable del tema de la deuda.
Mi oración para él es que Dios le conceda descanso eterno.
Por otro lado, mi esposo y yo seguimos juntos hasta que la muerte nos
separe; como una vez juramos ante el altar de Dios. A ese mismo Dios le
doy las gracias por haberme dado la vida, la entereza y la sabiduría.
Él me sostuvo para que no desmayara. También, me enseño a perdonar

al enviar a su hijo Jesucristo al mundo. Él con su sacrificio en la cruz
nos mostró como debemos hacerlo. A Él todo el honor y la gloria.
Señor aquí estoy perdóname tú también. Amén.
Ashley

* * *

También tú y yo necesitamos de un par de motivos si queremos perdonar. Algunos de estos motivos los menciono a continuación:

1. Para que esa persona no continúe hiriéndome.
2. Para callar los sentimientos de molestia y dolor.
3. Para sentirme física y psicológicamente mejor.
4. Para no darle la satisfacción de herirme a esa persona.
5. Para mejorar la relación con el que me hirió.
6. Para evitar hacer lo que no me gusta que me hagan a mí.
7. Para comenzar a liberarme de todo resentimiento.
8. Para que la persona que me hirió pueda ver sus injusticias.
9. Para comenzar de nuevo una relación de confianza.
10. Para dejar de exigir lástima por la maldad que me han hecho.
11. Para no exigir ser perdonado.
12. Para desarrollar una relación de confianza conmigo mismo.
13. Para recibir el perdón cuando otros me perdonen.
14. Para evitar desquitarme con aquellos que no tienen la culpa.
15. Para que mi futuro gozo y alegría no dependa más de las personas que me han hecho sentir miserable.
16. Para prevenir que se repitan las injusticias.
17. Para purificar mi memoria de frustraciones.
18. Para vivir en paz con mi pasado.
19. Para vivir en el presente.
20. Para que Dios me perdone.
21. Para tener fortaleza.
22. Para tranquilizar mí conciencia.
23. Para dejar de ser la víctima.
24. Para ayudar a los demás.

Cada una de estas motivaciones tiene como objetivo darnos un norte en nuestra vida. Anhelamos la sanación, pero esta no comenzara mientras no tengamos un propósito bien establecido.

Mientras no estés consiente de tus motivos estarás a
merced de los medios de comunicación.

La propaganda y los medios de comunicación nos llenan de mucha influencia que reflejan, en su mayoría, motivos distintos a los que has leído aquí. Algunos ejemplos son cuando te muestran al héroe que venga en nombre de la justicia o la persona herida que se siente con derecho de hacer lo mismo que le hicieron. Basta con encender las noticias para ver ataques de celos, asesinatos buscando revancha, y crímenes pasionales movidos en respuesta de una traición. En las películas los productores se deleitan en presentar como los villanos merecen la muerte por sus crímenes cometidos. Podría seguir mencionando ejemplos, pero creo que ya tenemos una idea de lo que conlleva toda esta propaganda masiva.

¿Habrá más de veinte motivos para perdonar?

Por otro lado, cuando escribes tus motivos en un papel te alejas de esta propaganda y te concentras en tus motivos positivos. No solo eso, sino que transformas tus pensamientos abstractos en objetivos concretos. Escribir tus motivos es una de las mejores maneras de asegurar alcanzar tu meta. De hecho plasmar tus motivos en un papel es la manera más efectiva de lograrlos.

Algo importante que debemos recordar sobre nuestra mente subconsciente y la percepción que tenemos sobre la realidad, es que cuando vemos una meta escrita la relacionamos más fácilmente con algo tangible, que si solo lo dejamos en nuestra imaginación. De inmediato le enviamos un mensaje a nuestro cerebro sobre nuestro compromiso de mejorar. De esta manera nuestro cerebro separará esta información del resto de las cosas superficiales que diariamente imaginamos.

La escritura posee importantes beneficios que le darán un orden tangible a lo que deseamos lograr.

Algunos de los principales beneficios que esta poderosa herramienta ofrece son:

1. Aumentar nuestra motivación.
2. Nos obligamos a nosotros mismos a definir nuestro camino.
3. Crea un punto de referencia para dar seguimiento al progreso.
4. Nos ofrece un recordatorio tangible y positivo.
5. Nos proporciona un proceso de pensamiento reflexivo.
6. Nos da una mejor capacidad para resolver problemas.
7. Estimulamos la creatividad y el subconsciente.
8. Nos proporciona un método para hacer andar las cosas.
9. Nos da fortaleza para lidiar con los desafíos.
10. Multiplica el deseo de la vida que nos gustaría vivir.

Atrévete a escribir tus motivos.

Ahora te invito a que elijas tus motivos. Solo repasa la lista de motivos y anota los que más te llaman más la atención. Sí deseas anotar alguno que no está en la lista también puedes hacerlo. Lo importante es que no continúes leyendo si no apuntas por lo menos un motivo.

Mis motivos para perdonar:

_____

_____

_____

_____

_____

_____

_____

_____

_____

_____

_____

_____

_____

_____

_____

_____

_____

_____

_____

¿Para qué voy a usar el globo?

Recientemente he visto un aumento en las redes sociales en cuanto al duelo de imágenes se refiere. Basta con observar como mucha gente prefiere comunicarse publicando distintas imágenes, más que con solo palabras. Ya sea que tengan que contestar una publicación o expresar un sentimiento, el uso de imágenes se ha vuelto viral en toda la Internet.

No es de esperar que así sea, puesto que una imagen dice más que mil palabras, como dice el dicho popular. Una sola imagen puede despertar un sin número de reacciones en las personas que las observan. Cuando expresamos algo con imágenes nos ayudamos a nosotros mismos a expresar cosas que muchas veces no sabríamos como decirlas.

No solo eso, sino que el recuerdo de una imagen nos puede traer a nuestra mente más de mil palabras también. Las fotos, los videos y los detalles concretos de expresiones de afecto son solo algunos ejemplos. Con solo pensar en estas imágenes estas pueden traernos una serie de recuerdos. Si tuviéramos que expresarlas en palabras, con toda probabilidad necesitaríamos varios tomos de enciclopedias y comoquiera no sería suficiente.

Hay quienes afirman que todo lo que vemos está unido de alguna manera a nuestras experiencias personales e incluso a que la mayoría de nuestras comunicaciones son una respuesta a una experiencia visual. Por tal motivo, siendo la vista uno de nuestros más preciados sentidos, sería muy desafortunado que la dejáramos fuera de todo este asunto en lo que a perdonar se refiere.

Una forma de incorporar las imágenes en el acto de perdonar es utilizando un globo lleno de helio. De esta manera podemos tomar ventaja de los dos beneficios que las imágenes nos proveen.

Primero, un solo globo nos permite expresar más de mil maneras concretas, el perdón que otorgamos, por toda la irritación que hemos experimentado. Mediante la imagen del globo podemos materializar las palabras que deseemos utilizar para perdonar en profundidad.

Segundo, el recuerdo de la imagen del globo subiendo al cielo puede hacernos experimentar muchas emociones positivas cuando algún acontecimiento diario se conecte con las viejas heridas del pasado. Esta acción nos recordará que dejamos ir nuestro rencor para dejar que la paz comience a habitar en nosotros.

¿Para qué voy a usar el globo?

Solo basta con seguir estos pasos:
1. Llena un globo con helio.
2. Busca un lugar al aire libre agradable.
3. Suelta el globo mientras proclamas tu perdón tal como aprenderás a hacerlo en los próximos capítulos.

Quizás aun no estés preparado para hacer esto en este momento. Quizás todavía tienes muchas preguntas y dudas con respecto a lo que es perdonar y el alcance de este concepto.

No te preocupes. La mayoría de las preguntas que todavía puedes tener se contestan en los capítulos siguientes. Más adelante habrá oportunidad para retomar todo este asunto del globo. No solo eso, sino que obtendrás poderosas herramientas que bien puedes usar de manera independiente o en conjunto con el globo. Ahora quisiera que por el momento te tomaras un tiempo para hacerte esta pregunta:

¿Por qué es tan difícil perdonar?

¿Por qué es tan difícil perdonar?

No sé si les haya pasado. A mí no hay cosa que me disguste más en la oficina de un médico, que luego de haber esperado a que me llamen, me dé cuenta que tenía que haberme apuntado en una lista de espera o usado otro procedimiento que yo desconocía. A mí me pasó y como resultado me di cuenta de que espere en vano en una incómoda y dura silla. Lo peor de todo es que tuve que volver a esperar para ser atendido.

Primero me enfade con la administración de la oficina por no haberme orientado como se debía. Los culpaba por todo el tiempo que me hicieron desperdiciar y por no tratar a los pacientes como estos se merecen.

Luego, descubrí que yo también tenía responsabilidad en el asunto. Yo podía haber preguntado exactamente cuáles eran los pasos que debía seguir para ser atendido. Más aún, yo era el que necesitaba el servicio y por tanto debía hacer lo posible por obtener el servicio que estaba buscando. Lo cierto era que nadie me obligó a esperar por ese servicio. No me quedaba más remedio que aceptar que sí quería que me atendieran, tenía que conocer y seguir los procedimientos que estaban establecidos.

De nada me servía seguir molesto ni culpar a otros de mi incomodidad. Yo tenía en mi mente la idea preconcebida de cómo debía ser el procedimiento que debía seguir. El único detalle era que la oficina no necesariamente funcionaba como yo entendía que funcionaba. Cada oficina tiene sus propios procedimientos y algunos de ellos difieren entre sí. Es mi responsabilidad conocer el procedimiento antes, si no quiero pagar las amargas consecuencias.

De la misma manera pasa cuando queremos perdonar. Nos quejamos del dolor y del resentimiento, mas sin embargo no conseguimos perdonar. Nos preguntamos entonces porqué perdonar es tan difícil y buscamos la forma de culpar a otros antes de aceptar que si yo soy el que necesita perdonar, entonces soy yo quien necesita orientarse sobre lo que es perdonar y los procedimientos que debo seguir.

En esa búsqueda sobre lo que realmente significa perdonar existe un grave problema. Y es el mismo problema que encontré cuando quería yo mismo perdonar. Me encontré con tantos y tantos requisitos que no sabía por dónde comenzar.

Es ahí que nos volvemos a hacer la misma pregunta.

¿Por qué es tan difícil perdonar?

Antes de responder a esta importante pregunta me gustaría que reflexionemos en esta historia.

LOS REQUISITOS ABSURDOS

Fue un día difícil. Así que entro a su cuarto, se quito los zapatos, la gorra y el parche del ojo. Lo colocó todo muy organizado como su madre le enseñó. Se miro al espejo y con rabia se pregunto:
—¿Por qué los niños tienen que ser tan crueles? —Inmediatamente se le contrajo de dolor el estómago—. Tan solo porque no tengo un ojo no significa que sea un maldito tuerto. Ellos saben que quería agarrar la pelota. Está bien, no la agarré. Pero no por eso soy un imbécil ¿Cómo voy a pretender ahora que no ha pasado nada? ¿Acaso alguno me ha pedido perdón? ¿Acaso alguno merece el mío? Por su culpa nadie quiere acercarse a mí. Solo quisiera despertar un día y ver que ese accidente nunca sucedió. Bueno, quizás mañana encuentre como perdonarlos.
Todavía estaba hablando cuando al golpear la puerta gritaron:
—¡Abuelo, hora de acostarse!
—Está bien ya voy —respondió entre dientes el anciano.
Luego se quito su caja de dientes, la metió en un envase con agua y se acostó.
A media noche se despertó y se dijo de nuevo:
—Quizás mañana...
Entonces le sobrevino un último dolor de estómago y no despertó.

Entonces, ¿por qué es tan difícil perdonar? ¿Por qué se nos hace tan difícil pronunciar estas palabras que de toda la vida tantos en diferentes foros han proclamado como beneficiosas? ¿Será que en una era de tanta información más que clarificar dudas nos han saturado de información contradictoria? ¿Habrá algún plan malévolo o una agenda escondida detrás de todo esto?

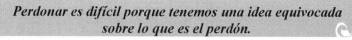

Perdonar es difícil porque tenemos una idea equivocada sobre lo que es el perdón.

Hemos aprendido que para otorgar el perdón se tienen que cumplir una serie de requisitos absurdos. La realidad es que la finalidad de estos es simplemente mantenernos en nuestra condición de víctima. La gente se ha inventado tantos y tantos requisitos que han hecho del perdón algo inalcanzable. Los requisitos son solo excusas para mantenernos alejados de los beneficios del perdón. Estos solo alimentan nuestra terquedad y nos mantienen inmóviles y reacios a perdonar.

María, por ejemplo, tuvo que aprender a perdonar a un padre abusivo. Ella no sabía cómo hacerlo, pero si sabía que necesitaba perdonar. Aunque logró liberarse de la opresión a la cuál fue sometida por mucho tiempo no lograba quedar libre del resentimiento porque pensaba que era más grande que ella.

* * *

Soy la hija mayor en una familia de doce hermanos. Viví rodeada de muchas carencias económicas, pues mis padres eran personas muy humildes y sencillas. Desde pequeña aprendí a trabajar en las labores del campo y ayudaba a mi mamá con las labores del hogar y cuidando a mis hermanos. Mi padre por su parte, tenía un vicio de alcoholismo que agotaba el poco dinero que ganaba.

Un día mis primas me invitaron a trabajar. Me puse muy alegre, pues era la oportunidad perfecta que tanto esperaba. Por fin sentía que podía ayudar a mi familia a salir de tanta carencia. Iba a trabajar en casa de una familia acomodada, con un buen sueldo y a media hora de mi casa. Lo único que anhelaba era salir a trabajar y ayudar a mi familia. Me quería sentir útil mientras colaboraba con algo para el sustento del hogar. Cuando le pedí permiso a mi papá mis ilusiones se fueron al piso. Su tajante respuesta fue: «¡Aquí las mujeres no salen a trabajar fuera de la casa! Se aguantan con lo que yo pueda aportar.» También me amenazo con echarme de la casa si desobedecía. Definitivamente la caridad, el amor y el perdón eran palabras que mi padre no conocía. A veces deseaba haber nacido hombre para revelarme y pelear contra mi papá. Me sentí muy triste y desolada. A mis cortos 14 años percibía un futuro incierto, triste y sin nada que esperar de la vida. Anteriormente por órdenes de mi papá me fue prohibido estudiar. Obtuve una beca para estudiar y la perdí por obedecer a mi padre. Ahora también iba a perder otra oportunidad. ¡No era justo! Me preguntaba hasta cuando voy a permanecer aislada del mundo. Lo único que miraba era pobreza por todas partes, malos tratos y prohibiciones. Lo peor de todo era ver a mi madre y mis hermanos obedeciendo órdenes tan absurdas por miedo y cobardía. Lo único que sentía era rabia y deseos de liberarme de toda esa amargura que estaba viviendo. Pensaba que si de todas maneras iba a morir obedeciendo a mi padre prefería morir luchando por un futuro mejor. Así que desobedecí a mi padre y me fui a trabajar. Mi padre se entero días después y se puso furioso. Él se transformo por completo. Me dio una golpiza brutal y salvaje con una correa con hebilla. Nadie pudo rescatarme de tan horroroso momento. Recuerdo que grite tan fuerte que hasta ronca me quede. Cada golpe que él me daba no solo destrozaba mi cuerpo sino mi corazón. Y por si fuera poco me echó de la casa. Salí arrastrándome como pude con moretones por todas partes y con el pelo hecho un desastre. A partir de ese momento me refugie con mi prima que trabajaba en la ciudad.

El problema que tenía para perdonar era que sentía que mi resentimiento era más grande que yo. Sentía que no tenía lo necesario para lograrlo. Pero estaba en un error. Lo que pasaba era que no sabía cómo hacerlo. No fue hasta que conocí a Jesús que pude perdonar. Él fue azotado y hasta se dejo matar por rescatar a los duros de corazón. A todos esos hombres que por desconocimiento de Dios se convierten en ayudantes del diablo haciendo tanto mal a sus hermanos. Comprendí que si el hijo de Dios altísimo perdonó, ¿por qué yo no voy a perdonar? Así que lo perdone. Sí, perdone a mi padre por el abuso al que sometió a mi familia por tantos años. Lo perdone por los infernales golpes que me dio, porque las heridas que me hizo por dentro, fueron más fuertes que las que me hizo por fuera. Perdone su terquedad al no dejarme estudiar y dejar que esa beca que me dieron se fuera a la basura. Perdone la vida de privaciones a la que nos sometió. Perdone su alcoholismo porque ese vicio hizo que malgastara gran parte del dinero que todos necesitábamos como familia. Lo perdone porque al fin y al cabo es mi padre y no quería tener resentimiento con ese ser que a pesar de todo me dio la vida. Lo perdone porque lo amo y me necesita. Ahora, no solo visito y convivo con mi padre, sino que lo ayudó en su sustento. Él vive solo en un país lejano ya que todos lo abandonaron. Por mi parte puedo decir que siento la fuerza de Dios que me impulsa a perdonar siempre. Estoy consciente que solo el verdadero conocimiento de Dios, la fe acompañada de buenas obras y la oración constante, son las herramientas que nos protegen y nos dan la fuerza para derrotar el mal en el nombre de Jesús. Ojala todos los hombres abrieran su corazón y aceptaran a Jesús como su maestro y salvador, transmitieran el amor en lugar de odios y oraran por los que nos hacen mal pidiendo a Dios que transforme sus corazones de piedra en corazones de carne. Si la evangelización llegara a todas las naciones no abrían tantas mujeres sufriendo y muriendo cada día. Señor ayúdanos a aceptar tu amor y misericordia siempre. ¡Jesús en ti confío!

María

* * *

María supo vencer el requisito absurdo que la mantenía lejos de perdonar. Se dio cuenta que perdonar no es un sentimiento y que solo debía aprender a perdonar.

Al igual que María, Sandra comprendió que el perdón no requiere de tantos requisitos. Ella fue sorprendida por un sin número de muertes en un corto periodo de tiempo. Ante

¿Por qué es tan difícil perdonar?

tanta tragedia ella supo enfrentar su realidad aceptando todo el dolor que esto implicaba. Supo ser agradecida en medio del dolor y salió fortalecida de la experiencia que le toco vivir.

* * *

He tenido que enfrentar muchas pérdidas.
Seis meses después que a mi mamá la operaron
de corazón abierto sufrimos la pérdida de mi hermana de 30 años.
Fue una situación muy fuerte y yo tenía la presión de ser la hija mayor.
Todos esperaban que fuera fuerte por mis papás. Difícil situación,
ya que debía darle fuerzas a mis padres mientras mi propio corazón
estaba destrozado. En 9 meses y medio, perdimos a mi hermana,
el hermano mayor de mi mamá y a mi papá el cual nunca pudo
reponerse de la muerte de mi hermana.
Ver a mi madre sufrir tanto me hacía sentir muy mal.
A pesar de todo esto le doy gracias a Dios por el tiempo que nos
los dio y porque Él todo lo hace perfecto. Qué tremenda
lección de vida, darle gracias a Dios en medio de tanto dolor.
He hecho mío esas palabras y he aprendido a darle gracias
por todo y no cuestionarle.
Si no, ¿para qué?
Tan reciente como en el 2012, y otra vez en 9 meses y medio,
perdí a varias personas. Perdí a mi viejecita querida, a una prima
de Lares muy querida y otro hermano de mi mamá
que siempre fue muy unido a ella.
En medio del dolor tan terrible repetí las palabras de mi mamá:
«Gracias Dios por el tiempo que me los diste.»
Eso me fortalece y me mantiene agarrada
de la mano de Nuestro Señor.
Sandra

* * *

Sandra pudo reclamarle a Dios por haberse llevado de su lado sus seres queridos. Pudo desesperarse y preguntar: ¿Por qué a mí? ¿Por qué me están ocurriendo tantas desgracias en tan poco tiempo? Pudo culpara a la vida por el dolor que sentía, pero no lo hizo.

Ella hizo algo mejor. Ella supo ser agradecida aun en medio de la pérdida y el dolor. Supo reconocer que de nada le servía cuestionarse el plan perfecto de Dios.

¡Date la oportunidad de aprender a perdonar! Cuestiónate a ti mismo los requisitos que hay para perdonar. Pregúntate si te acercan o te alejan de perdonar. ¿Todos esos requisitos no habrán infectado nuestra manera de visualizar el perdón? ¿Perdonar no será acaso como sacarse una espina infectada para que sane la herida?

En la parábola del rescatista insistente discuto más a fondo todos los requisitos absurdos que nos separan de perdonar. Ahora quisiera que pensaras en los pocos requisitos que tienen los niños para perdonar. Dicen por ahí que los adultos son solo niños que olvidaron como jugar.

¿Tendrán razón?

¿Cómo perdono?

Esta última pregunta es quizás la más importante de todas. Pero antes de adentrarnos en una explicación profunda, quisiera que meditemos en la adaptación que hice a la siguiente historia. Muchos deben conocerla, ya que ha circulado mucho por la Internet. La misma trata sobre las estaciones de la vida. Aunque el autor de esta historia es anónimo, el bello mensaje desea darse a conocer.

LAS ESTACIONES DE LA VIDA

Había una vez un hombre que tenía cuatro hijos.... Él quería que sus hijos aprendieran a no juzgar las cosas de manera apresurada. Por eso, los envió a cada uno por turnos a visitar un gran peral que estaba muy lejos. El primer hijo fue en el invierno, el segundo en la primavera, el tercero en el verano y el hijo más joven en el otoño. Cuando todos regresaron; su padre los llamó, y les pidió que describieran lo que vieron. El primer hijo mencionó que el árbol estaba encorvado, deforme y feo. El segundo dijo que no, que estaba cubierto con hojas verdes y lleno de promesas. El tercer hijo no estuvo de acuerdo con ninguno de ellos, afirmo que estaba cargado de brillantes flores, que tenía un aroma muy dulce y que era la cosa más llena de gracia que jamás vio. El último de los hijos no estuvo de acuerdo con ninguno de ellos. Dijo que el peral estaba maduro y lleno de satisfacción por haber dado mucho fruto. Entonces el hombre les explicó a sus hijos que todos tenían razón, porque ellos solo vieron una de las estaciones de la vida del árbol. Luego añadió: «Pero no deben juzgar a un árbol solo por ver una de sus temporadas.»

De la misma manera no debemos juzgar nuestra dificultad para perdonar por estar en el invierno de nuestra vida.

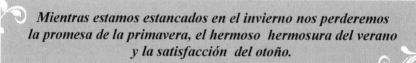

¿Cómo perdono?

Cuando estamos en el invierno todo parece ser más helado y mucho más difícil. Daños, injurias, traiciones y malas intenciones son solo algunas de las cosas que parecen magnificarse frente a nuestros ojos sin que parezca haber una salida a nuestra situación.

Lo cierto es que el constante y profundo dolor que sentimos no debería destruir la dicha del resto de nuestra vida. Estamos tan inmersos en la espera de que el otro haga algo para aliviar nuestro dolor que no nos damos cuenta que permanecemos como víctimas en la misma estación.

> *Mientras estamos estancados en el invierno nos perderemos la promesa de la primavera, el hermoso hermosura del verano y la satisfacción del otoño.*

Es por eso que te invito a leer con ilusión los capítulos siguientes, sabiendo que mientras no perdonamos, vemos todo desde la herida. No vemos la esperanza que da la primavera. Tampoco vemos la hermosura del verano ni la satisfacción del otoño. Pero, no por no poder ver estas estaciones, significa que estamos destinados a permanecer en el invierno.

Todo lo contrario.

Tenemos todo el derecho a vivir a plenitud cada una de estas estaciones. El derecho a la felicidad no es solo para un puñado de personas selectivas. Todos y cada uno de nosotros tenemos la capacidad de conseguirlo porque nacimos con la noble y majestuosa facultad de perdonar. Tú y yo somos portadores desde nuestro nacimiento de esta habilidad. No es algo que necesita inventarse.

 Perdonar es algo que necesita ejecutarse.

Todos tenemos la posibilidad de realizar este acto necesario e imprescindible para una vida plena y en equilibrio. Es por eso que lo podemos desarrollar, fomentar y entrenar para poder abrir paso a una nueva estación en nuestras vidas.

 El perdonar es lo que va a lograr que pasemos del invierno a la primavera.

Con ese propósito en mente es que vengo a traerte una nueva propuesta compuesta por 5 parábolas. Estas nos van a ir guiando para poder contestar la urgente pregunta de éste capítulo.

¿Cómo perdono?

Durante las próximas páginas vamos a ir descubriendo el por qué perdonar no se trata de un largo y tedioso proceso. Tampoco deseo presentar la única o la mejor manera por la cual podemos perdonar. Ni mucho menos vengo a traer un insensible manual de instrucciones con recetas mágicas frente a traumas, sufrimientos y heridas profundas.

Más bien vengo a presentar una manera distinta, poderosa y efectiva de entender el acto sublime de perdonar. Vengo a traerte una alternativa para comenzar a liberarnos de sentimientos indeseables y dolorosos hacia los demás y nosotros mismos. En fin, una nueva actitud para no permitir que las circunstancias o hechos en la vida endurezcan nuestro corazón, sino que lo ensanchen para poder dejar de pedir perdón por existir y pasar a las próximas estaciones.

A través de cinco parábolas obtendrás la información necesaria para perdonar. Cada una de ellas viene a ser una pieza que forma parte de un gran rompecabezas. No son unos pasos a seguir. Más bien son fragmentos de entendimiento sobre lo que es y no es perdonar. Al final de cada capítulo tendrás la oportunidad de trabajar en torno a la información que has adquirido.

Cada parábola forma parte de cada una de las cinco fases del programa «Solo Perdona^{TM}» y tienen como principal objetivo prepararnos para dejar de pedir perdón por existir. Estas fases son las siguientes:

1. Un capítulo sin luz en mi biografía.
2. El fruto de mi aprendizaje.
3. La verdad acerca de mis sentimientos.
4. Desenmascarando mis requisitos.
5. Mi nueva historia.

Date la oportunidad de cuestionar la implicación de cada una de ellas, llegar a tus propias conclusiones y atreverte a trabajar sobre ellas. Te aseguro que cada una de ellas contiene una pieza de información que junto al trabajo que ejecutes te va a ayudar a dejar de pedir perdón por existir.

Tercera Parte
Cinco parábolas

Parábola del hombre y la esperanza
Parábola del amigo y la ostra
Parábola de las cinco aves
Parábola del rescatista insistente
Parábola de la luciérnaga segura

Parábola del hombre
y la esperanza

Perdonar es semejante a un hombre para el cual la esperanza
de un mejor pasado era la maquina que lo mantenía con vida.
Él pensaba que aquella esperanza le conservaba la vida,
más no advertía que le daba más dilatada muerte.
Ese sería el último día en que anhelaría
un pasado sin fatalidad.
Así que se armó de valor y abrió los ojos.
Luego se levantó y se quito todos los cables.
Ese día eligió vivir
y comenzó a perdonar.

¿Cuántas veces hemos deseado qué nada malvado nos hubiera pasado? Esperamos impacientes que todos esos indeseables recuerdos dejen una vez y por todas de atormentarnos. Es tanta la insoportable presión que ejercen sobre nosotros, que desearíamos tener una tecla de «borrar» para apretarla y hacer desaparecer todos y cada uno de esos amargos recuerdos.

Así con el solo movimiento de un dedo podríamos borrar el abuso de ese psicópata, la sonrisa burlona del canalla, la crueldad de quien te obligó, la mentira de quien se aprovecho de ti y hasta la indiferencia de esa persona que no te amó.

Teniendo este deseo de olvidar en mente, debemos comenzar por buscar un lugar muy tranquilo y libre totalmente de interrupciones. Encuentra ese lugar en el cuál puedas comenzar a tener una reflexión sincera sobre la situación que te afectó y que hoy continúa teniendo consecuencias muy detestables en toda tu vida.

Luego de buscar un lugar tranquilo y libre de interrupciones, sería de gran ayuda que escribieras muy sinceramente lo qué pasó en una hoja de papel. Por eso te sugiero que no continúes leyendo hasta que cuentes tu historia tal y como la recuerdas en este momento. A esta primera fase del programa «Solo Perdona™» la llamaremos: «Un capítulo sin luz en mi biografía.»

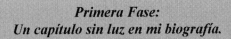

Primera Fase:
Un capítulo sin luz en mi biografía.

Esta fase tiene como objetivo purificar nuestra memoria. Para esto vamos, de una manera honesta, a traer a la memoria ese capítulo desagradable dónde apenas la luz lo iluminaba. Ese capítulo carente de claridad para el cuál no estabas preparado y que causo terribles heridas en tu corazón. No lo llamo un capítulo de oscuridad porque de acuerdo a la física la oscuridad no existe ya que no puede ser medida. Lo único que puede ser medido es la cantidad de luz en un espacio y en definitiva hay muchos capítulos en nuestra biografía que estuvieron carentes de luz.

Con este recuerdo fresco en nuestras mentes vamos a comenzar.

Primero
Admitir la ofensa

Lo primero que debemos hacer para relatar un capítulo sin luz en nuestra biografía es admitir la ofensa. Deberíamos comenzar por ser bien honestos con nosotros mismos y reconocer lo que pasó. Así que lo primero que debemos hacer es reconocer la ofensa o la irritación.

No es momento de decir que no estamos afectados porque eso sería decir que no estamos vivos. Lo cierto es que no estamos hechos de palo. Por nuestras venas no corre refresco; corre sangre. Somos seres humanos que sienten y padecen. Somos sumamente sensibles y aunque muchas veces queramos aparentar lo contrario para no mostrar vulnerabilidad, lo cierto es que las irritaciones nos afectan mucho más de lo que admitimos normalmente.

Por eso debemos comenzar un diálogo interior con nosotros mismos. Debemos comenzar por admitir nuestra fragilidad si es que queremos encontrar fortaleza. Mientras no nos conectemos interiormente con lo que pasó no hay mucho que podamos hacer. Para este diálogo honesto podemos hablarnos diciendo: «*Claro que ocurrió una ofensa que hirió mis emociones. Por supuesto que me lastimaron. Esto no tiene nada que ver con el hecho de que soy una persona fuerte. Lo cierto es que no siempre tuve la madurez y la fortaleza que hoy tengo. En el pasado, cuando apenas me abría paso en este mundo, sufrí muchas irritaciones. Entre todas esta quiero enfocarme en una que me marcó.*

Aunque para muchos esa situación pudo haber sido trivial y sin importancia, para mí no lo fue. Es hora de expresar con honestidad lo que pasó. Es hora de llamar a la situación por su nombre y dejar de ocultar que lo que pasó me golpeo severamente. No tiene sentido pretender que no pasó nada cuando en realidad yo sé que sí pasó y fue muy duro. Me he guardado por mucho tiempo lo sucedido, pero ahora quiero detallar todo lo que pasó.»

Segundo
Identifica al ofensor

También este es el momento de identificar al ofensor. Debemos estar claros acerca de quién cometió la ofensa. Para esto te propongo tres posibles alternativas.

1. Dios.
2. Nosotros mismos.
3. Otras personas, animales o cosas.

Ahora deseo explicar cada uno por separado. La idea de esta guía es identificar con rapidez al ofensor.

1. Si te has preguntado alguna vez dónde estaba Dios cuando te ocurrió ese evento, o no aceptas lo que sucedió, o le reclamas por la situación, o no entiendes como Dios pudo perimirlo, entonces debemos identificar a Dios como el ofensor de este evento. Sé que para algunas personas esto parece ser algo descabellado. Pero lo cierto es que cuando hacemos alguna de estas cosas, muy a pesar de que Dios es eternamente bueno, lo hemos culpado de nuestra mala situación. Dios entonces no es ofensor en cuanto a que nos ofendió, sino en cuanto a que nosotros lo culpamos.

2. Si te encuentras molesto o triste por algo que has hecho, o te aferras a tu culpabilidad, o cuando no aceptas lo que hiciste, o piensas que lo que has hecho no tiene perdón de Dios ni de nadie, o piensas que por tu culpa sucedió algo terrible y ya no hay manera de arreglarlo, o a pesar de saberte perdonado no dejas de pensar en la situación, entonces debes colocarte a ti mismo como el ofensor en cada una de estas situaciones. De igual manera que con Dios, no eres un ofensor en cuanto a que te ofendiste, sino en cuanto a que te culpaste.

3. Si te encuentras triste, molesto, con miedo o con vergüenza y piensas que tus sentimientos son tan grandes que no quieres o no puedes perdonar, o cuando no aceptas lo que hizo otra persona, o piensas que lo que han hecho no tiene perdón de Dios ni de nadie, o piensas que por su culpa sucedió algo terrible y ya no

hay manera de arreglarlo, o a pesar de haber perdonado no dejas de pensar en la situación, entonces debes colocar a esa persona, animal o cosa como ofensor en cada una de estas situaciones.

También existen ofensas dónde pudimos participar cómo es el caso de robos, crímenes, relaciones sexuales indebidas, mentiras, abortos, burlas, etc. En estos casos es importante separar los ofensores ya que indudablemente otra persona y nosotros mismos somos ofensores. A veces no nos damos cuenta de esto, pero cuando participamos en una ofensa no solo ofendemos a los demás sino que nuestros cómplices nos ofenden a nosotros. No importa si estuvimos de acuerdo con ellos, la ofensa se efectúa en nosotros aunque no estemos consciente de la profundidad de la herida.

Tercero
Escribe lo qué pasó en una hoja de papel

Ahora comienza a narrar lo que sucedió. Tómate un tiempo para conectarte con lo sucedido y detallar este capítulo sin luz en tu biografía. Trata de no idealizar lo sucedido. Muchas veces tratamos de disculpar a la personas o a la situación pero esto no brinda ningún beneficio. El engañarnos a nosotros no produce ningún beneficio a largo plazo. Es cierto que muchas veces tenemos que lidiar con personas muy queridas y sumamente importantes para nosotros. La realidad es que estas personas amadas no son perfectas y cometen errores. El aceptar que estas personas se equivocaron no significa que no las amemos. Todo lo contrario, precisamente porque las amamos y nos amamos a nosotros mismos es que queremos reconocer el alcance de la ofensa. Engañarnos y pretender que nada pasó es como querer esconder el sucio bajo la alfombra. Ya no veremos la suciedad, pero siempre sentiremos un bulto molesto sobre la alfombra. Cuando menos lo esperamos indudablemente tropezaremos.

Lo único que ayuda es decir la verdad sobre lo sucedido sin suavizar para nada la situación. Es necesario llamar las cosas por su nombre y tratar de ser lo más especifico posible. No se vale engañarnos. Si algo sucedió y nos dolió debemos reconocerlo.

Es importante que incluyamos la mayor cantidad de información posible. Para esto puedes usar las siguientes preguntas:

- ¿Cuál es la situación qué causa mi malestar en este momento?
- ¿Cómo te sentías antes de que pasara lo sucedido?
- ¿Estabas pasando por una situación en particular?
- ¿Cuándo y dónde pasó el evento?
- ¿Quiénes fueron las personas, animales o cosas involucradas?

- ¿Qué fue lo que pasó?
- Si tuvieras a esa persona de frente, ¿qué le dirías?
- ¿Qué sientes debido a lo que hizo o sucedió?

Existen casos en que hay más de una persona involucrada en la situación. En estos casos es importante incluir a cada persona por individual aunque muchas veces se pueden agrupar. Un ejemplo de esto sería el caso de una muerte en un hospital. Allí hubo una participación de doctores, enfermeras, recepcionistas, personal médico, ambulancia, paramédicos, por solo mencionar a algunos. Todos estos se pueden agrupar en una categoría que podemos llamar por ejemplo: «Todos los que trabajaron en el hospital.»

Luego de haber explicado las pautas para nuestro diálogo interior es importante comenzarlo. Así que comienza a contar ese capítulo sin luz admitiendo la ofensa, identificando al ofensor y escribiendo los detalles de lo qué pasó en una hoja de papel.

Cuarto
Gózate ante la esperanza homicida

Luego de detallar nuestro capítulo tal y cómo lo percibimos en este instante es hora del paso final en esta primera fase del programa «Solo Perdona™».

No sé si te habrás dado cuenta mientras describías ese capítulo sin luz en tu biografía, pero el anhelo por tener la tecla de borrado se hace más evidente según pasa el tiempo. Lo triste es que estos pensamientos se pueden volver una obsesión.

Sin darnos cuenta, comenzamos con un simple deseo de un minuto, y terminamos viviendo el minuto de una vida entera. Estamos tan anestesiados con nuestros anhelos de un mejor pasado que se vuelve nuestra única forma de sobrevivir. Cada vez que una situación se conecta con nuestro amargo recuerdo volvemos a experimentar los mismos sentimientos desagradables que tanto odiamos.

Cualquier alegría que pudiéramos estar experimentando se apaga como una vela ante un simple soplido. Seguido de esto, muy dentro de nosotros se comienza a despertar un huracán de emociones que comienzan a sofocarnos. Nos llenamos de un mar de sentimientos indeseables y terminamos ahogándonos sin remedio.

A pesar de saber que estamos deseando un imposible, continuamos con nuestros anhelos. Muchos dicen que la esperanza es lo último que se pierde. En este caso, ¿no crees que perder la esperanza es algo por lo que todos deberíamos trabajar?

Sin darnos cuenta permanecemos en un ciclo vicioso, que como todo ciclo, no nos lleva a ninguna parte. Es cierto que el tiempo pasa frente a nosotros, pero nosotros no nos movemos con el tiempo. Nos quedamos inmóviles dependiendo de una esperanza que para lo único que nos sirve es para desahogarnos y mantenernos imposibilitados de gozar la vida tal y cual es. Es como si la esperanza nos hubiera hecho una mala jugada y ahora pareciera traicionarnos.

En este momento quizás debas cuestionarte si la esperanza es un concepto que no siempre es positivo. ¿Qué pensarías si te dijera que la esperanza es uno de los principales obstáculos para perdonar? Suena raro, ¿no?

Si le pudiéramos preguntar a Sor Juana Inés de la Cruz, de seguro ella estría de acuerdo. Esto lo evidencia una poesía que escribió hace más de 300 años.

Esperanza homicida:

Diuturna enfermedad de la esperanza,
que así entretienes mis cansados años
y en el fiel de los bienes y los daños
tienes en equilibrio la balanza;
que siempre suspendida , en la tardanza
de inclinarse, no dejan tus engaños
que lleguen a excederse en los tamaños
la desesperación o confianza:
¿Quién te ha quitado el nombre de homicida?
Pues lo eres más severa, si se advierte
que suspendes el alma entretenida;
y entre la infausta o la felice suerte,
no lo haces tú por conservar la vida
sino por dar más dilatada muerte.

Sor Juana Inés de la Cruz
(1651-1695)

En esta bella poesía Sor Juana Inés de la Cruz considera a la esperanza en una forma muy negativa porque «entretiene» al alma. La persona que posee esta esperanza tan solo sobrevive esperando, mientras la esperanza mata el don preciado del tiempo disponible. Durante esa espera el tiempo se agota sin aprovecharse.

De la misma forma sucede cuando nos aferramos de forma obstinada a la esperanza de un mejor pasado.

La esperanza homicida.

Esperamos sin remedio a que nadie se hubiera burlado vilmente de nosotros. Esperamos sin remedio que no hubiera muerto ese ser tan querido. Esperamos sin poder cambiar la traición que esa persona nos hizo.

«¡Ojala no la hubiera conocido nunca!», gritamos bebiéndonos las lagrimas mientras el pasado se hace de oídos sordos.

La realidad es que el pasado no tiene oídos.

Gente muy creativa le puso oídos al pasado con la esperanza toxica de que éste se retractara con nuestros reclamos. No sé si lo hicieron con toda la mala intención, de apartarnos de la realidad, para que viviéramos el infierno aquí en la tierra. O si lo hicieron, como una mentira piadosa, para suavizar el hecho de que nada podemos hacer por cambiar lo sucedido. El hecho es que el pasado nunca tuvo oídos y por más que le gritemos y le reclamemos, lo único que lograremos de positivo será el desahogarnos. Sacaremos temporeramente del sistema todo el dolor y el sufrimiento, pero hay algo que de esa manera no podremos sacar.

La causa de nuestro dolor.

Podremos gritar a los cuatro vientos lo desesperados que estamos. Podremos gritar lo impotentes que nos sentimos y hasta enumerar todas las razones por las que no queremos sentirnos así, más no dejara de ser solo un desahogo del alma. Lo expresaremos con todas las fuerzas de nuestro corazón, pero el dolor seguirá atado al recuerdo. Por eso cada vez que recordemos el suceso serán liberadas de nuevo las sustancias del estrés y volveremos a sentir de nuevo el dolor.

La esperanza toxica y fatal habrá inyectado su veneno en nosotros sin ninguna posibilidad de contemplar el perdón como algo que nos pueda ayudar. Nos habremos conformado con contar una y otra vez nuestra fatídica historia de dolor buscando un desahogo que nos alivie por un instante. Cuando menos lo pensemos, estaremos contando repetidamente nuestra historia y adictos al alivio que el desahogo nos ofrece.

Un alivio toxico.

Un alivio que como toda mejoría viene acompañada con una pizca de paz. Una paz tan diminuta que apenas sale a la superficie de nuestro estado de ánimo. Una paz tan estéril que es incapaz de fertilizar nuestros rostros con una sonrisa duradera.

No nos damos cuenta, pero ya en ese instante, estamos enajenados de la realidad. La esperanza de un mejor pasado nos ha alejado de perdonar y nos ha entretenido el alma entre la vida y la muerte.

La esperanza de lo imposible nos mantiene impotentes.

Nos amordaza los pies y las manos. Ya no sabemos cómo defendernos. Tú y yo sabemos muy bien que no podemos regresar al pasado. Sabemos que nada podrá ser como antes, porque el antes está muerto. Bueno o malo, está muerto. El pasado se agotó. El presente es lo único vivo y tú lo sabes. Sabes también que no puedes olvidar nada aunque te lo propongas. De alguna forma todo ya es parte de ti. Ah quedado grabado en tu mente y en tu corazón. Tú lo sabes. Pues reconoce que con esa esperanza te engañas a ti mismo. Vives en una mentira.

Por eso es tan importante que dejes de pedir perdón por existir. Se vale fallar, casi como si fuéramos seres humanos, pero pedir perdón por existir es otra cosa. El sentirte derrotado es una señal para demostrarte que es hora de dejar de pedir perdón por existir. Has estado reafirmando tu condición de víctima mucho tiempo. En la historia de tu vida dejaste de ser el protagonista hace mucho tiempo. Tu vida ha girado alrededor de la herida. Ya es hora de darte una oportunidad y comenzar a dejar de pedir perdón por existir. Así comenzarás a colocarte como protagonista de tu vida.

No pidas perdón aún, mejor perdona.

Comienza por hacer algo mejor que pedir perdón por tu existencia. ¿Por qué no empiezas mejor a perdonar? Perdonar hoy significa dejar ir toda esperanza de un mejor pasado.

Recuerda que el pasado está muerto. Toda posibilidad de cambiarlo no es posible y debemos aceptar nuestra realidad por más dura que sea. Debemos despertar del sueño suspendido donde nos tiene encerrados la esperanza tóxica y trabajar con ella.

Se trata de realizar un trabajo que no es nada fácil. Mariol es testigo de lo difícil que esto puede ser, sobre todo cuando todo el universo parece estar en tu contra. Es sin duda muy doloroso, pero no es para nada imposible. Ella, muy a pesar de todo el rechazo que sufrió desde el mismo instante en que nació, no se quedo masticando rencores y de brazos cruzados. Ella se dio cuenta que tenía que enfrentar sus pesadillas y dejar de pedir perdón por existir si en realidad quería un alivio definitivo a su situación. Ella decidió, muy a pesar del qué dirán y lo difícil que sería, amar aunque por dentro se sintiera destruida.

* * *

Vengo de una familia algo disfuncional.
Soy la más pequeña de 3 hermanos, los cuales me llevaban 10 y 11 años
de edad. Mi madre era una mujer muy trabajadora y le encantaba
ayudar a las personas y a su familia. Mi padre trabajaba de maestro,
pero los fines de semana cambiaba de profesión.
Era alcohólico.
Como mis 2 padres trabajaban, la hermana más pequeña de mi mamá
era quien me cuidaba durante la semana. Me llevaban a la casa de mi
tía temprano en la mañana y ella nos llevaba a mis primas y mí a la
escuela. Cuando salíamos de la escuela volvíamos a la casa de mi tía
dónde comíamos todos los días.
Luego esperaba a que mi papá me fuera a buscar a la hora que le diera
la gana. Lo mismo me buscaba a las 6 tarde, que a las 7 de la noche y
los fines de semana a veces ni me buscaba porque se iba a beber.
Mi mamá nunca aprendió a guiar lo que hacía la cosa más difícil.
Cuando era pequeña no me daba cuenta de lo que pasaba.
Pero según iba creciendo me iba dando cuenta.
Eso me hizo sentir muy triste y sola.
Hasta llegar al punto de sentirme abandonada teniendo familia.
¿Qué triste verdad?
A pesar del alcoholismo y la irresponsabilidad de mi padre, yo me sentía
amada por él. Yo era su bebé y conmigo él siempre era súper cariñoso.
Muy diferente a mi mamá quien conmigo nunca fue muy cariñosa y a
quien se le notaba algo de preferencia por mis hermanos mayores.
En ese momento no sabía porque me trataba con tanta frialdad.
Esto hizo que entre ella y yo siempre hubiese una especie de roce.
Sin darme cuenta me comencé a alejar emocional y físicamente de ella.
Creo que ahí comencé a guardarle un rencor
que me destruiría por dentro.
No me di cuenta de eso hasta que di a luz a mi primer hijo.
Mi hijo tendría como 3 añitos cuando yo lo corregí delante de ella y ella
me regaño por haberlo corregido de esa forma. Inmediatamente y sin
pensarlo le dije: «!Que cara... estás hablando! ¡Si tú a mí no me criaste,
a mí quien me crió fue tití! Fue bien triste pero fue precisamente en ese
momento que me di cuenta que me afectó mucho
el no tenerla tan presente en mi vida.
Me dolió que nunca hiciera el intento de buscarme temprano,
llevarme y comer en casa todos los días. Nunca tuve ese sentido de
pertenencia en ninguno de los 2 sitios porque sentía que no pertenecía a
mi familia, donde estaban mis padres y mis hermanos,
ni tampoco pertenecía a la familia de mi tía.

Sentía más que nada que lo hacían por pena y lástima.
Una vez la confronté y le pregunté:
«Mami, ¿por qué eres así conmigo?
Y ella me contestó que yo tenía que entender que mi hermano mayor era
muy débil y enfermizo. También, que él la necesita más a ella porque mi
padre no lo aceptaba y lo maltrataba por sus preferencias.
De igual manera me dijo que mi hermana requería más de ella porque
todo le salía mal y le tenía pena. Mientras que yo por ser más fuerte,
podía sola salir adelante. ¡Excusas, puras excusas!
La verdad me la dijo en otro momento.
Ella me dijo que por haber quedado embarazada de mí no se pudo
divorciar de mi papá. ¿Entonces yo era la culpable de que ella no
pudiera realizarse en la vida? ¿Qué culpa tenía yo del desprecio que ella
vivió por causa de las traiciones y borracheras de mi papá?
No era justo que, después de 10 años, ella quedara embarazada de mí y
todos sus planes se vinieran abajo.
El rechazo que sufrí no se lo deseo a nadie.
La gente mucha a veces no se imagina
por lo que una tiene que pasar y también te juzgan
sin siquiera saber el dolor que uno carga.
La mujer que se suponía que me amara
estaba imposibilitada de mostrarme su cariño porque por dentro
cargaba una inmensa tristeza.
Ella decidió culparme de su desgracia
mientras mi corazón destrozado
mendigaba cariño en otra casa.
No había forma de que una niña como yo entendiera eso.
Lo que yo entendía era que el mundo parecía haberse puesto en mi
contra por el simple hecho de existir.
¿Por simplemente haber nacido yo debería pedirles perdón a ellos?
¡Qué fuerte! No lo soportaba.
Cuando mi hermano murió todo empero.
Para ese entonces, mi hermana mayor vivía en otra ciudad a 1 hora y 15
minutos de distancia, y mi papá abandono a mi mamá
por otra mujer a los 38 años de casados.
¿Te puedes imaginar qué situación tan terrible?
Su hijo querido muere a corta edad
y su esposo la abandona por otra mujer.
Ella estaba destruida. Si antes no me mostraba cariño,
¿qué podía yo esperar ahora? Ahora era yo quien debía mostrarle
cariño a ella en medio de su dolor, que por cierto, era mi dolor también.
Pero, no sentía que tenía mucho que dar.

Quizás por eso, aunque yo era la única persona que tenía cerca, la relación con mi mamá se hizo emocionalmente más distante. Pasó el tiempo y cuando mi mamá tenía 66 años fue diagnosticada con Alzhéimer.
Yo sentía que el mundo se me venía abajo.
El médico me dijo que ella no se podía quedar sola y desde ese día comenzó a vivir conmigo.
Fue terrible porque en ese momento comenzó una guerra de sentimientos encontrados dentro de mí. Yo sabía que, como hija, cuidar de ella era mi responsabilidad. Pero sentía que no era justo que yo la tuviera que cuidar porque ella no me cuidó a mí. Pensaba que quien debía cuidarla era mi hermana a quien ella sí cuidó y le dio siempre lo mejor.
En un principio lo hacía todo por obligación y con mucho coraje.
Pero, a la misma vez me daba mucha pena con ella.
Yo lloraba mucho porque me sentía mal conmigo misma por todos estos sentimiento encontrados.
Un día empecé a orarle a Dios para que fuera trabajando en mí y que fuera transformando mi corazón.
Le pedía que me ayudara para poder cuidarla con el amor que ella se merecía porque a pesar de todo era mi mamá.
Y fueron pasando los días y los meses.
Nunca dejé de orar y poco a poco fui dándome cuenta que ya no me cuestionaba el por qué la tenía que cuidar.
Desde mi corazón la perdone, pero no se lo hice saber con palabras.
Más bien se lo hice saber con hechos.
La bañaba, la vestía, le daba comida, la llevaba a las citas con ese amor que ella se merecía. Iba viendo como mi corazón ya no estaba tan duro, tan triste y tan lleno de dolor. Hasta tuve la oportunidad de pedirle perdón y decirle que la perdonaba. En ese momento me sentí libre y comencé a perdonarme a mí misma.
Lamentablemente su condición se fue deteriorando y tuvimos que ponerla en un hogar.
Pero siempre voy a visitarla, ya no salgo en las fechas importantes o en las festividades, porque prefiero quedarme en casa.
Prefiero cocinar para toda la familia y disfrutármela porque no sé hasta cuando la voy a tener.
Vivo agradecida de Dios por escuchar mis oraciones y por tocar mi corazón ya sin Él todo hubiese sido imposible.

Mariol

* * *

Como podemos ver, a Mariol no se le hizo fácil porque todo parecía estar en su contra, pero cuando decidió pagar con bien, todo el daño que recibió, el perdón comenzó a crecer dentro de ella. Ella pudo haber escogido pagar con la moneda del desprecio, pero no lo hizo. Con cada gesto de cariño que le daba a su mamá el perdón crecía en su interior.

Parábola del hombre y la esperanza

Al igual que Mariol no debemos lamentarnos por lo que ya sucedió porque el pasado no lo podemos cambiar. Lo que si podemos cambiar es nuestro presente y buscar cómo lidiar con los problemas del pasado. Debemos buscar una salida a tanto dolor y a tanto resentimiento. No podemos quedarnos cruzados de brazos mientras lo más hermoso de la vida se nos escapa frente a nuestros ojos.

Quizás ahora te preguntes: «¿Cómo exactamente hago para alejarme de la esperanza homicida y comenzar a purificar mi memoria?»

Comparte el gozo.

Compartir el gozo es una forma de dejar de pedir perdón por existir y comenzar a purificar nuestra memoria en nuestro presente. Tú escoges estar malhumorado o regocijarte. La tristeza y la pena son parte de la experiencia humana. Estas, como tantas emociones, las tenemos disponibles. Pero, si queremos experimentar gozo, es necesario entender que el gozo no es un sentimiento. Sino una elección que no está basada en nuestras circunstancias externas o un capítulo sin luz.

El gozo está basado en la actitud.

En cada momento, podemos decidir responder, ante un hecho o a una persona, con alegría en vez de tristeza. Elegir el gozo significa tomar la firme decisión de no dejarnos oprimir por la distracción de haber perdido algo, cuando en realidad se nos ha dado todo. Cuando nos tenemos por dichosos, a pesar de todo juicio en nuestra contra, tomamos control de nuestras emociones y optamos por no dejarnos vencer.

Elegir el gozo no significa elegir sentimientos felices, o una atmósfera artificial. Sino que significa la determinación de dejar que cualquier cosa que pase, nos lleve un paso más cerca de la felicidad que estamos esperando. Al escoger el gozo tampoco estamos negando la existencia o el valor del dolor. Simplemente preferimos no habitar allí emocionalmente. El gozo está basado en creer que la vida es importante, que tiene rumbo, que posee significado y que tiene propósito.

Hay potencial en la vida. La dirección, el significado y el potencial, son todos dignos de buscarse y alcanzarse. Es más que una simple forma positiva de pensar queriendo engañarnos con un ingenuo optimismo. Es más que levantarse y darse palmaditas en la espalda en señal de ánimo.

Es mucho más que eso.

Es la chispa en tu corazón la cuál te rehúsas a que se apague, sin importar que tan feroces sean los vientos del dolor o cuán oscuras sean las circunstancias. Es dejar de ver las desdichas en las oportunidades y comenzar a ver oportunidades en las desdichas. Es optar más por mejorar las cosas, que por desaprobarlas. Es preferir encender más velas, que maldecir la oscuridad. Al fin y al cabo las fuertes y sanguinarias sombras solo prueban que existe una gran luz.

Cuando eliges gozar muy a pesar de tus circunstancias y de uno o varios capítulos sin luz, sales de un pozo oscuro para descubrir que el cielo es más grande. El pozo dónde te encontrabas nunca estuvo ni medio vacío, ni medio lleno.

El pozo siempre estuvo lleno.

Ya admitiste la ofensa, identificaste al ofensor y escribiste lo que pasó. Ahora escribe las razones por las cuales eliges el gozo ante la esperanza homicida.

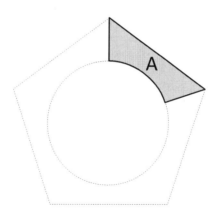

Parábola del amigo y la ostra

*Perdonar se asemeja a un hombre
al cual su amigo le entregó una ostra.
Esta era hermética, dura y áspera.
Luego mirándolo fijamente a los ojos le dijo:
«Por no perdonar tu vida es como esta ostra.
Es hermética para que nada ni nadie tenga acceso a su interior.
Tiene una coraza dura para amedrentar a los ofensores.
Además, es áspera para parecer una roca y confundirse
entre lo que no tiene vida.
¿Pero sabes qué?»
Y arrebatándole la ostra de sus manos
le dio un golpe fulminante que la abrió en dos.
Luego, lo volvió a mirar y le dijo:
«Pero jamás esconderás para siempre
la perla que llevas dentro».*

Qué tristeza me da cuando oigo personas decir que los golpes de la vida los han hecho duros. Hace un tiempo, mi esposa me contó que en su trabajo una compañera le decía que la vida ha endurecido su corazón. Ella recibió tantos sinsabores que hasta los dulces le amargaban. Por eso aprendió a protegerse cerrando las puertas de la confianza. No sonreía mucho, pero tampoco lloraba. ¿Qué triste verdad?

Muchas veces no nos queda más remedio que recurrir a medidas extremas para no sufrir. Es por eso que ahora vamos a detenernos en las consecuencias de lo sucedido para vigorizar nuestra voluntad. A esta segunda fase la llamaremos: «El fruto de mi aprendizaje.»

**Segunda Fase:
El fruto de mi aprendizaje**

El objetivo de esta fase es reflexionar sobre las tres principales consecuencias que sufrimos tras los golpes de la vida. Luego vamos a vigorizar nuestra voluntad por medio de tres capacitaciones. Siguiendo con el ejemplo anterior, así como esta persona decidió protegerse contra los agravios cerrando su corazón, a muchos de nosotros nos pasa igual. Por eso vamos a reflexionar sobre la primera consecuencia.

Primera consecuencia:
Aprendimos a ocultar nuestro corazón detrás de una coraza

Hemos aprendido a ocultar nuestro corazón detrás de una coraza hermética. La piel se nos ha endurecido tanto que pareciera que nada nos duele.

Nos volvemos insensibles ante el dolor ajeno. Pensamos que ya tenemos suficiente con nuestro propio dolor como para fijarnos en el de los demás. Hemos aprendido a ver las desgracias mundiales como algo que no nos sorprende. Vemos las injusticias y no nos llaman la atención porque es algo que pasa con frecuencia. Nos piden favores y nos cuestionamos cuando fue la última vez que alguien nos hizo algún favor a nosotros para ver si hacemos el favor o no.

Es ahí cuando llegamos a la conclusión que hemos dado demasiado. Pensamos que hemos dado todo lo que teníamos y no tenemos más que dar. «Para qué seguir adelante sí la gente nunca cambia», pensamos muchas veces. Nos las damos de duros, inaccesibles e intratables.

En realidad, no es así. Tú y yo sabemos que lo hacemos para defendernos. Parecemos duros, pero somos inseguros. Estamos atormentados por malas experiencias y así no nos duele tanto.

Nietzsche consideraba la misericordia y el perdón como la escapatoria de los débiles. Sin embargo, ¿no crees que se necesita más empeño y más fortaleza para perdonar que para dejarse llevar por el rencor y los deseos de venganza?

Segunda consecuencia:
Aprendimos que la rabia nos trae ganancias

Todo nuestro ser sufre las consecuencias cuando no nos deshacemos de la ira y de la amargura. Es cierto que a veces es muy difícil dejar de estar enojado, pero por otro lado hemos aprendido a aferrarnos a la rabia para beneficiarnos de ella. Y es cierto, obtenemos bondades de la rabia. La rabia nos trae ganancias, pero estas son secundarias.

Por medio de la rabia adquirimos múltiples beneficios con los cuales pretendemos justificar nuestro proceder. Algunos de estos dividendos son los siguientes:

1. Obtenemos poder y dominio ante muchas personas y situaciones. Con solo proyectar una actitud hostil muchos se amedrentan y nos dejan el paso libre. De esta manera se busca controlar a los demás haciéndoles sentir culpables o asustados cuando nos enojamos.
2. También adquirimos cierta seguridad ya que somos temidos por nuestros arranques de rabia. Así mantenemos a los demás alejados cerrándole el paso para que no nos hieran de nuevo.
3. Otra ganancia secundaria es que logramos mantener una relación aunque haya una separación de por medio. El rencor es entonces el elemento unificador que une la relación mientras culpamos a la otra persona de nuestra desgracia.

Lo cierto es que debajo de toda esa coraza puede haber muchos sentimientos de impotencia, desilusión, inseguridad y miedo.

Otra ganancia la podemos ver cuando algunos líderes políticos transmiten un gran resentimiento para lograr sus objetivos. Ellos encontraron en el enojo el motor para el cambio que tanto ansiaban logrando que muchos pueblos los siguieran. Este resentimiento, que viene acompañado de rencor y venganza, convoca a las masas ocultando las similitudes y proyectando la sensación de diferencias.

Estas personas encontraron en el enojo el combustible para la formación de sus pueblos.

Así mismo pudimos ver las consecuencias que detono el odio. Algunas de estas fueron:

- Genocidios como el de Rwanda donde fueron aniquiladas más de 800,000 personas.
- Atrocidades cometidas bajo el régimen anti semitista de Adolfo Hitler y sus colaboradores donde asesinaron a más de 6,000,000 de judíos.
- Barbaries como la desaparecieron de 43 estudiantes normalistas de Ayotzinapa, en el estado de Guerrero, donde según el testimonio de un sacerdote, estos fueron «quemados vivos con madera y diesel sobre una fosa».
- Crueldades como la que ocurrió en 2008 en Sudáfrica cuando más de 50 personas, en su mayoría inmigrantes, fueron brutalmente asesinadas en episodios xenófobos.
- Crímenes contra millares de personas inocentes, de diverso origen étnico, donde fueron horrendamente asesinados aquel oscuro 11 de septiembre.

Podríamos seguir enumerando un sin fin de eventos más. Lo importante aquí es que no debemos acostumbrarnos a estas ganancias secundarias pues perderemos más de lo que ganamos. Gozaremos un tiempo de una aparente paz; pero pagaremos un alto precio, pues renunciamos a la libertad de ser nosotros mismos. En lo más profundo de nuestro corazón sepultaremos las frustraciones, detrás de una muralla gruesa, que usaremos para protegernos. Ni siquiera nos daremos cuenta de nuestra falta de autenticidad.

Es normal que una injusticia nos duela y nos deje una herida profunda. También, el hecho de no querer verla por el dolor que nos produce. El problema es que estaremos de forma permanente huyendo de la propia intimidad; mientras el dolor nos carcome lenta e irremediablemente.

Podemos dar un viaje alrededor del mundo, o mudarnos de vecindario. Pero, jamás podremos huir de nosotros mismos.

El dolor que no queremos afrontar siempre llega sin avisar. De alguna manera encuentra la forma de retornar por una puerta o una ventana. No nos damos cuenta pero nos influencia a ser agrios, obsesivos, medrosos, nerviosos y hasta insensibles. Sin que lo queramos, tarde o temprano, reaparecen los molestosos recuerdos.

Tercera consecuencia:
Aprendimos a herir a los demás

Una persona herida, hiere a los demás. Es inevitable, siempre damos lo que tenemos y nadie da lo que no tiene. No queremos dañar a nadie pero terminamos ofendiendo, maltratando e hiriendo las personas que tenemos a nuestro alrededor. De victimas pasamos a victimarios sin saber cuando fue que comenzamos. Lo que olvidamos es que el árbol de peras, si da algún fruto, siempre será peras.

No buscamos hacer daño, pero es tanto el resentimiento, que no podemos evitar lastimar inclusive a quien decimos que amamos. Es algo que nace de nuestro interior y que muchas veces no podemos encausar. Nos tocan y enseguida gritamos. Nos refugiamos en la franqueza para sentirnos fuertes, cuando en realidad lo que queremos es que nos consideren más. Por eso disfrazamos nuestra sinceridad atacando antes de que nos ataquen.

No solo podemos estar a la defensiva, esperando a que alguien nos ataque para contraatacar, sino que no soportamos la alegría de los demás. El hecho de ver a alguien alegre nos produce malestar. La sutil envidia pasa a controlarnos y en adelante buscaremos criticar. Repudiamos la envidia, más sin embargo nos llenamos de tristeza cuando vemos parejas felices o amigos que se llevan tan bien.

No solo eso, sino que nos molestan los logros ajenos. Muchas veces no lo pensamos directamente, pero no nacen de nuestro corazón palabras de admiración por los logros ajenos. Vemos que alguien logra algo y nos estancamos en el análisis en vez de felicitar. Queremos ser más generosos en nuestros halagos pero es como si se quedaran estancados en nuestras gargantas. Nuestras manos no llegan a tocar a otros con agasajos sinceros. Más bien, apenas se extienden, para dar un tímido saludo. Nos preguntamos el por qué no ofrecemos más aplausos mientras señalamos los defectos. Es como si el único brindis que reconociéramos fuera el de nuestra tristeza. Y si no podemos brindar, ¿por qué han de brindar otros?

El alcance de las consecuencias puede ser mucho mayor a estas tres consecuencias que hemos aprendido. La idea detrás de todo esto es que podamos reflexionar un poco acerca de que cada uno de estos comportamientos, como todo comportamiento, es aprendido. Pero la educación no tiene que terminar con comportamientos destructivos.

Todavía podemos aprender algo más. Podemos instruirnos en tres alternativas que nos ayuden a contrastar estas tres consecuencias y así vigorizar nuestra voluntad.

Primera capacitación:
Llevamos adentro una perla

Sí, aunque muchas veces nos cueste admitirlo, muy dentro de nosotros llevamos una gran perla. Quizás no sea la perla que esperamos. Pero es nuestra perla.

Como cualquier otra perla es producto de la adversidad. Un día muy llenos de ilusión y confianza comenzamos a descubrir el mundo. Nos sentimos tan confiados que no pensamos que nada nos pueda lastimar. Miramos la vida sin maldad y no nos caben en la cabeza las malas intenciones.

De repente, un molestoso grano de arena entra amenazante en nuestro interior. No pudimos evitar que nos lastimara. Nos hiere de tal manera que nos sentimos totalmente incómodos y perturbados. No es para nada bienvenido y lo único que queremos es que nos deje en paz.

Pero por solo desear la paz no conseguimos liberarnos de tan desagradable situación. El simple deseo no hace que las cosas sucedan. Así que comenzamos a defendernos cómo podemos.

Lo primero que hacemos es cerrarnos herméticamente. La solida coraza impedirá que vuelvan a herirnos de nuevo.

Luego, tan rápido como podemos, comenzamos a cubrir al intruso con el nácar de nuestro esfuerzo. Una y otra vez lo seguimos envolviendo. Pero, como no estamos seguros de cuanto nácar necesita para que deje de incomodarnos, continuamos la tarea hasta el cansancio. Todos nuestros esfuerzos están enfocados en el grano de arena sin darnos cuenta que ante tanta adversidad todo ha cambiado. Aquel grano de arena que tanto nos mortificó es hoy una gran joya. La perla que se formo en el interior de nuestro caparazón es ahora una magnifica joya nacida de la adversidad. Nunca el placer, la dulce comodidad o la vida fácil del pasatiempo te han enriquecido tanto como lo hizo la calamidad.

Esa misma calamidad fue la que enriqueció a José. Él tuvo que pasar por la adversidad y el perdón para que su amistad madurara. Al principio fue muy duro porque las traiciones dejan huellas profundas puesto que nos sentimos devaluados en nuestra confianza y lealtad. Todo en la persona cambia. Se alteran sus conductas, sus emociones y sus sentimientos. Mas la incomodidad no es para siempre.

* * *

Esto sucedió una madrugada de un domingo
al salir de trabajar como DJ en un establecimiento
de la Avenida Pontezuela en Carolina, PR.
Junto a un amigo y un amigo de él fuimos
a una playa en Fajardo que estaba como a 1 hora de distancia.
Al llegar me dejaron solo y me dijeron que iban a comprar algo para
comer. Luego de 4 horas todavía no sabía nada de ellos.
Cuando volvieron me dijeron que se les quedo la guagua
sin batería en el Centro Comercial de Fajardo.
Me dijeron también que tuvieron que esperar
por la ayuda de alguien para luego ir a buscarme.
Cuando llegamos a Carolina dejé a mi mejor amigo a su casa.
Luego dejé a su amigo el cuál conocí ese día.
Como no dormí esa noche me quede dormido en el carro.
El muchacho pensó que estaba hablando por celular pero al ver que
pasó mucho tiempo se preocupo. Su mamá me invitó a comer
y hasta dormí por 4 horas y media más o menos.
Estuve eternamente agradecido y luego me dio su número de teléfono
para llamarlo al llegar a mi casa y dejarle saber que llegue bien.
Al llegar a mi casa me encuentre con la sorpresa.
¡Mis prendas no estaban!
¡Me robaron las prendas que tanto esfuerzo me costó conseguir y que
más allá de cualquier valor monetario yo apreciaba con mi vida!
Yo las apreciaba tanto, que el hecho de que me las robaran,
me hacía sentir furioso.

84

Eran parte de mí. Yo se que para otros
esto sería algo puramente material y sin mucho valor,
pero eran mis prendas y me costaba aceptar la tristeza que sentía.
Como tenía que llamar,
al amigo de mi amigo, aproveche la llamada
y le dije que se metieron en mi casa y me robaron las prendas.
Él me dijo que estaba medio dormido y que mi amigo bajó a la casa de
alguien a buscar algo. Ahí sospeche algo y le dije que se quedara
callado en lo que llamaba y hablaba en conferencia con mi amigo.
Ahí se supo la verdad. Mi amigo me robó.
¡Estaba furioso! ¿Cómo era posible que mi amigo del alma me hubiera
hecho semejante traición? Los amigos se supone que se ayuden, no que
se destruyan. ¿Por qué me pagó tan mal?
¿Qué le hice? Él Tuvo el atrevimiento de conducir
mi carro de Fajardo a Carolina para robarme vilmente.
No quería saber nada de él y me sentía de lo peor.
Me dolía tanto que no hubiera valorado nuestra amistad.
En fin, muy molesto fui a visitarlo. Él salió de su casa y discretamente
me entregó las prendas que me quitó. Este suceso me cambio.
Me sentí muy humillado e impotente.
Jamás imaginé que me pasaría una situación así
y realmente me sentí muy desanimado,
abatido y sin ganas de volver a continuar.
Luego de este evento pasaron como 5 años sin volverlo a ver hasta que
un día me encontré con su papá. No le mencione nada del robo.
Él sabe que soy DJ y por eso me pidió que lo ayudara a conectar el
equipo de música que tiene en la sala.
Bueno, fui a su casa a conectarle el equipo.
De momento llega mi ex amigo,
me saluda de lejos y se metió a su cuarto.
Después de conectar el componente,
lo probé mientras su papá se bañaba.
En ese momento mi ex amigo salió y hable con él.
Luego me pidió perdón por lo que sucedió hace 5 años.
Le dije que lo perdonaba.
Él me dio un fuerte abrazo y llorando me dijo:
«¡Gracias!»
Todo esto me dio tanto sentimiento
que se me salieron las lágrimas.
A partir de ahí volvimos a ser amigos.
José Pi Pascual

* * *

Si no llega a ser por el perdón José no hubiera encontrado paz en su corazón y de no haber habido un arrepentimiento sincero no habría podido restablecerse de nuevo la amistad que se había roto. En esta situación el arrepentimiento y el perdón fueron de la mano. Pero eso es algo que no necesariamente tienen que pasar, ni tampoco suceder a la misma vez.

En esta situación la adversidad solo fue un medio para que la amistad madurara. No estoy diciendo que fuera necesario ese mal, sino que hasta de la adversidad se puede hacer madurar una amistad si ambas partes lo desean. Esta madurez viene a ser la valiosa perla.

Por eso es que si tomamos como ejemplo a la tierra, descubriremos que no hay riqueza en ella que no se haya producido con la adversidad. La perla que llevamos por dentro es solo un ejemplo. Si examinamos las piedras preciosas y los diamantes descubriremos que se formaron en rocas y acantilados. El oro es otro ejemplo, que naciendo prisionero, hay que hacerlo pasar por el fuego de la purificación.

Tú y yo no somos la excepción. A veces necesitamos descubrir de que estamos hechos cuando nos exponemos a ciertos límites. Después de todo, ¿quién ganaría victorias si no hubiera adversidad?

Segunda capacitación:
Las victorias solo las ganan
quienes pueden ver lo que se gana con las cicatrices.

En medio de la lucha ante la adversidad muchas veces quedan profundas cicatrices. El pasado doloroso puede dejar su huella cuando alguien nos hiere. Nadie puede justificar una dolorosa herida, pero puede ayudarnos muchísimo el darnos cuenta que importa más nuestra percepción ante la herida que la misma persona agresora.

A fin de cuenta, ¿qué es un recuerdo sino una imagen en nuestra mente? No importa si la imagen es alegre o muy dolorosa, siempre es totalmente falsa. Tampoco importa si es una imagen del pasado, del presente o del futuro. Ésta sigue siendo una imagen aunque parezca real porque sentimos ahora las mismas emociones que sentimos el día en que ocurrió el suceso. Lo que sí debería importarnos es lo que hacemos con estas imágenes en el presente.

Especialmente debemos poner atención a las imágenes molestas. Esos recuerdos salen aparentemente de la nada para atormentarnos. Por eso es tan importante que nos fijemos mejor en lo que vamos a hacer con estos recuerdos, porque al igual que el niño de la próxima historia anónima, podemos ver las cicatrices en su justo tamaño.

CICATRICES

Era un día muy caluroso en el sur de la Florida.
Ese día de verano un niño decidió ir a nadar en un lago
detrás de su casa. Se puso todo ilusionado su traje de baño
y salió corriendo por la puerta trasera.
Él nadaba feliz inmerso en esas tibias aguas
que reflejaban la magia del cielo.
Mientras tanto, desde la casa su mamá
lo miraba por la ventana.
De repente, ella no pudo creer lo que observaba.
Se acerco más a la ventana para ver mejor
el horror de lo que sucedía.
Un inmenso cocodrilo
nadaba en dirección a su pequeño hijo.
Enseguida corrió hacia su hijo gritándole
lo más fuerte que podía. Oyéndole, el niño se alarmó
y viró nadando hacia su mamá.
Pero fue demasiado tarde.
Al mismo tiempo en que la madre desde el muelle
agarró al niño por sus brazos, el hostil caimán abrió
sus feroces fauces y con gran potencia encajo
sus afilados colmillos en las inocentes piernitas del pequeño.
La batalla se torno salvaje. La mujer, por un lado,
jalaba determinada, con toda la fuerza de su corazón.
El cocodrilo por su parte estaba decidido a no dejar ir a su presa.
Finalmente, un vecino que escuchó los violentos gritos,
se apresuró a llegar a la cruel escena.
Una vez allí logro distraer a la bestia lo suficiente
como para que la apasionada madre salvara a su hijo.
El niño sobrevivió y, aunque sus piernas sufrieron bastante,
aun pudo llegar a caminar.
Cuando salió del trauma un periodista le preguntó
si le quería enseñar las cicatrices de sus pies.
El niño se subió los pantalones y se las mostró.
Pero entonces, con gran orgullo se remango las mangas
y señalando hacia las cicatrices en sus brazos le dijo:
«Pero las que usted debe ver son estas.»
Eran las marcas de las uñas de su mamá.
«Las tengo porque mamá no me soltó
y me salvó la vida.»

87

Cuando ante las cicatrices de la vida ponemos más énfasis en lo que aprendimos, podemos reponernos más rápido frente a todo lo que perdimos. No escondamos la perla preciosa que llevamos dentro. Por estar tan herméticos es que parecemos una olla de presión a punto de estallar.

Tercera capacitación:
La convicción es mucho más convocante que el rencor

¿No es acaso la convicción mucho más convocante que el rencor? Quizás, la convicción de que el odio no tiene la última palabra, pueda darnos luz ante la vulnerabilidad humana. El odio no es más que un cáncer que va demandando espacio emocional hasta que no queda cabida para ninguna emoción positiva.

«El odio es un veneno reciclado que nace del recuerdo; vive de la ignorancia y muere ante la decisión de perdonar.»

Aquí deberíamos recordar aquellas palabras de profunda convicción del Papa Juan Pablo II. Este papa fue el mismo que sacudió a la humanidad tres años después de que el turco Mehmet Ali Agca trató de asesinarlo el 13 de mayo de 1981.

Juan Pablo II fue alcanzado, oficialmente, por una sola bala que le hirió en el dedo índice de la mano izquierda, en el codo del mismo brazo y en el estómago. Fue trasladado en ambulancia al Policlínico Genielli, dónde lo operaron por más de cinco horas para salvar su vida. Los médicos certificaron

Parábola del amigo y la ostra

enfáticamente que el proyectil, inexplicablemente, no tocó ningún órgano vital que le hubiera ocasionado la muerte. No obstante, estuvo al borde de la muerte y aquel infame disparo le dejó secuelas que le duraron toda la vida.

En el encuentro de 1983 que mantuvieron en la cárcel de Rebibbia, en las afueras de Roma, Agca le preguntó al papa solo una cosa: «¿Por qué usted no murió?» Ali no le pidió perdón mas el papa lo abrazó, y posteriormente comentó: «Le he hablado como se le habla a un hermano que goza de mi confianza, y al que he perdonado.»

Diecinueve años más tarde, durante su mensaje para la celebración de la jornada mundial de la paz, en enero de 2002, el papa viajero entrelazó de forma magistral la paz, la justicia y el perdón:

*No hay paz sin justicia, no hay justicia sin perdón: esto es
lo que quiero anunciar en este Mensaje a creyentes y no creyentes,
a los hombres y mujeres de buena voluntad, que se preocupan
por el bien de la familia humana y por su futuro.
No hay paz sin justicia, no hay justicia sin perdón: esto es lo que
quiero recordar a cuantos tienen en sus manos el destino de las
comunidades humanas, para que se dejen guiar siempre en sus graves
y difíciles decisiones por la luz del verdadero bien del hombre,
en la perspectiva del bien común.
No hay paz sin justicia, no hay justicia sin perdón: no me cansaré de
repetir esta exhortación a cuantos, por una razón o por otra, alimentan
en su interior odio, deseo de venganza o ansia de destrucción.*

Con este deseo, de profundizar en la justicia, el perdón y la paz, vamos a descender más en los sentimientos que se encuentran detrás de nuestro capítulo sin luz. Es momento de reconocer que seguimos heridos.

No vamos a permitir que el pasado nos robe la alegría. No vamos a cambiar lo que pasó ni las consecuencias. Tampoco aceptaremos responsabilidad por lo que nos hicieron, sino por cómo reaccionamos hoy. El próximo capítulo nos ayudara en este nuevo reto.

* * *

*Ya admitiste que hubo una ofensa, identificaste al ofensor,
escribiste lo que pasó y las razones por las cuales eliges el gozo ante la
esperanza homicida. Ahora escribe las razones por las cuales…
…llevas adentro una perla.
…ganaras la victoria si puedes ver lo que se gana con las cicatrices.
…la convicción es mucho más convocante que el rencor*

* * *

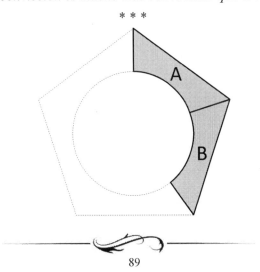

Parábola del rescatista insistente

Perdonar se asemeja a un hombre que navegaba por el mar.
Al lanzar el ancla del barco la cuerda se le enredo en los pies
y fue arrastrado hasta el fondo del mar.
Luego de un minuto lograron traerlo a la superficie casi muerto.
Años más tarde, navegando con unos compañeros se percato que uno
de ellos cayó al agua helada. Después de 30 minutos desistió de la idea
de tratar de salvarlo ya que él mismo estuvo a punto de morir al pasar
tan solo un minuto. Uno de sus compañeros sin embargo continuo el
duro trabajo hasta conseguir sacarlo luego de sesenta minutos.
Su corazón se detuvo, pero luego de varias horas en la sala de
urgencias su corazón volvió a trabajar. Al preguntarle al rescatista
porque continuo luchando por sacar a su compañero del agua este
dijo: «Nunca me había pasado algo así, pero si sé que la hipotermia
puede reducir la tasa metabólica a casi nada y esto ayuda a aumentar
el límite para aguantar la respiración.» Por otro lado, su compañero
bajo la cabeza y entendió que tener la experiencia
no siempre te da la razón.

No sé si te ha pasado, pero en el proceso de crecimiento que he tenido me he encontrado con mucha gente que por tener la experiencia han creído tener la razón. Recuerdo a contratistas que durante la construcción de ciertos proyectos me alegaban que llevaban muchos años haciendo las cosas de cierta manera y que no iba a venir nadie a cambiar eso. Con mucha pena me tocó decirles que llevaban entonces muchos años haciéndolo mal.

Así mismo nos pasa cuando tratamos de perdonar basándonos en ciertos requisitos. Cuando tratamos de perdonar tratando de cumplir ciertos requisitos puede que no perdonemos nunca.

Por esto, es que vamos ahora a movernos a la tercera fase en nuestro programa «Solo Perdona™». El objetivo en esta tercera fase es vencer la dificultad para perdonar. A esta fase la llamaremos: «Desenmascarando mis requisitos.»

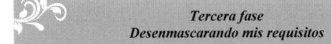
Tercera fase
Desenmascarando mis requisitos

¿Te acuerdas que en la pregunta número cuatro discutimos el por qué perdonar es tan difícil? ¿Te acuerdas de la respuesta? «Porque tenemos una idea equivocada sobre lo que es perdonar.» Quizás recuerdes que más adelante discutiríamos más a fondo los requisitos absurdos que nos mantienen lejos de perdonar. Pues ha llegado ese momento. Ha llegado el momento de desenmascarar cada uno de los requisitos que nos alejan de perdonar. Con el propósito de comprenderlos todos, los voy a explicar a partir de una pregunta que cuestiona cada uno. Enumero doce preguntas, por entender que son los más importantes, pero el folklore popular puede haber creados muchos más mientras escribía este material.

A partir de estos requisitos fue que genere las situaciones que presenté en la prueba que tomaste durante la introducción de este libro y la oración de reafirmación que presentare más adelante.

Uno
¿Perdonar es un largo proceso?

¿Cuántas veces has escuchado a alguien diciendo estoy en el proceso de perdonar? Estas personas pareciera que están haciendo un largo viaje para perdonar y están parando en distintos momentos para revisar como está el auto, ir al baño y comer algo. Piensan que perdonar es un suceso de eventos y puntos de chequeo. Piensan que con el pasar de los años se acercan más y más a la gran meta de perdonar. Cada vez que le preguntan responden que están trabajando con eso.

Ellos tienen una formula, en la cual establecen, que a menor dolor más han perdonado. Piensan que perdonar es directamente proporcional a la cantidad de ira que dejan de tener por alguien. Ahora contesta la pregunta en esta situación:

Si siete de diez ágiles pájaros en un cordel deciden volar, ¿cuántos pájaros quedan en el cordel?

Las personas que piensan que perdonar es un proceso son las mismas que contestan que quedan tres pájaros en el cordel. Tan solo por decidir tomar agua no saciarás tu sed. No por decidir comer evitaras morirte de hambre. Luego de muchos años los sigues oyendo repetir que siguen en el proceso de perdonar. Se justifican pensando que por tener una buena intención alcanzaran su objetivo. La realidad es que dicen que el infierno está lleno de gente con buenas intenciones.

La joven que te voy a presentar a continuación no quería quedarse con la buena intención de perdonar. Ella rehusó quedarse en el cordel de la incertidumbre. Más bien quería liberarse del resentimiento y por eso no solo decidió volar, sino que voló.

* * *

Mi infancia fue extraordinaria, pero no todos los días fueron color de rosa. El alcohol siempre se hacía presente, sobre todo los fines de semana cuando mi padre se llenaba de entusiasmo para perderse por horas... y a veces hasta por días. Mi papi se iba y llegaba un monstruo. Un hombre totalmente desconocido por mí, y al que repudiaba hasta el hastío. Su transformación nos lastimó mucho el alma. Estallaba con malas palabras y con un coraje que solo la vida sabe de dónde se alimentaba. A mi mamá la insultaba y hasta le pegaba. A nosotros nos dolía muchísimo que la tratara así. Recuerdo que mis hermanos y yo llegábamos a la cama con un miedo espeluznante a escondernos bajo las sabanas. Todos rezábamos para que aquel infierno se acabara. La angustia de vivir con miedo nos hizo un daño terrible. Cada insulto y cada golpe causaron unas heridas profundas en nosotros. A todos nos marcó el dolor, de ver a una madre impotente y débil, ante aquel hombre que ya no merecía nuestro respeto. No podíamos soportar ni entender como aquel que debía mostrarnos cariño, era capaz de abusar con tanta crueldad de quien nos había dado la vida. Lo peor de todo era que no sabía que era peor, si el infierno que vivía en mi casa o el calvario que vivía en la escuela. Recuerdo que los niños se reían de mis dientes separados y de mis espejuelos anchos y horribles. Lo peor de todo fue que me bautizaron con el nombre de Lesbiana. Yo no entendía lo que significaba pero si sentía como ese nombre desgarraba mi interior haciéndome sentir rechazada y humillada. ¡Era horrible! El nombre que me puso mi madre fue Lesbia no Lesbiana. Hasta ese entonces pensaba que era lindo. Pero ahora, por alguna razón, era un vil motivo para hacerme sentir tristeza y soledad. Me sentía morir cada vez que se burlaban de mí. Cuando aprendí a leer vi el nombre en la portada de un periódico. El titular decía así: «Lesbiana mata a su amante.» Era la oportunidad perfecta para preguntarle a mi madre. Le dije: «Mira mami, así me llaman en la escuela... ¿Por qué me pusiste ese nombre?»

Su respuesta, que hasta el día de hoy a mis cuarenta años me repite, fue esta: «Ese nombre es bonito. A mí me gusta. Además, tú no eres eso que los niños dicen que eres.» El saber lo que ese nombre quería decir no me brindo ningún consuelo. La conciencia de saber lo que significaba me fastidiaba. Comencé a culparla a ella por lo que me hacían.

En mis reflexiones dije muchas veces: «Mami, ¿por qué me hiciste esto?» Mientras tanto me tenía que aguantar todas las risas, las bromas y las miradas hirientes. Me sentía como si fuera un ser extraterrestre que cayó de Marte y que no tenía espacio en este mundo tan perfecto.

Pasaron los años, y crecimos en cuerpo y en hastió.

Hasta que un día la bomba explotó.

Mi hermano se lleno de valentía y enfrentó a mi padre. Él exigió con golpes el cariño y el amor que por años esperábamos de él. La riña no pasó a mayores y no logró un resultado inmediato. Pero despertó en mi padre la conciencia de aceptar su condición alcohólica.

Más adelante sus enfermedades, resultado de su adicción, influyeron mucho en su cambio. Un cambio lento pero real.

Yo por mi parte me llene de mucho resentimiento. Por un lado lo amaba, y por eso pienso que se me hacia tan difícil perdonarlo. El dolor que me causaba ese ser amado era mortal. Laceraba, pero no me mataba. En realidad ese dolor no mata. Lo que me mataba era el rencor, la falta de reír y de buscar la paz. No me debía poner el sombrero de jueza porque de eso se encarga otro. No se trataba de analizar si él lo merecía o no. Se trataba de mi felicidad. Los minutos pasan y no vuelven. Los días se van y no regresan. Los años se mueren y no resucitan. Por eso lo perdone. Porque no podía negarme la felicidad que deseaba.

No quería seguir escogiendo días grises llenos de lluvia, cuando ante mí, despertaba una mañana soleada llena de flores y esperanza.

Opte por la paz para ganar paz
y opte por fortaleza para ganar fortaleza.

Pero eso no era suficiente para mí. Debía perdonar también a todos los niños burlones que me lastimaron hasta la médula. Debía regresar al momento de esas ofensas si quería perdonarlos a todos. Ellos no me agredieron en el presente. Me agredieron en el pasado y en ese pasado era que debía perdonarlos. Los perdone porque somos seres creados con amor, por amor y para dar amor.

No solo me tocó perdonarlos a ellos sino que me tocó perdonar a mi mamá. Perdone a mi mamá por haberla culpado de mis desgracias. Ella es un ser maravilloso que no merecía pasar por lo que pasó ni mucho menos merecía cargar con el peso de mi culpa por el nombre que me puso. Con la opción de cambiarme el nombre, opte por no hacerlo. No quería validar la idea incorrecta que los demás tenían de mí.

Así que le dije a mi mamá: «¡No! ¡No me lo cambio mami, tú me
pusiste este nombre y al que no le guste pues, que no me llame!»
Más tarde me tocó reafirmar y exteriorizar el perdón hacia mi padre.
Para ese tiempo mi padre se aferró a la fe para encontrar paz en su
alma y creo que la consiguió después de lo que ese día sucedió. Jamás
olvidare cuando desde lo más profundo de su corazón me dijo:
«¡Te amo!» No podía creerlo. Mi padre que tanto daño le hizo a mi
madre, a mis hermanos y a mí misma, estaba expresando cariño.
Un hombre recio que solo sabía emborracharse para humillar y dividir,
hoy decía las palabras más dulces que mis oídos podían escuchar.
Ese monstruo que con tanto desprecio nos atacó, ahora hacia saltar mi
corazón de alegría. ¿Cómo no responderle de igual manera si desde
hace tiempo lo perdoné? ¿Cómo no responderle de igual manera?
Así que le respondí con aquellas palabras que tenía guardadas para
cuando llegara el momento. Y ese momento llegó. Por eso, con lagrimas
en mis ojos, también le dije: «¡Te amo!» Y con esas palabras le brinde
mi perdón y lo dejé ir en paz.
Ese mismo día murió. Él sanó y yo también.
Para mi perdonar es decir: «¡Te amo!»
Porque perdonar es expresar la dicha que llevamos por dentro.
¡Es duro, pero vale la pena!
Lesbia

* * *

Para Lesbia el perdonar no fue su gran final. Ella no podía esperar a que su salud dependiera de sus heridas abiertas. Su perdón no hizo desaparecer todos los males que sentía ni fue el momento culminante donde el bien triunfó totalmente sobre el mal.

Estamos tan inmersos en las historias del cine y la televisión que deseamos que la vida nuestra sea similar. Esperamos que el perdón sea desenlace de nuestra historia. Pensamos que será la gran consumación existencial cuando en realidad es todo lo contrario.

 Perdonar es el gran comienzo.

Al perdonar no se van a ir todos los sentimientos asociados a ese recuerdo. Nos han metido en la cabeza que si todavía sentimos rabia eso significa que no hemos perdonado. Nos llenamos tanto de duda que terminamos pensando que el perdonar no vale la pena.

Con esto no quiero decir que el perdonar sea un arreglo rápido como cuando disculpamos. Ante una ofensa mayor eso sería negar que algo malo sucediera. Todo lo contrario se trata de tener conciencia de que algo muy malo sucedió y que nos dolió profundamente. Fue algo que definitivamente no podemos permitir que vuelva a pasar. Cuando perdonamos nos hacemos conscientes de que por perdonar no vamos a quedar libres necesariamente de toda la ira. Lo que sucede es que le han colocado una función al perdón que no le pertenece. Confunden el acto de perdonar con los frutos del perdón.

El perdonar no reemplaza nuestros sentimientos. Cuando esperamos esto, lo más probable es que decidamos no perdonar en absoluto. Los sentimientos no se pueden forzar de ninguna manera. No podemos obligar a un sentimiento para que reemplace otro según nuestra conveniencia. Lo que si podemos cambiar es nuestra forma de pensar. Perdonar no es una mágica formula que hace desaparecer ciertos sentimientos. Por lo menos eso no le sucede a la gente real con heridas reales.

Perdonar tampoco va a limpiar todas tus heridas, posiblemente te quedaras con un puñado de sentimientos de ira, de miedo o hasta con un sentido de pérdida. A ese punto es que queremos llegar. Al punto donde abrimos una puerta para comenzar a sanar dándonos una nueva oportunidad. Al punto donde nos damos permiso para vivir. La reconciliación, la restitución de la confianza y la sanación de recuerdos seguramente pueden conllevar un tiempo y un proceso, pero perdonar no.

Perdonar es un acto sublime que se realiza ejecutando nuestra voluntad. Se perdona en un momento determinado con nuestro nivel de entendimiento. El perdón ocurre y luego crece en nosotros al reafirmarlo las veces que sea necesario.

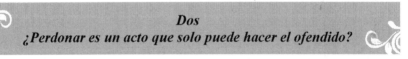

Dos
¿Perdonar es un acto que solo puede hacer el ofendido?

Es increíble la cantidad de personas que no perdonan porque piensan que ellos no son los ofendidos. Mas sin embargo no dejan de expresar la ira que sienten ante desgracias ajenas. Es cierto que no se puede perdonar por nadie, pero esto no significa que no nos podamos sentir ofendidos por las acciones que alguien comete contra otro ser humano. Quizás la crueldad cometida no fue contra nosotros, pero la injusticia extiende su veneno a todo aquel que la presencia. No se trata de ser indiferentes, sino de entender que se puede llegar a odiar incluso cuando la injusticia no fue cometida contra nosotros. Por consiguiente, el aparentar que no estamos ofendidos es solo una forma de negar que lo que sucedió nos dolió. No importa si somos los perjudicados directos o no, si nos sentimos ofendidos tenemos el legítimo derecho de perdonar.

Tres
¿Perdonar es algo que se tiene que ganar?

«Es que no lo merecen», oímos decir a muchos. «Es que el perdón es algo que se tiene que ganar. Tienen que reparar todo el daño que hicieron primero, luego veré si los perdono.» Este es un requisito poderoso que nos mantiene alejados de los beneficios de perdonar. Requerimos un acto reparador para otorgar el perdón. Por consiguiente mientras ese acto o conjunto de actos no se realicen simplemente no perdonamos. No te has dado cuenta que este es otro requisito absurdo que como los demás intenta desfigurar lo que el perdón realmente es.

Por supuesto que nadie merece ser perdonado. Eso es totalmente cierto. ¡Nadie lo merece! Absolutamente nadie puede hacer algo que sea lo suficientemente meritorio como para que merezca que se le perdone. Podrán moverte cielo y tierra. Podrán cambiar de actitud viniendo de rodillas suplicando tu perdón. Podrán demostrarte de mil maneras su arrepentimiento. Y nunca ninguna acción será lo suficientemente reparadora como para borrar la injusticia cometida. ¿A caso existe una justa compensación ante la pérdida de un ser querido? ¿Eso nos devolverá su presencia? ¿Cuánto valen todas las víctimas del once de septiembre? ¿Cuánto valen todos los inocentes cruelmente asesinados en el holocausto? ¿Seríamos tan pretenciosos como para asignarle un precio a un ser humano?

Yo creo que no.

Pero, precisamente porque nadie lo merece es que debemos perdonar. Nadie merece misericordia, nadie merece gracia, pero es lo que recibimos como un acto de donación. Es un favor no merecido, no lo ganamos, no es por nuestro apellido. Todo lo contrario. Perdonamos sabiendo que no lo merece para que la maldad en nosotros no impida nuestra sanidad y nuestra liberación del resentimiento.

Una estudiante de una escuela en Puerto Rico entendió muy bien esto cuando le tocó perdonar el rechazo y la burla de una compañera que por mucho tiempo la hizo pasar por un infierno de tristeza y dolor. El comportamiento agresivo y no deseado del que ella fue víctima es algo por lo que nadie debería pasar, pero de igual manera pasa más de lo que a veces imaginamos. Ella no podía esperar a que la otra persona se arrepintiera por todo el mal que le hacía. Ella hizo algo diferente.

* * *

Como maestra de escuela elemental de kindergarten, en una zona rural y pequeña, puedo observar la vida escolar y social de los estudiantes. En esta escuela una hermosa niña fue víctima de «bullying» desde

primero hasta sexto grado. La escuela proveyó sus servicios y sus padres el apoyo emocional y psicológico necesario. Su papá le recomendaba en ocasiones que le contestara para atrás de igual forma a sus ofensores y su mamá que lo solucionara en la oficina, con la directora o con los maestros. La estudiante un poco de cada cosa hacia, pero el consejo que más peso tuvo en su vida fue el de su abuela que se encuentra en Lucas 6:29 donde dice: «Al que te golpea en una mejilla, preséntale también la otra. Al que te arrebata el manto, entrégale también el vestido.»
Esta estudiante luchadora ha buscado día a día con respeto, el cariño y admiración de sus amigos. Un día recibió por sorpresa una carta escrita de la estudiante que más acciones de «bullying» cometía contra ella. En la misma, le pedía perdón por todo el daño que le hizo. La estudiante le comentó a su abuela que antes de recibir la carta ya la había perdonado, ya que el amor de Dios prevalece en su vida. Ella se siente amada y apoyada por su familia. Ella reconoce que Dios es el que nos dirige a tomar las decisiones correctas y que nos ama incondicionalmente. Dios nos acepta como somos y nos ofrece un día tras otro para dar a otros lo que por gracia recibimos de Él.

Nia

* * *

Para la niña, de la cual esta maestra nos cuenta, el perdón real no era un premio. Era más bien un obsequio. Ella sabía muy bien que el perdón no es algo que haya que ganárselo para que la otra persona entienda el mal que ha hecho.

El perdón y la confianza son dos cosas diferentes. Lo que hay que ganarse es la confianza. Y la confianza es un requisito para la reconciliación no para el perdón. El perdón viene primero porque es para nosotros, para nuestra salud emocional. Luego, si es posible y si se desea, viene la confianza en esa persona y la reconciliación.

Muchas veces nos preguntamos: «¿Cómo voy a perdonar a alguien que rehúsa arrepentirse y a pedirme perdón? ¿No sería eso acaso invitarlo a que siga ofendiéndonos ya que comoquiera lo vamos a perdonar? ¿No sería eso aprobar que siga la maldad y la injusticia? ¿Sería injusto perdonar a alguien no arrepentido?»

Pero, ¿es justo para nosotros permitir que el agresor decida si somos sanados o no? ¿No basta a caso con el daño que nos hicieron como para seguir haciéndonos daño nosotros mismos? ¿Qué lógica tiene que nuestra sanidad emocional dependa de si el otro se arrepiente o no? No se trata de esperar a que nos den permiso para perdonar, viniendo de rodillas a pedirnos perdón. Esperar esto es mantener el yugo del ofensor sobre nosotros. Se trata de ejercer el derecho a la libertad sin esperar a que quieran o no darnos la oportunidad de perdonar. Además, cuando perdonamos a alguien no arrepentido no estamos diciendo que estamos de acuerdo con la ofensa, ni estamos ofreciendo la relación que teníamos antes como socio, esposo, amigo u hombre de negocios. Todo lo contrario, es optar por perdonar para que la ofensa no se haga mucho mayor dentro de mí. Lo que el ofensor piense no es importante, ya que mi perdón no lo exime de responsabilidad legal ni es una invitación a una reconciliación necesariamente.

 El perdón que Dios ofrece es un perdón distinto.

No te has hecho nunca esta pregunta: «¿Dios quiere que nosotros nos arrepintamos para que Él nos perdone. Entonces, ¿por qué nosotros vamos a perdonar a otros antes de que se arrepientan?» Recuerdo cuando una persona me escribió basándose en ese concepto. Ella me expreso: «Solo le pido a mi Dios que no me juzgue por esa debilidad que tengo, porque siendo cristina debo seguir sus pasos y perdonar como Él lo hace con nosotros día a día. Pido perdón por mi falta de perdón. Y aunque suene sin sentido, como perdona mi padre Dios creo que jamás lo lograre. Solo voy por el mundo tratando de seguirlo y hacer lo que mi condición como humana me permite.» Es muy triste encontrar una multitud de personas que tienen una dificultad enorme para perdonar porque creen que deben perdonar como Dios perdona. Dentro del Cristianismo el perdón que Dios da es muy distinto del que Él espera que nosotros demos. Recuerdo que le conteste a ella de esta manera: «No te sientas culpable por no perdonar como Él lo hace. Nosotros perdonamos para comenzar a sanar, no para reconciliarnos necesariamente. Dios perdona para reconciliarnos, Él no requiere sanación por eso requiere nuestro arrepentimiento.»

Lo que sucede es que el perdón que da Dios y el perdón que dan los hombres son diferentes. Cuando Dios perdona, no lo hace para abrir la puerta de la sanación porque guarda un resentimiento, sino para sanarnos a nosotros del pecado y devolvernos su amistad. Dios en esencia es amor, en Él no cabe el resentimiento ni el rencor. Por tanto Él no tiene que desprenderse de nada indeseable. Por eso hace falta que estemos arrepentidos y le pidamos disculpas. El perdón en Él es signo de reconciliación y como toda reconciliación requiere arrepentimiento.

Pero cuando el hombre perdona, lo hace para comenzar a sanar y poco a poco quedar libre de las secuelas que le dejó la violencia vivida. Basta con que uno quiera perdonar.

Y para eso no hace falta que el otro se arrepienta. Si además de eso existe el arrepentimiento del ofensor, entonces podemos optar por una reconciliación. El perdón en nosotros es un signo de liberación. Es cierto que debemos buscar la reconciliación cuando sea posible, pero no es un requisito para perdonar.

Cuatro
¿Perdonar es el paso previo para reconciliarse?

Aquí quisiera puntualizar algo muy importante. Perdonar no significa volver necesariamente las cosas a como estaban antes del enojo. El perdón, pues, no implica reponer sentimientos ni afectos. Hay quienes piensan : «Si perdono a un amigo, debo devolverle la amistad. Si perdono a un empleado infiel debo devolverle la confianza. Si perdono a alguien con quien convivía, debo aceptarlo nuevamente en mi hogar. Si perdono a un ser querido, debo volver a sentir cariño por él.

Pero eso no es así.

No siempre se puede devolver toda la confianza a quien nos defraudó. No siempre se puede volver a sentir aprecio o estima por quien nos ha ofendido, ni reanudar la amistad con quien nos ha agraviado.

Más aún, a veces resulta una imprudencia restituir la confianza a quien nos ha engañado una o más veces. No obstante, se puede perdonar. Si examinas la historia de Kate, encontraras que la traición que ella perdonó, no implicaba el restituir la relación. Si bien es cierto que ella trató de reanudar su relación varias veces, hoy no sigue casada con él. Un suceso sorpresivo hizo que la relación tomara un giro inesperado.

* * *

Cuando estaba esperando a mi primer hijo, mi primer esposo, y papá de mi bebé, dejo de hablarme. Con solo cinco meses de gestación él dejo de ser como era en un principio conmigo. Se volvió frio, y me dejaba sola todo el tiempo. No me hablaba ni una sola palabra y prefería estar en cualquier otro lugar excepto a mi lado. Esto me afectó a tal grado que decidí mudarme con mi madre. Ya no soportaba su indiferencia y me estaba perjudicando mucho emocionalmente. Decidí esto, pues dentro de la tristeza yo sabía que tenía que cuidarme emocionalmente. Tenía que irme a un lugar donde al menos no sintiera la negatividad de la situación. Además,
pensaba en mi bebé, que como dicen, lo absorben todo.
Dentro del proceso me entere que él tenía una amante
y que cuando yo salía a trabajar la metía en nuestro apartamento.
Eso fue un golpe muy duro. Fue un momento súper doloroso. Sentí que el mundo se me venía encima. No podía creer que no me respetó como esposa ni tampoco a nuestro hogar. Sentí que fracasé. Sentí que escogí

mal al padre de mi hijo. No solo eso, sino que pase muchas necesidades y hasta tuve que abandonar el apartamento para irme con mi mamá en lo que daba a luz. Me sentía tan culpable…

Pero eso no fue todo. Un día mi madre me dijo:

«Tú querías tener un hijo, pues ahí tienes.»

¿Cómo crees que me sentí? ¡Me sentí como basura! Sentí que hice todo mal y que por culpa de él todo me iba de lo peor. Sabía que todo eso iba a pasar, pero a pesar de eso le tenía un rencor tan grande que ni yo misma me soportaba. No solo eso, también odiaba a mi suegra, pues ella supo todas las cosas que él hacía con esta mujer e incluso hasta la llego a conocer.

Sintiendo todas estas emociones llego el día de dar a luz. Para mi sorpresa él estuvo allí conmigo. Yo a penas lo veía y por eso supongo que me volví a ilusionar. Tres días después, la mujer con la que me engañaba, me llamó por teléfono. Me dijo muchas barbaridades y cosas hirientes. Aún así acepte lo que hizo e intentamos reiniciar nuestra relación. Pasaron apenas 4 meses y él volvió a distanciarse. La verdad es que todavía hoy nunca supe con exactitud porque lo hacía. Lo que sí recuerdo es que volvió a dejar de hablarme, a ser frio y a ni siquiera tener la decencia de saludarme cuando llegaba a la casa. Lo primero que pensé es que andaba nuevamente con otra persona, pero como dije, eso nunca lo supe con exactitud. Una vez recuerdo que no me habló por horas y solo se dirigió a mí para pregúntame si había comida hecha. Eso me hirvió la sangre. No podía creer que lo único que le importaba era la comida. Recuerdo que nos gritamos tanto que de mi salió darle una golpiza.

Luego de cinco o seis meses él comenzó a acercarse de nuevo a mí. Una vez más, y porque supongo que aun lo quería y estaba sola, decidimos intentarlo de nuevo. Eso sí, ya el juego de «ir y volver» de parte de él, se me estaba haciendo evidente. Sin embargo, el comenzó a demostrar que quería genuinamente tratar de estabilizarse conmigo. Me di la oportunidad y así lo intente por varios meses.

Luego yo fui quien se distancio de él. Supongo que me canse de su inestabilidad y quise prevenir que me volviera a herir en un futuro. Así que le pedí el divorcio. Fue muy doloroso, pues creo que por fin mi esposo en aquel momento quería de verdad tratar de estabilizarse conmigo y con su hijo. Pero esa fue la decisión que tome.

Hoy lo aprecio mucho y nos llevamos como amigos estupendamente. Trabajamos por el bienestar común de nuestro hijo y hasta nos ayudamos mutuamente. Nos entendemos muy bien y sé que él ha madurado mucho. El nunca me pidió perdón, pero con las cosas que humildemente ha aceptado haber hecho, para mi han sido símbolo de

que me ha pedido perdón.... y aunque nunca se lo he dicho, yo si puedo
admitir que lo perdone desde hace mucho, pero mucho tiempo.
Perdone cuando me di cuenta que no valía la pena sentir rencor ni odio
por alguien que hoy por hoy no es más que un ser humano que cometió
errores muy fuertes en base a la inmadurez y la edad que tenía.
Pensé que su modo de crianza y costumbres lo llevaron a ser así.
Aunque eso no justifica su traición, eso me ayudó a analizar el por qué
las cosas sucedieron de ese modo. Perdone cuando supe que ese no era
el hombre con el que Dios quería que yo estuviera toda mi vida,
y quizás hasta me libró de muchas otras tristezas. Perdone cuando supe
que como padres funcionábamos mejor que como pareja.
Perdone cuando menos me lo espere, pues así es como creo que fue.
En mi no hay rastros de dolor por causa de aquella situación.
Y lo puedo contar sin que me quiebre o me duela nada.
También, aunque sin muchos detalles, puedo recordar lo que me hizo
sin sentir nada de rencor. ¡Me siento liberada!

Kate

* * *

Kate decidió no seguir con su relación aunque su esposo trató de mejorar. Ella sabía que no debía dejarse llevar por el hecho de que su hijo necesita un padre para permanecer junto a él. Simplemente ella decidió que su vida debía ir por otro camino. El perdón que ella le ofreció a su ex pareja no fue un paso previo a su reconciliación, al menos como pareja. Ellos terminaron llevándose como amigos porque ambos maduraron.

Ella entendió que para liberarnos del dolor debía perdonar y no necesariamente restituir la confianza. También el hecho de que perdonar no es algo que podemos hacer únicamente cuando nos piden perdón. El hecho de que en ocasiones el ofensor pida perdón, y nosotros lo perdonemos, no significa que solo debemos perdonar cuando existe una petición de perdón.

¿Qué sucede cuando el ofensor muere?

¿Tras su muerte se lleva consigo nuestras esperanzas de sanación? Por supuesto que no. Este ejemplo es suficiente como para reforzar que el requisito de reconciliarse cuando se perdona es puramente absurdo.

Para que exista una reconciliación solida es necesario crear un nuevo acuerdo. Este acuerdo tiene como base el arrepentimiento del ofensor y el firme deseo de no volver a cometer un daño similar al cometido. El ofendido debe comenzar a restituir poco a poco la confianza para que esta crezca. La decisión de compartir un camino juntos es independiente y es algo muy personal. Esto quiere decir que se puede perdonar sin reconciliarse y reconciliarse sin vivir juntos.

Imagina que una persona desconocida impacta tu vehículo en la calle. Te enfureces tanto con la otra persona que tienes deseos de matarla. La culpas de todo el problema que su irresponsabilidad te ha causado. Luego decides perdonarla para no cargar más con el resentimiento y los deseos de venganza. Ahora te pregunto: «¿Por el hecho de perdonarla te tienes que casar con ella?»

¿Absurdo no?

Cinco
¿Perdonar es aceptar la crueldad?

Muchas veces asumimos conscientemente una posición de víctima. No hablo de la posición de victima que inconscientemente asumimos cuando pedimos perdón por existir. Más bien me refiero a cuando a conciencia nos cansamos de luchar y decimos: «No me queda más que aceptar que esto es lo que tengo que vivir. Me toca aceptar el mal.»

Cuando perdonamos no estamos invitando a nadie para que vuelvan a herirnos. No le estamos dando permiso para que vuelvan a humillarnos. No es entregarle en bandeja de plata nuestra cabeza. Tampoco es una forma de sacrificio personal donde sufrimos en silencio o nos culpamos para liberar a otros por el bienestar de los hijos. No es pretender que todo está bien cuando sientes que no es así. No es declarar que ellos son mejores que nosotros y darle el gusto de pisotear nuestro orgullo de nuevo, una y otra vez. No es rebajarnos ante su dominio para que se sientan libres de toda responsabilidad. Ni mucho menos aceptar la derrota.

Todo lo contrario.

El que perdona gana.

Porque nos quitamos una espina dolorosa e infectada, capaz de envenenar toda una vida. No aceptamos el mal. Más bien reconocemos el mal y por eso perdonamos. Con nuestro perdón abrimos la puerta para que ese mal en nosotros sea destruido y borrado por completo en un proceso de sanación interna.

Perdonar no es un acto que te divide, no eres menos, al contrario te hace más porque perdonar es un acto multiplicador. Rita conoce muy bien este efecto multiplicador que tiene el perdón. Ella no estaba dispuesta a aceptar la crueldad bajo ninguna circunstancia. Sus padres se preocuparon toda su vida por enseñarle el valor de la dignidad como para que ella tirara por un roto toda esa enseñanza. Aunque su historia parece sacada de una novela, nos sorprendería mucho el saber que les sucede a más mujeres de lo que pensamos.

* * *

El 15 enero de 2001 me case por primera vez. Fue una boda bien bonita y llena de hermosos sentimientos. Soy la hija más pequeña de mi casa y muy apegada a mis padres. A pesar de eso, cuando llego es gran día me lo disfrute al máximo.

Después de tres meses de casada empecé a vivir, lo que nunca pensé vivir, maltrato físico y emocional. Desde mi niñez jamás pase por algo así. Al contrario, mis padres me dieron tanto amor que ni una pela me dieron. Aquí comenzó mi calvario.

Fueron días y noches de puro infierno. Eran noches de insultos, malas palabras... y hasta golpes. Él no quería que visitara más a mis padres y que hiciera lo que él dijera.

También decidía para donde tenía que ir. Sentía un pánico terrible.

Luego de seis meses llego un momento en que las discusiones se hicieron más fuertes mientras mi la tolerancia se acababa. En una de las discusiones me tiró con un plato y de inmediato me encerré en el cuarto a llorar. Allí le pedí a Dios que me sacara de ese infierno. Le dije, qué si realmente Él existía, que hiciera algo. Yo no quería vivir así.

Pelee con Dios, lo maldije y me puse bien rebelde. No quería saber de nadie, más que de mi familia. Yo trabajaba todos los días y cuando salía del trabajo pasaba a ver a mis viejos por 10 minutos.

A pesar de vivir momentos difíciles con esa persona, les decía a ellos que era la mujer más feliz del mundo.

Un día, al salir de la casa de mis padres, para dirigirme a la casa donde vivía con mi esposo, le pedí a Dios durante el camino que cambiara mi matrimonio para que fuéramos felices.

Pero la respuesta de Dios fue diferente a lo que esperaba.

Cuando llegué a la casa pasó lo peor. Volvimos a tener otra discusión más fuerte y me llene de un odio que jamás pensé sentir por una persona. Tenía mucho odio, ira y asco. La discusión se torno incontrolable y mi odio creció tanto que no sabía lo que me estaba pasando. El volvió a golpearme y no pude más.

Agarre un bate del cuarto de juegos y lo amenace diciéndole: «¡Si me vuelves a golpear te mato con el bate!» Yo estaba que ni me reconocía. Lo único que salía por mi cuerpo era coraje. Él me miro y me dijo que se retiraba para que yo me tranquilizara. Le dije que se fuera y que no volviera nunca más. Él por su parte se montó en su carro el cual estaba dentro del garaje. Ahí salí corriendo, y del mismo coraje que sentía, agarre el bate y le rompí los focos al carro.

Él saco el carro del garaje lo más rápido que pudo y se perdió.

Eso pasó de noche y yo trate de tranquilizarme porque todas la noches, a eso de las nueve, llamaba a mis padres para que me echaran la bendición. Cuando los llame volví a mentirles. Mi madre me preguntó si todo estaba bien y le dije:
«Todo está bien porque soy la mujer más feliz del mundo.»
Cuando colgué el teléfono, me tire al piso a llorar. Estuve como dos horas llorando con muchos sentimientos de rabia, miedo, vergüenza y tristeza. Me sentía totalmente desolada, impotente y frustrada. En medio de todos estos sentimientos logre calmarme y comencé a pensar en lo que iba hacer. Luego fui metiendo poco a poco al carro, mi ropa y los documentos importantes que encontré.
Al otro día me levante muy cansada y me prepare para ir al trabajo. Él obviamente nunca llego. De camino a mi trabajo llame a mi hermano y le dije que estaba pasando por un momento difícil en mi matrimonio. Le dije que no me hiciera preguntas y que le dijera a mis padres que me iba a mudar a su casa en lo que resolvía mi divorcio. Y así lo hizo. Por la tarde pase por la difícil situación de explicarle a mis padres que estaba pasando por una situación dolorosa en mi matrimonio. Les dije que tomé la decisión de divorciarme y que me apoyaran sin hacerme preguntas. Luego nos abrazamos y lloramos. Ellos me apoyaron sin preguntar y todavía hoy no saben la verdadera razón del por qué yo me divorcie. No quiero causarles un sufrimiento. La cuestión fue que logre irme con mis padres para pasar el proceso de divorcio y en menos de tres meses ya estaba divorciada. Durante ese tiempo me llene de mucho coraje y estaba bien rebelde. No confiaba en nadie y por eso me encerraba en mi casa. Entre en una depresión bien fuerte donde sentía odio, frustración y vergüenza. Me pregunté en que fallé, mi autoestima era bien baja y solo salía para ir a trabajar. Hasta que un buen día dije: «¡Basta ya!»
Decidí estar en contacto con Dios. Le pedía día a día con rabia que me ayudara a sanar esas heridas, que en ese tiempo pensaba que eran imposibles de olvidar. Recuerdo que una vez estaba en una misa de sanación y sentí esta única paz en mi corazón. Perdoné a quien tanto dolor me causó. Perdone porque me di cuenta que no valía la pena odiar a una persona que no merecía mi amor.
Al contrario yo quería y merecía ser feliz.
Por eso decidí aliviar mi corazón por medio del perdón.
Ahora vivo para mi familia. No te digo que olvide los golpes, porque ahora mismo me ganaron los sentimientos, pero me siento en paz conmigo misma. Doy gracias a Dios porque puede salir de ese infierno del que muchas mujeres no salen.
Después de 14 años, puedo decir que sane esa parte de mí,

que odiaba a una persona que me hizo tanto daño en tan poco tiempo.
Hoy siento que Dios me escucho porque puso en mi camino personas que
me ayudaron. Personas que pasaron por peores pruebas que yo.
Con los años, Dios me bendijo con el hombre más bueno y noble.
Mi esposo desde un principio me respetó y me lleno de amor.
Aunque el dolor de los moretones se fue, el dolor psicológico dura
mucho más. Se necesita soledad, entendimiento
y después pasar la página..
Entendí que con el paso del tiempo hay personas que pasan por cosas
peores en la vida y las que sobreviven se hacen más fuertes. Yo soy una
de estas porque entendí que uno mismo es quien se hace daño con el
rencor. Gracias a Dios pedí apoyo
y mucha gente estuvo ahí para tenderme su mano. También busqué
ayuda tanto espiritual como profesional y la conseguí.
Al final pude ver que mi vida valía mucho más
y que mis sueños eran más importantes.

Rita

* * *

Por miedo a decepcionar a sus padres Rita aguantó, un tiempo, la crueldad de un esposo abusivo. Ella quería aparentar que todo estaba bien porque no quería causarles ningún disgusto. Lo cierto es que por no querer causarles ese disgusto, estaba a punto de provocarles un dolor mayor, sí ellos un día la hubieran encontrado muerta debido a las acciones de su verdugo. Un día hubieran tenido que llorar amargamente ante el cuerpo de su hija quien por cobardía decidió callar ante la injusticia. Pero no fue así. Rita decidió enfrentar su situación y hacer algo para no perecer. Decidió poner un alto a su situación y luego trabajar con el odio que sentía.

Rita descubrió que el odio causa mayor daño a quien lo tiene que a quien lo recibe. Ella aprendió que quien se niega a perdonar sufre mucho más que aquél a quien se le niega el perdón, porque cuando uno odia a su enemigo, pasa a depender de él. Aunque no quiera, se ata a él. Queda sujeto a la tortura de su recuerdo y al suplicio de su presencia. Le otorga poder para perturbar su sueño, su digestión, su salud entera, y convertir toda su vida en un infierno atroz. En cambio, cuando logró perdonar rompió los lazos que la ataban y dejo de padecer.

A veces pensamos que al perdonar le hacemos un favor al ofensor. La misma experiencia nos enseña que cuando guardamos rencor a alguien, o tenemos un resentimiento hacia otra persona, somos nosotros los primeros perjudicados, los primeros que sufrimos, los primeros lastimados. También nos causamos daño, pasando noches sin dormir, masticando odios y atormentándonos con ideas de venganzas.

Mientras tanto, nuestro enemigo está en paz sin enterarse de nada. Si éste se llegara a enterar del daño que su recuerdo provoca en nosotros estaría más que feliz. En realidad al perdonar ejercemos un acto de justicia con nosotros mismos primero. Un extraordinario acto de nobleza donde los primeros beneficiados somos nosotros.

Es un mensaje en cierto modo paradójico. En efecto, el perdón se comporta siempre a corto plazo como una aparente pérdida, mientras que, a la larga, asegura un provecho real.

La violencia es exactamente lo opuesto: opta por un beneficio rápido que a largo plazo, produce perjuicios reales y permanentes. El perdón podría parecer una debilidad; en realidad, tanto para concederlo como para aceptarlo, solo hace falta que estemos consientes de nuestra propia fortaleza. Cuando perdonamos estamos entendiendo que no necesitamos nuestro enojo para protegernos. Tampoco necesitamos nuestra pena como un vibrante slogan publicitario. Lejos de ser menoscabo para nosotros, nos lleva a una humanidad más plena y más rica. Perdonando reflejamos un rayo del esplendor del Creador.

Seis
¿Perdonar es aparentar que no es para tanto?

Este es quizás el más difícil concepto sobre el perdón. A veces la distinción entre perdonar o simplemente negar o reprimir el enojo, quedan confundidos. En este momento quiero enfatizar algo. Aunque para otros tu ofensa es una tontería, basta con que sea importante para ti, como para que no la condones.

Necesitas perdonar la ofensa
si quieres ser el protagonista de tu historia.

Perdonar no es condonar, sino que nos permite lidiar con el pasado de una manera más efectiva que no minimice el pasado, pero que si minimice los efectos de ese doloroso pasado en el presente. Minimizar la ofensa es convertirse en cómplice del injusto. Minimizar la ofensa es decir que aquí no ha pasado nada y que el enojo hacia el ofensor ha sido exagerado e injustificado. Minimizar es disfrazar todo en nombre de la empatía diciendo que de algún modo comprendemos la actitud del otro.

Plasmar una gran sonrisa en la cara y hacer las cosas bien no es perdonar. Entre perdonar y no perdonar no existen medios caminos. Por eso debemos ser bien honestos con nosotros mismos si no estamos listos para perdonar, porque a la larga es mejor admitirlo y trabajar con nuestra inhabilidad para hacerlo que solo pretender que perdonamos.

Luna sufrió una pérdida terrible. Ella sabía que tenía que tomar una difícil decisión que le cambiaría la vida. No podía simplemente plasmar una sonrisa en su cara y seguir caminando. Ella no podía ser hipócrita consigo misma ni con los demás. Ella sentía un dolor tan profundo que no podía hacerse de la vista larga. Ella necesitaba perdonar si quería comenzar a emprender un camino de sanación.

* * *

Perdonar…

¿Realmente se perdona?

¿Es cierto que se perdona pero no se olvida? Hoy puedo recordar un momento que fue lo suficientemente doloroso como para considerar que si no perdonaba y sanaba, tristemente terminaría dañándome a mí misma. Fue el momento en que perdí esa figura formadora y crucial en la vida de toda hija.

Ese momento fue la muerte de mi padre. Lo perdí a los 16 años, y aunque no era muy unida a él, a fin de cuentas era mi padre y me dolía muchísimo. Recuerdo que teníamos muchos problemas a causa de su alcoholismo y la amargura de mi madre. Al morir creo que lo seguí buscando, sobre todo en parejas que me doblaban la edad y a la misma vez me sumergía en un mundo bohemio que adormecía mi dolor.

Jamás hubiese podido superarlo si no hubiera emprendido un viaje a la sanación. No quería improvisar una sonrisa cuando lo que sentía era un inmenso dolor. Así que lo perdoné.

Luego busqué ínfimos rincones que ya había borrado de mi memoria y los rescaté. Ahí encontré las cosas maravillosas que viví con ese hombre. Cerré los ojos y me transporté a instantes de felicidad.

Lo vi quererme. Lo vi amarme. Recordé las cosas maravillosas que tengo y que heredé de él y me han hecho ser la mujer que soy.

La creatividad, el tango, el arte, la habilidad culinaria, la facilidad de soñar, la valentía por los retos…

Entonces, también encontré rincones más oscuros.

Esos los borré con mi perdón. Arranqué las páginas y me inventé sobre ellas historias nuevas. Historias que deseé vivir junto a él y que por su partida apresurada no pudimos realizar juntos. Ahí creé lo que quise que él supiera de mí. Qué tenía ritmo para entonar, aún sin oído para tocar instrumentos; qué tenía una gran habilidad empresarial; qué era tan feminista como él, y tan socialista y comunista como el soñaba.

Me convertí en la hija que él hubiera deseado tener…

Eso lo logré el día que lo soñé como el padre que siempre quise tener.

Al reescribir mi infancia, reescribí mi adultez. Al perdonar a mi padre,

rescate a una niña. Al perdonar a mi padre, me di cuenta lo alto
que su hija amada podía volar.

Luna

* * *

Muchas veces estamos tan o más dolidos como Luna y lo que hacemos es buscar culpables. Haciendo eso terminamos construyendo un futuro lleno de negatividad. ¿Por qué vamos a querer sabotear nuestro futuro gozo? Luna no solo perdono a su padre por todo el daño que le ocasionó en su indefensa niñez, sino que decidió trabajar con su sanación personal. Aparentar que todo estaba bien no era una alternativa, así que escogió perdonar.

La realidad es que muchas veces estamos muy heridos como lo estuvo Luna y no reconocemos el alcance del daño por ser tan pequeños en el momento de las injurias. ¿Por qué no vamos a reconocer que hemos sufrido en carne propia la injusticia y la crueldad? ¿Cómo vamos a aparentar que aquí no ha pasado nada? El dolor que sentimos es real. Es tan real que toda nuestra vida está condicionada por este dolor. Es tan real que nadie entendería exactamente lo que se siente a menos que fuera uno mismo. ¿A quién queremos engañar aparentando que no es para tanto? Jamás podemos justificar el mal realizado. La regla de oro, del derecho más elemental, dice que odiemos el delito y compadezcamos al delincuente. Podrá haber comprensión para el que ofende, pero jamás podrá afirmarse que el mal practicado, sea algo bueno y justificable.

De ninguna manera negamos, justificamos o condonamos la ofensa original que nos han hecho en el pasado. Todo lo contrario, porque sabemos el alcance real de las acciones crueles de los demás, es que decidimos perdonar para preservar la propia salud y el bienestar interior. A veces es mucho y muy serio lo que ha pasado. Pero, si a pesar de ello uno perdona, no es porque cierra los ojos ante la evidencia de los hechos ni porque le resulta indiferente el mal que se ha producido. Es para establecer relaciones basadas en la verdad ayudando al otro a reconocer su error. Es decirle al otro basta ya de humillaciones y no permitir que continúe ofendiéndonos.

Perdonar, entonces, no es para nada «disculpar.» No es mucho menos liberar al otro de la culpa.

¡No!

Aun cuando el otro sea culpable de una mala acción, uno debe buscar perdonarlo, porque de esa manera se está librando de un sentimiento de frustración y tristeza que intoxica. Perdonar siempre las ofensas, los agravios y los insultos no es minimizar la diferencia entre el bien y el mal, ni convertirse en cómplice del injusto, sino asumir una higiénica actitud de vida, que produce a la larga, efectos saludables.

Siete
¿Perdonar te hará sentir lo que sentías antes?

«Nada será como antes,» escuchamos a veces. Pero lo que no nos fijamos es que utilizamos esta expresión como signo de derrota. Reafirmamos nuestra inhabilidad para seguir adelante manteniéndonos inmóviles y sin ningún tipo de remedio. Estoy muy de acuerdo con esta expresión si lo que se quiere decir es que no podemos volver el tiempo hacia atrás. Por supuesto que no podemos regresar el tiempo. Pero si a lo que se refiere es a que estamos esperando volver a sentir lo que sentíamos antes, el perdonar no hará eso por nosotros de ninguna manera.

Es imposible que volvamos a sentir lo que sentíamos antes. Debemos aterrizar y tocar tierra, porque eso no sucederá. No hay manera de que eso sea así. Nada será como antes. Ahora existe una experiencia que es imposible borrar. Somos diferentes a lo que fuimos ayer. Pero, el saber que nada será como antes, no tiene por qué ser algo negativo. Lo tóxico es esperar sentir lo que sentíamos antes.

Por eso querer sentir lo que sentíamos antes es un total absurdo. Es querer conformarse con migajas, cuando por el contrario podemos tener el pedazo de pan completo. Cada día se abre ante nosotros un mundo con infinidad de secretos por descubrir. Un mundo que está esperando por nosotros para develarse y darse por completo. Para que vamos a querer sentir lo que sentíamos antes, si podemos sentir mayores y mejores cosas.

Solo en el presente tenemos la oportunidad de vivir permitiendo que el pasado sea una sabia escuela para nosotros y no una horrible pesadilla. La oportunidad de experimentar una paz nueva y mucho más profunda que la que teníamos antes la tenemos solamente en este instante. Una paz que es producto de la experiencia del que ha sabido reponerse de lo que le ha tocado vivir. Una paz nueva donde nos levantamos y no permitimos que las secuelas del pasado nos torturen durante las frías y siniestras noches. Una nueva etapa donde vemos desde nuestra verdadera intención de tener éxito. Donde miramos con una gran cicatriz y no desde una herida abierta. Es sentir que a pesar de la ofensa vivida, todavía tenemos la opción de amar.

Ocho
¿Perdonar es olvidar la ofensa?

Este requisito absurdo tiene unas raíces muy fuertes. Se ha metido tan profundamente en la cultura universal que hace que perdonar sea prácticamente imposible. Con buena intención escuchamos por todas partes: perdona y olvida. Ya es un consejo incuestionable que se da por sentado. Tanto así que prácticamente nadie advierte el engaño y el peligro que encierra. Este requisito tiene como base la esperanza homicida de un mejor pasado. El perdonar no es tener la habilidad de dejar el pasado en el pasado.

Qué hermoso sería despertar un buen día y darse cuenta que durante la noche oscura fueron borradas todas las experiencias poco placenteras.

¡Qué felicidad!

Aunque suena bonito, lo cierto es que es una trampa mordaz. Es el anzuelo, que con luz brillante, espera atraparnos para despedazar nuestra vida, despedirla vacía y abandonarla sin remedio. Ese deseo de regresar el reloj a como estaban las cosas antes del enojo puede merodear por tanto tiempo en nuestra cabeza que sin darnos cuenta se convierte en una obsesión.

El problema es que nos saca de toda realidad. Y no solo eso, sino que frena toda posibilidad de sanación emocional en nosotros. Nos desesperamos tanto, poniendo todos los recursos que encontramos para olvidar, que terminamos cansados, desalentados y peor aún, nos volvemos a frustrar. Nuestro sistema absorbe este requisito, de que para perdonar es necesario olvidar, de tal manera que quedamos atrapados cuando no lo logramos.

Ahora te pregunto:

«¿Perdonar produce una amnesia sagrada?»

Si así fuera no habría tanto conflicto con este asunto de perdonar o no hacerlo. No se trata de decir: «Te perdono y asunto olvidado.»

La realidad es que no es así.

El olvidar o no depende de la memoria que uno tenga y la memoria no depende de la voluntad.

Por esto es que muchas veces deseamos recordar algo y simplemente no podemos. Por otro lado, a veces queremos olvidar y tampoco podemos. Esto quiere decir que si usted tiene buena memoria va a recordar por largo tiempo todo lo que le pasó. En especial las situaciones repugnantes y molestosas porque el recuerdo de un hecho depende de su carga afectiva.

Y créame, las cosas repulsivas tienen una gran carga de emotividad. Por esto se agarran con todas sus fuerzas a las imágenes del recuerdo.

Sé que a veces desearíamos imponer el olvido a ciertos eventos. Eso sería estupendamente conveniente. Aly, por ejemplo, hubiera tomado ventaja haciendo desaparecer cada uno de los dolorosos eventos que su padre la hizo pasar. Hubiera borrado, de una vez, todo el maltrato físico y emocional que les ocasionó a su madre y a sus hermanos. Sin duda, hubiera eliminado de su memoria, todo el horror que sentía cuando escuchaba llegar que su papá llegaba a la casa.

* * *

Todo comenzó en mi niñez. Yo no tuve esa niñez esplendida que se ven en las películas con niños felices. Por años mi papá nos maltrató. Cuando llegaba borracho comenzaban nuestras peores angustias. Recuerdo que mami le servía la comida con mucho amor y cariño. Mas sin embargo, él alaba el mantel de la mesa, y tiraba toda la comida al suelo. Es ahí que comenzaba a pelear. Entre muchas cosas que hacía, iba a la nevera y sacaba un pote de cristal transparente que teníamos lleno de agua. Lo tiraba al suelo y lo rompía porque él decía que no poníamos a enfriar agua. Un día cortó a mí mamá, estaba tan borracho que no podía ver que el pote estaba lleno de agua. En otra ocasión le tiró a mi mamá con un coco y le dio en la barriga estando ella embarazada. Cuando se enteró de que yo tenía novio la pase de lo peor. Al llegar a casa me quería romper una botella de cristal en la cabeza. Nos insultaba y nos decía que no servíamos para nada. A mami le decía cosas feas y terminaba pegándole horriblemente. Mis otros hermanos se iban corriendo y yo me quedaba a defenderla a ella. Recuerdo que yo trataba de darle, pero como le llegaba al estómago, solo le daba en la barriga y le decía que la odiaba. Luego lloraba amargamente. Vivíamos muchos años de maltrato. Le guardaba rencor, pero al a vez, lo amaba con toda mi alma. Cuando oía él carro llegar me escondía detrás de la puerta del cuarto y era terrible él pánico que sentía. En varias ocasiones tuvimos que huir de la casa. Por eso nos refugiábamos en la casa de un vecino o un familiar lejano. Éramos solo unos niños que no queríamos que nos hicieran más daño. Todos se quedaban en el refugio menos yo. Al otro día regresaba para ayudarle a cocinar y sobre todo para saber sí estaba bien. Pero ese amor que sentía se agotaba cuando volvía a maltratar a mami. Ahí volvía a odiarlo. Era odio y amor a la vez. Son tantas las cosas que hizo que no terminaría. Todavía muchas personas no nos entienden y no nos creen.
¿Por qué habríamos de hablar de esto si no fuera verdad?
Así pasaron muchos años hasta que un día en el tercer año de mi escuela superior oí unos cánticos. Me acerqué mientras muchas personas cantaban, otros lloraban y otros decían palabras extrañas que nunca había oído. Al final hicieron una invitación y acepté al Señor como mí

único Salvador. Inmediatamente Dios comenzó a obrar en mi corazón. Cuando comienzo a leer la palabra de Dios, el Espíritu Santo empezó a guiarme, me di cuenta que si no perdonaba a mí papá, no vería él rostro de Dios. No fue fácil pero pude perdonar a mí papá.

Luego, para reconciliarnos tuvo que morir mi madre. Cuando lo vi solo he indefenso, comencé acercarme a él. Comencé hablarle de las cosas de Dios y de las relaciones familiares. Pude ver el cambio en él. Hasta detallista sé puso. El día de las Secretaria me llevó un enorme ramo de flores y les compró unas carteras a las nenas. Recuerdo un día de los padres le compré un regalo. Como mí papá era alcohólico, tuve que qué buscarlo en varías tiendas del barrio, hasta que lo encontré y pude darle mí regalo. A pesar de que hacia todas estas cosas, había algo que no podía hacer. No podía decirle cuanto lo amaba.

Con el tiempo él enfermó. Esa situación me hizo ver que debía expresarle mi cariño con esas palabras bellas que tenía guardadas en mi corazón. Quería decirle que lo amaba infinitamente. Qué a pesar de lo sucedido él fue una figura importante en mi vida. Quería decirle que estaba súper agradecida por haberme traído a la vida y por el esfuerzo que hacía por traer pan a la mesa. Quería que supiera de mis labios que el cariño que sentía cuando lo cuidaba era sincero y que a pesar de tenerle miedo lo amaba con locura. Pero eso nunca sucedió porque llegue tarde. Justo cuando había planeado decirle cuánto lo amaba, llegue al hospital y me tope con lo inevitable.

¡Mi papito había muerto!

Casi no puedo escribir, pues aún mis ojos se llenan de lágrimas. No me pude despedir de él. Tampoco le dije que lo amaba con un amor sincero que encontré al perdonarlo. Ojala todo el que tenga a sus padres vivos les dijeran cuanto los aman. Con mí perdón comencé a sanar.

Lo perdoné y daría cualquier cosa por tenerlo conmigo.

Aly

* * *

Lo cierto es que Aly no olvido nunca lo que sucedió, no significo que no perdono de corazón. Todos al igual que Aly podemos recordar los recuerdos más dolorosos y dañinos, y no por eso, sufrir las consecuencias de quien guarda un doloroso rencor.

De hecho aunque creamos que olvidamos, todos los recuerdos se quedan grabados en nuestro cerebro. Allí todos se reúnen formando parte de nuestra biografía. No existe forma de sacarlos de allí. Por eso es que nuestro deseo es inútil. Lo que realmente podemos hacer es quitarle su carga emotiva. Pero eso es algo que no podemos hacer directamente a voluntad. Lo que les da fuerza a los recuerdos son los pensamientos que no permiten que estos sentimientos se resuelvan dentro de nosotros.

* * *

El perdón tiene el poder de comenzar a quitarle la fuerza a los pensamientos que no permiten resolver nuestros sentimientos.

* * *

A través del perdón tampoco olvidaras jamás. Eso es precisamente lo que queremos. No queremos olvidar ninguna de las injusticias. No queremos olvidar ninguna de las ofensas que cruelmente nos afectaron. No queremos hacer desaparecer nada de nuestra biografía.

Más bien queremos recordarlas.

Una por una debemos recordarlas todas. Queremos aprender de ellas para procurar que no vuelvan a suceder. Debemos recordarlas para enseñarles a otros que hay cosas que son inaceptables y que producen un daño atroz. No debemos olvidar que tenemos un compromiso con la justicia, ya que no puede haber paz sin justicia, ni justicia sin perdón.

La diferencia está en que esos recuerdos ya no serán pesadillas. Ya no tendremos que escondernos de ellos. Los leeremos con sentimientos nuevos. Así aprenderemos de cada una de estas experiencias que solo el amor edifica y levanta, mientras que el odio produce destrucción y ruina.

Sanación es recordar sin dolor
y el perdón es solo el comienzo de ese camino.

Decir que perdonar es recordar sin dolor también es parte de esta trampa. El perdonar no elimina el dolor, sino que abre la puerta para que el dolor se vaya. El perdón no borra el mal hecho. Perdonar no es olvidar, es recordar para no reprimirse y comenzar a liberar el dolor. Sé que muchas veces deseamos sentirnos bien con estas personas o con la situación. Uno de los frutos o consecuencias que puede traer el perdonar es el sentirnos en paz, pero no debemos confundir la causa con el efecto.

* * *

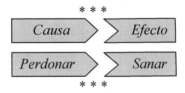

* * *

Dentro de este olvido debemos incluir el aparentar que no hubo ofensa imponiéndonos un olvido. Es decir, actuar como si no existiera la ofensa o la irritación. Podemos caer en la trampa de que no necesitamos perdonar y solamente pretender que no ha pasado nada. Podemos engañar a muchas personas y hasta a nosotros mismos, pero a nuestra mente inconsciente no la podemos engañar y el resultado será que este dolor se transformara en una enfermedad o un comportamiento negativo; como el estar a la defensiva, la prepotencia, un excesivo perfeccionismo o una depresión severa por solo mencionar algunos ejemplos.

Esto nos puede llevar a pensar que no necesitamos perdonar. Podemos afirmar que no tenemos rencor contra nadie y que todo está bien. Las preguntas que debemos hacernos son: «¿Expresaste tu perdón hacia la persona o la situación? ¿Cómo puedes estar seguro de que perdonaste si nunca lo expresaste? ¿No habrás tratado simplemente forzar un olvido?» Con expresar no me refiero a decírselo a la persona, me refiero más a exteriorizarlo. Si no hemos tomado un momento para perdonar es muy probable que hayamos enterrado vivo un rencor que de seguro se ha transformado en algo de lo que he mencionado. Para no tener rencor lo primero que debemos hacer es perdonar.

En resumen, no podemos imponer olvido a nuestros sentimientos, confundir el perdón con la sanación y aparentar que olvidamos sin tener consecuencias graves. Para disfrutar de nuevos sentimientos deseables, primero necesitamos perdonar.

Nueve
¿Perdonar es olvidar la deuda?

El perdón nunca puede ser impunidad. El perdón nunca puede llevar a la justicia, a suspender o violar unas leyes que, antes que nada, deben proteger al buen ciudadano. En fin, debe velar también por los derechos del ciudadano ofendido, agredido o maltratado. El problema es que en el ámbito político el significado del perdón tiene un significado totalmente diferente al que debe tener para nosotros.

La amnistía, por ejemplo, busca la eliminación de la responsabilidad penal de un delito. Es una acción jurídica que suele ser desarrollada por el Poder Legislativo y afectar a diversas personas que, anteriormente, fueron consideradas culpables de una violación de la ley. Ésta se aplica sobre el propio delito por lo cual no hay delito ni responsabilidad.

Un indulto es también es un recurso que extingue la responsabilidad penal, pero el autor del delito sigue siendo considerado como culpable. Es decir, el indulto solo perdona el cumplimiento de la pena eximiendo a alguien de un castigo. El objetivo es la eliminación de las sanciones.

En ambas medidas se busca eliminar la deuda. Desgraciadamente ese significado se transfiere a nuestra historia personal y termina por convertirse en un requisito absurdo.

Perdonar no requiere absolución.

Perdonar la ofensa no siempre va de la mano con perdonar la deuda. Son decisiones independientes que forman parte del grupo que tenemos disponibles. Pero para perdonar no es requisito olvidar la deuda. Perdonar desde mi corazón no significa que el ofensor es liberado de sufrir las consecuencias disciplinarias de sus actos, ni su responsabilidad. En ningún caso perdonar no nos exime de aplicar las leyes justas. Tampoco impide reclamar la restitución de los derechos violados por el ofensor, o la reparación de la injusticia que él cometió, o el digno castigo que él se merece.

El Papa Juan Pablo Segundo perdonó a su agresor Alí Agca y se liberó de un peso. Pero el perdón del Papa no exime a Agca de su condena, la que continúo su curso puesto que fue dada correctamente.

Si examinamos el caso de Karla podremos darnos cuenta mejor a lo que me refiero. Ella le tocó vivir algo que para una madre es súper difícil. La desilusión que sufrió fue tan y tan grande, que tuvo que recurrir a las autoridades pertinentes para prevenir que el daño continuara y se hiciera incontrolable.

* * *

Hace seis años tuve la experiencia más difícil de mi vida. Sé que muchos han vivido cosas similares, pero esta vez me tocó a mí. Aquella noche en que me entere que mi esposo y padre de mis hijos, abusó de nuestras dos hijas, fue devastadora. Fue algo así como ver derrumbado aquel edificio, que ambos, hacia más de veinte años comenzamos a construir juntos.

Sentí un dolor horrible. Me sentí traicionada, burlada, y con mucho miedo. Fue tanto el temor que no fui a dormir a mi cuarto esa noche.

Dormí en el cuarto de mis hijas y cerré la puerta con llave.

Igual les dije a mis hijos varones que hicieran lo mismo.

Esa noche no pude dormir pensando en cómo lo enfrentaría la mañana siguiente.

Por eso decidí no hacerlo directamente.

La mañana siguiente, durante el camino a su trabajo, le mencione el caso de una conocida nuestra que tenía situaciones críticas en la intimidad con su esposo. Le dije que ella se comportaba de esta manera con su esposo porque su padre trató de tocarla indebidamente causado un desorden en ella. Cuando el escucho esto se quedo callado.

Por mi parte, yo le dije que me parecía inconcebible como un padre podía hacer eso con su propia hija. Le pregunte a él que opinaba de eso y su respuesta me dejo perpleja. Me dijo muy seguro: «Él se dejo tentar por el demonio.» De ahí en adelante no me comento nada más.

Lo que si me preguntó fue el por qué no dormí en la habitación y que si era debido a que una de nuestras hijas, que sufría de migrañas, estuvo

enferma. ¡Estaba muy confundida!
Pero a pesar de eso, lo primero que hice fue notificarlo a las
autoridades, pues estaba convencida del testimonio de mis hijas.
Pensé en su dolor y decidí ser madre primero que mujer. Por eso escogí
hacer justicia por mis desvalidas hijas. Lo entregué a la justicia de la
tierra porque sentía, que por su mala actuación, debía pagar las
consecuencias y el daño que causó a sus pequeñas hijas.
En la Oficina de Pastoral Familiar de la Diócesis donde pertenezco fui
atendida por alguien que tomó el caso y me dijo que debía reportarlo
ante la policía. Enseguida lo hice a pesar de tener muchos sentimientos
encontrados. No era algo fácil pero pensé que él debía asumir las
consecuencias de tan mal acto contra nuestras hijas. Me sentí mal en ese
momento pero finalmente entendí que no era yo la que iba a emitir su
condena sino las autoridades. Al final de ese día los investigadores
hicieron que lo llamará por teléfono y lo confrontara. Cuando lo hice él
lo negó todo. Dijo que sus hijas estaban mintiendo.
Luego le dijo a todo el mundo que él no hizo nada.
Quería quedar bien ante los demás. Para ese momento yo estaba más
segura que nunca de que sí lo hizo. Esa misma noche fue arrestado.
Yo llame a una de sus hermanas al día siguiente y le conté lo que pasó.
Ella me confirmo que ese comportamiento él lo tuvo desde joven. Me
dijo que él también intento hacer lo mismo con sus hermanas.
Ellas le contaron a su mamá lo que él hizo,
pero ella nunca les puso atención y menos lo enfrento
porque era el hijo modelo de su mamá.
Al día siguiente me llamo desde la cárcel llorando. Me dejaba mensajes
diciendo cosas como: «Mi amor yo no sé lo que está pasando.»
También me rogaba que le respondiera el teléfono. Yo no lo hice, pues
para ese momento tenía orden de no hacerlo y considere que ya nada
tenía que aclarar con él. A los tres días salió libre.
Luego de eso pasamos un año de muchas indagatorias, no solo mías,
sino de mis hijas. Su abogado siempre trato de culparme diciendo que yo
no tenía cuidado de mis hijas. Una vez le respondí que yo tenía derecho
a dormir para descansar después de las arduas jornadas de trabajo.
Eso no le daba a él derecho de cometer sus fechorías mientras yo
dormía. Por eso a punto de ir al juicio y delante del Fiscal,
le pregunte qué cual era su opinión si él supiera que su cliente también
hizo esto con sus hermanas. El inmediatamente suspendió la reunión
y pidió que se aplazara para otro día. Pero ya quedó la evidencia
de que era un acto repetitivo.
Finalmente antes de que mis hijas se tuvieran que ver en la corte con él,
se declaró culpable. La Fiscalía nos pregunto que condena pedíamos

para él. Nos dieron 3 alternativas. La primera era que pagara con cárcel. La segunda era que le dieran una probatoria en la calle con un grillete y con visitas de una persona asignada por 13 años. La tercera era la deportación a Colombia. Consulte con mis hijas y la decisión fue la deportación. Y así fue. Fue arrestado por 6 meses de cárcel y deportado antes de terminar la condena.

En medio de este torbellino de emociones tenía que hacer algo para que la negatividad no se apoderara de mí. Así que me tocó perdonar. Debía pensar en mi misma. Ya no quería beber el veneno de la amargura. La otra persona ni cuenta se da y menos cuando no acepta sus errores. Él se mostraba como una victima y yo no quería dañar mi salud, ni mi vida espiritual.

Con el correr del tiempo y con la ayuda de Dios he podido fortalecerme y reponerme de tan fuerte situación. Además, pude afrontar mi dolor como mujer, esposa y madre. No solo eso, sino que tuve que apoyar a cada uno de mis cuatro hijos, hasta el punto de perdonar a ese ser que nos hizo tanto daño y que se ocultaba bajo una personalidad totalmente diferente a la que realmente mostraba y que sigue teniendo hoy.

Luego de 6 años siento que ni yo ni mis hijas merecíamos haber vivido algo tan duro, pero también le doy muchas gracias a Dios por esta dura prueba, pues me refugie más en Él y hoy me siento fuerte.

Siento que hice lo mejor por el bienestar y la sanación de mis hijas. Esto lo digo porque en muchas terapias que estuve vi muchas madres atormentadas por el miedo. Ellas, aún sabiendo que viven con hombres que abusan de sus hijas, lo callan. Ellas continúan en esas relaciones dañinas tanto para ellas como para sus pobres hijas. No puedo imaginar el dolor de una criatura, que al sentirse abusada, tampoco cuenta con el apoyo de su madre. Mi vida ahora es diferente. Aunque muchas veces siento tristeza, pues anhelaba tener un matrimonio para toda la vida, veo que es mejor estar sola que con alguien que daña a sus seres queridos.

Todos los días oro por esa alma para que algún día, abra sus ojos espirituales y se arrepienta del daño que hizo a su familia y a todos los que ha dañado toda su vida.

Pido que ningún otro ser humano sea dañado, pues esto causa en los menores hondas heridas.

Hoy después de pasar por esa tormenta, ayudó con una Institución que trabaja contra el maltrato y abuso infantil. Tengo la esperanza, de que con mi experiencia, pueda ayudar a muchas madres que pasan por situaciones como estas. Así como yo puede superar estas tragedias, confío que muchas madres lo puedan hacer, ya que cada día las victimas van en aumento. Dolorosamente estas tragedias ocurren, según cifras de estudios realizados, en un 90% por parte de familiares cercanos.

Algunas de estas personas equivocadas se disfrazan de abuelos,
padres, primos y personas de confianza.
Karla Sierra

* * *

Karla buscó la justicia sin recurrir a la venganza. Ella sabía que debía defender a sus hijas, pero por otro lado no quería llenarse de un rencor que motivara para siempre sus acciones. Por eso la búsqueda de la justicia no debe jamás confundirse con la búsqueda de la venganza. La motivación que debemos tener al aplicar las leyes debe buscar evitar el mal, compensar daños, castigar adecuadamente, evitar peligro al resto de la sociedad y una posible recuperación del delincuente.

La realidad es que no podemos garantizar absolución ni siquiera aunque queramos. Eso solo es responsabilidad de Dios. Y como es de su sola responsabilidad solo el perpetrador puede buscarla. Él es responsable de sus acciones y debe hacer las paces con su propio pasado, así como nosotros hacemos las paces con el nuestro. También necesita rectificar su mal. No podemos perdonar diciendo que el otro no necesita cambiar su manera de actuar, claro que necesita cambiar su manera de actuar. Pero no necesitamos que esto pasé como requisito para perdonar. Los que están en contra del perdón dicen que no hay justicia para la víctima, ni castigo para el agresor cuando se perdona.

¿Qué respondemos a esta interrogante?

Bueno, tenemos dos opciones: La venganza o el perdón, las demás alternativas como el olvidar, excusar e ignorar la maldad son opciones de negación. La venganza es la única alternativa al perdón. Pero, la venganza nunca llega a formar parte de la justicia. Bajo la consigna del ojo por ojo, diente por diente, solo habrá un mundo ciego y sin dientes.

El perdón es una oportunidad para trabajar por la justicia. No hay garantías de cambio, pero es la llave para abrir la puerta a un futuro mejor y para que las cosas mejoren. El perdón no va a traer equilibrio a la balanza para poder decir que todo está bien y que todo está perfecto, pero tampoco lo va a ser la venganza. Una persona o un grupo van a tener que sufrir más que el otro. Usando la venganza nunca va a terminar y siempre sería incrementado el deseo del uno contra el otro. El espiral de violencia será interminable.

No es inusual querer infligir en esa persona el dolor que nos causó pensando que eso es justicia. Pero, si queremos permanecer con dientes debemos dar otra respuesta.

Perdonar significa detener nuestra obsesión con la herida. Las obsesiones son dominantes y repetitivas. Estas comprometen la calidad de tu vida. Perdonar es detener el estar obsesionado con la herida y renunciar a la venganza.

Diez
¿Perdonar es un acto que dependa de nuestra percepción sobre lo que es la justicia?

De mil formas muchos tratamos de entender la situación como requisito para perdonar. Buscamos un ¿cómo? o un ¿por qué? Sin llegar a ninguna parte. El debate sobre si lo que sucedió fue justo o no, es interminable. Las miles de posibilidades sobre los supuestos motivos del agresor aparecen y desaparecen en nuestras cabezas. Sin darnos cuenta lo que realmente buscamos es una manera de minimizar el dolor mediante la comprensión de la situación.

Estamos tan empeñados en encontrar una justa causa de lo que sucedió que muchas veces terminamos por echarnos nosotros mismos la culpa de lo sucedido. Comenzamos a buscar como de alguna manera nosotros contribuimos a que eso pasara. ¿A caso nuestra aportación a lo sucedido puede justificar las acciones de otro? Ya basta de minimizar la ofensa. Este requisito absurdo tiene como único objetivo mantenernos alejados de perdonar.

Así le sucedió a M.F.V., que supo comprender que aunque sonara muy bonito, el querer descubrir la intención de su padre, no le serviría de nada. Esa famosa frase de que te tienes que poner en sus zapatos no la ayudaba porque por más que trató de buscar los motivos, que pudo tener su padre para hacer lo que hizo, nunca entendió a cabalidad lo que la mente de él contenía. Ella sabía que somos seres sumamente complejos y que toda la información que guardamos en nuestras cabezas es voluminosa. ¿Por qué perder el tiempo tratando de comprender lo que a veces es incomprensible?

* * *

Desde pequeña crecí en un hogar poco convencional.
El mismo estaba compuesto por mi mamá, mi tía y mis tres tíos.
Era una casa pequeña, de barrio, dónde la presencia de «papá» nunca existió. Los demás niños que conocía vivían con sus papás. No recuerdo si en algún momento pregunté por él, pero sí recuerdo las historias que se contaban de él y de mi abuela paterna. Historias de irresponsabilidad, de enojos y hasta de brujería para que yo no naciera. Según pasó el tiempo su ausencia se hizo más grande y mi madre tuvo intención de buscarlo. Sin embargo, de mi no salió un sí como respuesta. Quizás tenía miedo o quizás costumbre a la figura del padrastro que conocí desde muy pequeña y que a los siete años formó un nuevo hogar con mi mamá. Ya de adulta, y teniendo mi propio hogar junto a mi hija, trate de

*buscarlo. Lamentablemente, todas las cartas que le envié llegaron
devueltas. La única dirección que tenía era fuera del país y se me
imposibilitó ir en persona. Así que tuve que tomar una decisión y desde
mi corazón lo perdone. Perdone a mi papá, donde quiera que esté, por
no buscarme y no querer conocerme.
Lo perdone por no compartir conmigo los momentos
más importantes de mi vida.
Lo perdone por no acompañarme en todos los proyectos
que quise realizar con él.
Lo perdone, y todavía hoy lo perdono,
porque no importa cuáles fueron sus circunstancias,
valores o sentimientos;
el dolor que me hizo sentir no tiene justificación.
Si me pusiera a sacar conclusiones, de por qué la cosas se dieron de esta
forma, quizás necesitaría viarias páginas para escribirlas todas y quizás
no atinaría a ninguna. No lo perdono porque conozca sus motivos,
los cuales es probable no conozca nunca, sino porque quería que mi vida
fuera menos pesada. No quería cargar con el peso de sus decisiones
porque es algo de lo que no tuve control.
Además, por mucho tiempo mis tíos fueron esa imagen de papá que
nunca estuvo presente; y luego mi padrastro, que aunque poco
expresivo, vino a suplir a esa necesidad. Ahora, la razón principal
y más importante por la cual hoy no siento rencor, ni odio por mi padre,
es otra. La razón es que mi madre y mi tía, que también es como una
madre para mí, nunca me enseñaron esos sentimientos.
Son gente humilde y con poca educación escolar.
Mas poseen una gran fe Cristiana y unos valores excepcionales.
Hasta ahora he vivido sin cargas de odio y siento mi corazón sano.
Ya sea en su ausencia, o quizás algún día en su presencia, puedo repetir
las palabras que tanto bien me han hecho:
«Yo te perdono papá.»
M.F.V.*

* * *

M.F.V. es un ejemplo de que por mucho comprender no nos
liberamos del dolor. A cuantos no nos han dicho que olvidemos lo que
nos dijeron porque eso no era lo que se quiso decir. ¿Calmo eso nuestro
dolor?

Absolutamente no.

Tan solo porque nos ayudó a sobrellevarlo no significa que
logramos nuestro objetivo.

Esa búsqueda nos mantiene desconsolados. Hemos decidido no
perdonar hasta no encontrar una buena razón que lo justifique. Mientras

tanto el consuelo tampoco llega y muchos agresores se llevan a sus tumbas las respuestas. Cuando esto sucede quedamos en total desconsuelo y sin posibilidad para perdonar. ¿Te parece justo que tras agredirnos también se lleven con su muerte nuestra posibilidad de perdonar? Pensar así nos mantiene en una posición de victimas, donde no solo reafirmamos que el agresor se llevó nuestra alegría, sino que se llevó toda posibilidad de salida.

Entonces, ¿por qué defender tanto esa postura? La razón por lo que se hace tan difícil perdonar tiene que ver mucho con lo que estamos haciendo. ¿Por qué serle tan fieles a unos métodos que no solucionan el problema? ¿Acaso engañándonos a nosotros mismos es como alcanzaremos libertad? Si comenzamos a minimizar la ofensa, no es eso una manera de privarnos de la verdad. ¿Cuál es la idea? ¿Debemos acaso minimizar tanto lo sucedido hasta que al final solo nos toque disculparlo?

Yo no lo creo.
La libertad debe estar fundamentada en la verdad. Pero, ¿cuál es la verdad?

La verdad es que lo que te sucedió fue algo importante y terrible. Para otros quizás sea insignificante, pero para ti no lo es. Eso basta como para tomarlo en serio. Todo lo que te sucede es importante y si lo sentiste como ofensa, ofensa fue. Ahora, lo que hagas tú con la ofensa importa mucho más que la ofensa en sí misma.

¿Por qué obsesionarnos por debatir si lo que sucedió fue justo o no? Si lo que presenciamos para nosotros fue injusto, entonces necesitamos perdonar para liberarnos de eso, aunque para otros el acto fuera justo. Por lo tanto, no es necesario debatir si el acto fue justo o no. Por ejemplo, para un esquimal es buena costumbre ofrecer a su mujer para que duerma con la persona que los visita.

¿Difícil de dirigir?

Si nosotros lo presenciamos y para nosotros es algo injusto y luego decidimos guardar rencor tras el disgusto, entonces no es un requisito debatir si fue justo o no, con el simple hecho de ser para mí algo injusto es suficiente como para entender que necesito perdonar para liberarme. De lo contrario caería en el error de maximizar, minimizar o justificar cualquier ofensa. La comprensión de si algo debería ser justo o injusto no es un requisito para el perdón. La comprensión que buscamos es solo una manera de aplazar lo que nos toca hacer para liberarnos del yugo de los demás.

Es cierto que a muchas personas las ha ayudado el razonar el comportamiento del ofensor. En ocasiones debemos colocarnos en el lugar del otro para entender las razones y los motivos que generaron la ofensa y ser más compasivos. Pero, el hecho de que a alguien le haya ayudado hacer esto, no significa que sea un requisito para perdonar. Cuando nos ponemos en los zapatos de otras personas podemos comprender la situación, pero no perdonamos porque comprendemos, perdonamos porque no queremos llenarnos de resentimiento.

Once
¿Perdonar es tomar conciencia de que en realidad, nadie nos ha hecho daño ni tampoco que nosotros se lo hemos hecho a otros?

¿Cómo podemos pensar que lo que necesitamos es tan solo despertar a la idea de que la culpa no existe? Qué simplemente nadie nos hizo daño porque nadie daña a nadie. Siguiendo con esa idea, si nadie nos hizo daño, ¿Solo basta con caer en cuenta de que nos equivocamos al culpar? Entonces, ¿Todo es un mal entendido? ¿Se trata de decir que no existen culpables porque cada uno de nosotros siempre está haciendo lo mejor que puede de acuerdo con su grado de cultura y conciencia? No nos damos cuenta que pensar así solo busca una nueva forma de justificar la ofensa.

Esta forma de pensar es sumamente peligrosa. Busca mediante el engaño a nosotros mismos tan solo disculpar la ofensa. Busca hacernos creer que todas las ofensas son justificables porque a través de ellas nos elevan la conciencia. ¿De qué conciencia están hablando? ¿De la conciencia del engaño? ¿Quiere decir que ahora vamos a darles las gracias a todas las personas crueles que han hecho y deshecho con nosotros? ¿Vamos a justificarlas diciendo que aunque despierten emociones desagradables en nosotros, nos ayudan a desarrollar una actitud de servicio?

¿Bonito no?

Ahora basta con simplemente eliminar la culpa y ya. ¿Vamos de nuevo a justificar el mal diciendo que gracias a un mal salió algo bueno? El hecho de que ante la desgracia pueda existir un propósito que no vemos, algo que se esconde a nuestros sentidos, no significa que todo lo malo que nos pasa sea un medio por el cual algo bueno vaya a pasar. Claro que existe la posibilidad de que lo que nos sucedió se halla permitido para nuestro crecimiento pero no por eso vamos a decir que el mal no ha dejado una huella en nosotros.

Tomemos por ejemplo el daño emocional que se le puede causar a un bebé no nacido y que por supuesto no puede culpar a su ofensor. ¿Puede alguien dañarlo sin su consentimiento? Entonces, ¿cómo explicarías el daño profundo que sufre un feto ante el rechazo de sus padres? El feto no piensa todavía, pero como ser sensorial absorbe el bien y el mal al cual está siendo sometido. De ahí la expresión de que los bebés lo sienten todo.

Son muchos los sicoterapeutas especializados en sicología prenatal, que señalan que los bebés no nacidos reciben mensajes que influyen en el desarrollo de su personalidad. Tanto el amor como el rechazo afectan al niño intrauterino desde muy temprano. El daño es real y podemos ser víctimas de las acciones de otros sin siquiera culparlos o darnos cuenta. Lo que hagamos con la ofensa es lo que dicta la diferencia.

Gloria no fue marcada en el vientre de su madre, pero si la marcó el desamor de su padre. Ella estaba limitada por todo el amor que su padre no le dio. Además ella se castigo a si misma culpándolo por su baja autoestima. Ella tiene un valor incalculable pero no lo sabía con exactitud. Por eso buscaba en sus parejas el amor y el cariño que su padre le negó por largo tiempo.

* * *

Nací en un hogar normal. Mi mamá era Pastora de una iglesia y mi padre no era creyente. Él fue un hombre bueno pero no era cariñoso ni buen proveedor. Además, tenía una particularidad que influencio en mi rebeldía, era un jugador compulsivo. Mientras mami cubría todos los gastos del hogar, mi papá apostaba y jugaba todo lo que podía. Era muy difícil para ella sobrellevar esta situación. Cada mañana era la misma historia: ¿Dónde está el dinero ganado? Me sentía muy triste y decepcionada. Era como si él no tuviera ningún tipo de compasión hacia mi mamá. El podía ver lo duro que ella trabajaba y parecía no importarle nada. Cuando veía como otros padres trataban a sus hijas me llenaba de envidia. Anhelaba que me dijera palabras tan simples como: «¡Te amo hija! ¡Eres bella! ¡Eres importante para mí! ¡Eres especial!» Pero esas palabras no llegaban. Deseaba tanto que me abrazara y me besara, pero eso no sucedía. Esas palabras y expresiones de cariño me hubieran ayudado mucho. Sobre todo en mi adolescencia y juventud para que mi auto estima no fuera tan débil. Mientras esperaba que esto sucediera me llene de mucho odio. Lo odiaba por su irresponsabilidad, por su egoísmo y por su frialdad. Lo odiaba por haberme quitado tantas cosas que como papá me debió dar. Un padre debe ser la cabeza del hogar y eso era exactamente lo que él no era. Fueron muchos años de sufrimiento hasta que me aferrare a Dios. Él con su amor me hizo entender que mi papá estaba enfermo. Así que perdone a mi papá por no ser ese padre que deseaba. Lo perdone por no amarme como yo lo necesitaba. Incluso lo perdone por haberlo culpado de mi rebeldía. Fue entonces que pude ver la misericordia de Dios obrando en mi vida. Ahí comenzó mi proceso de sanación interior, el cual me llevó a pedirle perdón a mi papá. Sí, pedirle perdón a él. Yo quería que la promesa de

Dios, que está en La Biblia, se cumpliera en mí.
La que dice: «Honra a tu padre y a tu madre para que tus días se
alarguen.» Fallé con mi deber de hija. Así que yo debía dar ese primer
paso. Recuerdo que ese día estaba en la universidad y el corazón me
latía tan fuerte que pensaba que se me iba salir.
Fue cuando entendí que era el momento. Salí corriendo de la
universidad y llegué a su trabajo. Le dije: «Te vine a buscar.»
De camino a nuestro hogar tuve una gran lucha interna. Sentía mi
garganta cerrada y las lagrimas a flor de piel. Luego, me llené de valor
y le dije: «¡Papi, te amo y te perdono! Perdóname por todas las faltas de
respeto que por tanto tiempo te he hecho.
De hoy en adelante todo va a cambiar.»
Él se asombro mucho y luego me dijo algo que nunca me dijo
en los 23 años que yo tenía. Por primera vez me dijo:
«Te amo y te perdono.»
No te puedo describir la libertad que sentí en ese momento.
Ese día me libere del gran peso que cargaba dentro de mí. Tengo una
sana relación con él y todos los días que puedo le digo que lo amo.
Todo este proceso de sanación me enseñó a no buscar a un padre en mis
parejas. La falta de amor de mi papá por años me influenció a querer
buscar un padre y no un hombre. Yo anhelaba ese amor paternal que
nunca tuve y por eso lo buscaba en distintas personas. Tuve que trabajar
con eso porque lo que no recibes de un padre no te lo puede dar un
hombre. Son amores diferentes, aunque pienso que el amor de un padre
es súper importante para una mujer. Hoy compartimos en familia y hasta
le enseñe a mis hijos a amarlo y a respetarlo. Lo disfruto al máximo
para que, el día en que ya no lo tenga, pueda recordar de lo lindo.
Gloria

* * *

Lo cierto es que el engaño no era una la salida para Gloria. Ella no podía simplemente decir que todos estos sentimientos son solo producto de la culpa. Los factores podrían ser interminables. Lo que si sabía era que necesitaba sanación y no podía fundamentar su perdón en la mentira.

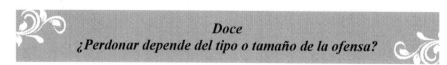

Doce
¿Perdonar depende del tipo o tamaño de la ofensa?

¿Existen ofensas tan graves que resultan particularmente imposible lidiar con ellas? ¿Hay ofensas de tanta magnitud que a veces pensamos que están fuera del alcance del perdón? La cierto es que no existe ofensa que no pueda ser perdonada.

El hecho de que no sepamos como
perdonar una ofensa, no significa que no se pueda.

De hecho, el pensar que algunas ofensas son imperdonables lo que hace es restringir toda posibilidad de libertad. Eso sería dejar que nuestro futuro gozo y alegría dependa de la persona que nos ha hecho sentir un estado miserable. Cuando buscamos establecer, que ofensas son o no son perdonables, lo que estamos haciendo en realidad es buscando que esas ofensas reafirmen nuestra condición de víctima.

Mary se enfrentó a esta incógnita dentro de su matrimonio. Ella ha tenido que decidir por ella misma cuando una ofensa es o no perdonable. Muchas personas establecen límites y Mary no ha sido la excepción. ¿Hasta cuándo es correcto perdonar? Mary tiene su propia versión.

* * *

Con el pasar de los años me di cuenta que cuando das el perdón, más que beneficiar a la persona que te lastima, te beneficias y te fortaleces tu mismo. Por otro lado, me avergüenza decir que he aprendido más a perdonar que a pedir perdón por los errores que cometo. Muchas veces, actúo como que no me doy cuenta de las ofensas que hago, antes de tener valor de pedir perdón. Esto me hace sentir avergonzada.
Sin embargo, en la vida cotidiana doy muy fácil el perdón a quien me lo pide y a veces a quien no me lo pide. Prefiero perdonar a las personas por cosas que a mí me parecen si importancia y que puedo olvidar fácilmente. Prefiero ir por la vida sin cargar rencor y resentimientos a las personas que me rodean. El lugar dónde más difícil se me ha hecho perdonar ha sido dentro de mi matrimonio. He tenido un matrimonio de muchas luchas. Cuando no luchábamos por el dinero, luchábamos por las relaciones sexuales, por la falta de comprensión o por el trabajo. Debido al trabajo de mi esposo, como músico, ha tenido que enfrentar muchas tentaciones con respecto al dinero y a la bebida. En muchas ocasiones llegamos a discutir por exceso de gastos y por borracheras. Pero la situación más difícil que he tenido que experimentar ha sido la infidelidad de mi esposo. La última vez que luchamos por la situación de infidelidad fue porque había evidencia. Fue un momento muy difícil. Lo primero que me pasó por mi mente fue que fracasé. Pensaba que era mi culpa por no haber tenido a mi marido interesado en mí. Por otro lado, una persona tuvo que abrirme los ojos, para darme cuenta de lo que mi marido hacia cuando no estaba en casa. Fue humillante, ya que ante nuestros amigos y conocidos nos mostrábamos como un matrimonio amoroso. Pasar por la vergüenza de que todo el mundo sabía lo que mi

marido hacia, y que la única que no lo sabía era yo, me ponía en desventaja. Me veía como una tonta que confió en alguien que no lo merecía. Aunque él me pedía que le diera otra oportunidad, una y otra vez, me era muy difícil creer en su arrepentimiento. Él hacia muchas cosas para que yo me mostrara más amable con él. Llegaba temprano a la casa, jugaba con los niños, era más cariñoso conmigo, me buscaba y se acercaba más a mí. A veces me era fácil ceder, pero otras veces no deseaba ni verlo. Era muy difícil convivir con él. Trataba en lo posible ocultarles a nuestros hijos, de 17, 10 y 8 años, por lo que estábamos pasando. Sentía tristeza, dolor, coraje y soledad. Trataba de controlarme, de no llorar y no discutir delante de ellos. Pero a veces no lo lograba. Aunque la niña fue la que se dio cuenta de por qué eran los pleitos, los niños no decían nada. Me imagino que pensaban que eran por cualquier otra razón. Había momentos de confusión en los que pensaba que lo mejor y más fácil era divorciarnos. Pero me causaba mucho dolor pensar en mis padres. Ellos viven en Monterrey y no sabría que decirles. Cada vez que venían me decían que se sentían muy tranquilos de vernos felices. Pensaba que los iba a defraudar. Pensaba también en Dios puesto que nosotros estamos casados por la Iglesia. Si nos divorciábamos era faltar a nuestra promesa de amarnos y respetarnos por el resto de nuestras vidas. También, pensé en nuestros hijos. ¿Qué iba a ser de ellos? Tendrían que andar de una casa a otra conviviendo con otro hombre y otra mujer, cosa que no me gustaba nada. Recuerdo que llegue a imaginar a mi esposo conviviendo con otra mujer. Esto me causo un profundo dolor que no puedo describir. Además, sentí un enorme coraje. Los celos me atormentaban y por eso llegue a la conclusión de que todavía lo quería. Después de llorar y sufrirlo varios días, tome la decisión de hablar con un abogado con el que trabajo. Él es una persona mayor, de buen corazón y que me aprecia. Él me hizo varias preguntas que me hicieron recapacitar. Me pregunto cosas como: «¿Te ha golpeado? ¿Te maltrata? ¿Juega con tus hijos? ¿Trae dinero a la casa?» Yo contesté siempre a favor de mi esposo. Él me aconsejo como si fuera alguien de su familia. Me dijo que acompañara a mi esposo a los eventos que pudiera, que buscara ayuda en nuestra iglesia y que me encomendara al Espíritu Santo antes de tomar una decisión. Después de hablar con él fui a nuestra parroquia para hablar con una religiosa. Ella me recomendó que fuera a un taller para parejas llamado «Fin de Semana del Encuentro Matrimonial.» Ahí aprendí que el amor es una decisión y que el perdón también lo es. Me di cuenta que a pesar de los errores que yo he cometido la infidelidad es una traición que no se

Parábola del rescatista insistente

puede justificar. Necesitaba perdonar cuantas veces fuera necesario, pero sin restituir la confianza que con sus actos destruyó. La confianza ha sido algo que ha ido creciendo con el tiempo. No ha sido fácil, pero no imposible. Cuando pienso en el divorcio me pongo a pensar que también yo he fallado. Tengo que reconocer que muchas veces he sido más madre que esposa. A veces me he enfocado tanto en nuestros hijos, en el trabajo y en los quehaceres del hogar que lo he puesto en un tercer o cuarto lugar. El aceptar mi fragilidad me ha ayudado aceptar la de él. Aprendí a ver a mi esposo como la cabeza de mi hogar. Sin él mi familia no está completa. Lo necesito, no por lo económico, sino por todo el apoyo que me da cuando tenemos alguna situación difícil con nuestros hijos. Lo perdono y disfruto cada vez que tiene algún detalle amoroso para mí. Lo perdono, porque quiero ser fiel a nuestra promesa de amor ante el altar, el día de nuestro matrimonio. Lo perdono porque Dios me pide que perdone 70 veces 7, y cada vez, al rezar el Padre Nuestro cuando digo: «Perdona nuestras ofensas, así como nosotros perdonamos a los que nos ofenden.» Si hoy le he dado una oportunidad a mi marido es porque así lo decidí. Él es el padre de mis hijos y se cuanto lo quieren. Lo perdono porque es único y lo amo.

Mary

* * *

Para Mary el perdonar ha sido una tarea diaria. Ella decidió restablecer su confianza porque entendió que la ofensa no era imperdonable. Más eso no significo un permiso para que su pareja le fuera infiel cada vez que él quisiera. El perdón que Mary le otorgó fue para no guardar más resentimiento. Ella esta consiente que si él no lucha por su matrimonio su perdón no tiene que estar acompañado por una reconciliación. Ella eligió darle otra oportunidad por las razones que encontró más importantes para ella, pero eso no significa que lo hará en el futuro. La confianza, que la infidelidad demolió, necesita reconstruirse con la verdad, el arrepentimiento, la mutua aceptación y la caridad.

Nadie le puede decir a Mary cuando debe dejar de dar oportunidades a su marido. Ella es la única que lo puede decidir porque ella es quien va a cargar con las consecuencias. Solo ella puede definir cuantas veces es suficiente. Pero eso no tiene que ver con perdonarlo o no. Eso más bien tiene que ver con seguir la relación o no. El perdonar, como ya lo he mencionado, no necesariamente tiene que venir acompañado con la restitución de la relación y de la confianza.

De todas maneras, seriamos tan pretenciosos como para establecer la línea donde una ofensa deja de ser perdonable para convertirse en una imperdonable. De nuevo entramos en un campo donde las respuestas pueden ser tan interminables como las preguntas. El resultado de este requisito absurdo, como lo otros, es aplazar el perdón o mantenerlo alejado de nuestra lista de alternativas para lidiar con el pasado no resuelto.

Ahora escribe los requisitos absurdos con los cuales más te identificas y explica en tus propias palabras el por qué son absurdos.

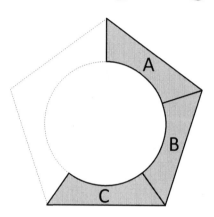

_____

_____

_____

_____

_____

_____

_____

_____

_____

_____

_____

_____

_____

Parábola de las cinco aves

Perdonar es semejante a un hombre que tenía cinco aves en una jaula. Cada vez que alguien se acercaba a la jaula todas las aves se alborotaban. Se acostumbró tanto al ruido, que cuando alguien se acercaba demasiado, ya anticipaba el estruendo. Un pájaro se llamaba ira, otro tristeza, otro miedo, otro culpa y el último amor. Un día decidió liberar a todas sus aves para que la tensión entre ellas dejara de atormentarlo. Abrió la puerta de la jaula y pudo ver como uno por uno los cinco pájaros escaparon. Para su sorpresa ese día no solo cinco pájaros fueron excarcelados, sino que él mismo experimentó la libertad que su rutina le había negado.

La libertad es un concepto que siempre está de moda. Basta con prender el noticiero en nuestra televisión, y sin importar la época del año, siempre veremos alguna noticia relacionada con la libertad. Veremos personas luchando por los derechos que creen tener basados en la constitución de su país. También veremos a otros manifestando un abuso a su libertad y a otros buscando otorgarle más libertad a cierto sector de la sociedad. En fin, la libertad está en boca de todos.

Pero, ¿qué pasa cuando las acciones que nos mueven hacia la libertad violan la libertad ajena? Es ahí cuando quedamos confinados en nuestra propia libertad. Algunos llaman a este concepto libertinaje. Y esto sucede porque nuestra libertad, como todos sabemos, comienza donde termina la de los demás.

Para perdonar necesitamos aplicar el concepto de libertad a los sentimientos.

No sé si recuerdas una vieja máxima que decía así: «La verdad los hará libres.» Pues, aunque la podemos aplicar a varias cosas ahora lo vamos a aplicar a los sentimientos.

Si tomamos de ejemplo lo que le sucedió a Juan notaremos lo fácil que es no asumir nuestra responsabilidad cuando estamos heridos. El dolor que sentimos es tan profundo que nos empaña el pensamiento. Sabemos que no debemos comportarnos como nos comportamos pero nuestro sentido de justicia prevalece.

Cuando le pregunte a Juan si tenía alguna pregunta para mí esto fue lo que me dijo: «*No es pregunta, es solo que cuando una madre te abandona en el momento que la necesitas y se queda tranquila sin cargo de conciencia, llega a tu mente y tu corazón un dolor que no tiene precio. Un dolor que no te deja respirar el corazón, un dolor que no te deja respirar al alma. A veces pienso que ella puede ser el Judas que Dios ha usado para que yo crezca. Pero el dolor sigue. El asunto es que solo le he pedido 3 favores a mi mamá en toda mi vida y siempre me ha dicho que no sin pensarlo. Él ultimo colmo la copa. Esta vez le pedí de favor que me diera su firma para traspasar mi casa. Esto no le costaba nada y prefirió darle la firma a mi hermano para un carro. Eso me dolió mucho Frankie. He pasado muchas cosas y nunca la molesto con mis problemas. El resultado de todo esto es que ya no pude más. Así que la cosa esta de esta forma: no le hablo a mi mamá, no pienso en ella para llamarla o preguntarle como esta, no me nace saber de ella y no me interesa tampoco. Le pido a Dios que me permita curar la herida pero siento como si hubiese perdido mi familia. No tengo contacto con ninguno de ellos. Lo peor Frank, es que no siento cargo de conciencia, pues he sido un hijo bueno y ella ha abusado de mi para ayudar a otros. ¡Eso no lo acepto!*»

A Juan lo conozco hace mucho tiempo y puedo dar fe de su buena intención y el buen trato que tiene para con su mamá. Pero en esta ocasión se sentía profundamente abatido. Su comportamiento encontró su motor en el profundo dolor que sentía. Por eso opto por castigar a su mamá con el látigo del desprecio y la indiferencia. Estaba cansado de la injusticia a la que su mamá lo sometía.

Hay quienes dicen que el opuesto del amor es el odio. Lo cierto es que la indiferencia es peor que el odio porque ni siquiera le interesa la presencia de la otra persona. Para combatir la indiferencia es necesario sentirnos acogidos y ver que la ira no solo es un sentimiento sino que también puede ser un comportamiento.

Así que le conteste*: «Lo que estás viviendo es muy fuerte. Eres un ser humano y te duele el hecho, de que quien se supone te proteja, parece que te ha dado la espalda. Ahora sientes que estas tocando fondo.*

Pareciera como si no existiera justicia parta ti luego de haber sido un hijo del que ella no se puede quejar. Lo cierto es que detrás de todo ese dolor que sientes de nada te sirve el culparla por lo que se supone ella debería hacer. De nada te sirve esperar y molestarte porque tu mamá no sea hoy la madre que esperas. Y mucho menos te ayuda el esperar que Dios haga por ti lo que te toca hacer. La sanción que tanto esperas no va a llegar hasta que le abras la puerta. Debes abrirle la puerta primero para que ésta te vaya trayendo la paz. ¿Cómo se abre esa puerta? Deja de culparla por no conseguir lo que esperas. Asume la responsabilidad de tus sentimientos atreviéndote a dejar de pedir perdón por existir. Atrévete a decir: «basta ya de darle poder a otros sobre mis sentimientos.» No tienes que ser la víctima. Tú puedes ser el protagonista de tu historia si te atreves a dejar de culparla a ella. Atrévete a perdonarla con rabia. Atrévete a perdonarla con miedo, con tristeza, con duda y sobre todo con el amor que todavía tienes por dentro. Perdona en este instante desde tu interior. Deja luego que el perdón vaya creciendo dentro de ti. Cuando te vuelvan los deseos de indiferencia y de venganza repítelo las veces que sea necesario. No se requiere que te pida perdón ya que el perdón es un acto inmerecido. Tampoco se requiere que tenga la intención de cambiar. El perdón lo damos precisamente porque nadie lo merece. Es un acto inmerecido. Es un regalo que nos damos a nosotros mismos primero.»

Por lo general, cuando estamos tratando con recuerdos dolorosos nos sobrevienen muchos sentimientos al mismo tiempo. Quizás la ira es el que sentimos primero, pero sabemos muy dentro de nosotros que experimentamos muchos más. Existen unos niveles de sentimientos los cuales no accedemos con regularidad. Si accediéramos a ellos hace tiempo que habría desaparecido la tensión entre ellos.

Es necesario identificar estos sentimientos y conectarnos con ellos para que estos dejen de ejercer tensión entre sí. Cuando logremos conectarnos con cada uno de estos sentimientos y los canalicemos, comenzaremos también a experimentar libertad emocional.

Te lo voy a explicar de esta manera. Los niños en general juegan contentos y felices sin importarles lo que sucederá después. Viven entregados al presente y se les ve en sus caras de satisfacción. Tienen una curiosidad natural y no se les puede mantener quietos. Eso nos demuestra que todos nacemos motivados por naturaleza.

¿Sabes por qué ya no tenemos la motivación y alegría que tienen los niños?

Las razones pueden ser varias, quizás falta de apoyo, escasos recursos o estrés. Pueden ser incontables las razones. Pero lo que me interesa señalar es que estoy convencido que esa motivación todavía está dentro de nosotros.

Una vez logres disolver la tensión entre los sentimientos que se encuentran dentro de ti lograras conectarte con tu fuente natural de motivación la cual es una ayuda extra como la que tienen los niños. No es de ninguna manera la única ayuda con la que contarás, pero es sin duda una ayuda excepcional. Si eres capaz de compartir y expresar toda la verdad de lo que sientes darás un salto gigantesco en lo que se refiere a amarte a ti mismo.

Por eso durante esta fase vamos a sincerarnos un poco más acerca de nuestros sentimientos. El objetivo de esta cuarta fase es encausar los sentimientos. A esta cuarta fase la llamaremos: «La verdad acerca de mis sentimientos.

Cuarta Fase:
La verdad acerca de mis sentimientos

Quizás te preguntes: «¿Pero yo no miento cuando digo lo que siento?» Pero tampoco decimos toda la verdad con respecto a lo que sentimos. Decir toda la verdad de lo que sentimos es distinto a no mentir. Cada vez que consciente o inconsciente omitimos partes u otros sentimientos no estamos diciendo toda la verdad.

No te has sorprendido sonriendo cuando lo que sientes es ira. Y qué me dices de cuando demuestras violencia cuando sentías miedo. O cuando te burlaste cuando te sentías rechazada. O cuando criticaste fuertemente cuando te sentías culpable.

Todas esas veces lo que hicimos fue enviar un mensaje con respecto a algunos de nuestros sentimientos. Pero decidimos ocultar otros sentimientos.

De hecho ocultamos los sentimientos
que nos dejan ver más vulnerables.

Pero no podemos ocultarnos de nosotros mismos.
Tememos que se aprovechen de nosotros y que nos vuelvan a herir. Pero la realidad es que no solo estamos hechos de carne y hueso.

 Estamos hechos de carne, hueso y amor.

Eso significa que debajo de todos esos sentimientos existe una fuente inagotable de amor. Una fuente, que si tan solo conseguimos encontrarla, esta nos permitiría no tan solo a recibir el amor y el cariño de los demás, sino que nos permitiría darlo de forma incondicional. Mientras tanto, a veces, ni siquiera nosotros mismos, nos soportamos. Es como si dentro de nosotros hubiera un gran volcán. Un volcán que todo el tiempo nos mantiene en tensión y expectativa. No sabemos el día, ni la hora cuando hará erupción, solo sabemos que puede ser en cualquier momento. Eso nos hace impredecibles.

 Si la falta de constancia es una cualidad para ti, entonces el ser impredecible lo es también.

Si pensabas que ser impredecible era una de tus mayores cualidades, lamento informarte que no lo es. Ser impredecible es sinónimo de que lo mismo responderás con mal que con bien ante una misma situación. Es lo mismo que ser tibio, ni frío ni caliente. Es lo mismo que vivir a la suerte de lo que pase. Es en otras palabras, no querer asumir la responsabilidad de nuestros actos ni de nuestras emociones; es estar a merced de ellas y permitir que la tensión entre ellas nos domine.

La pregunta ahora sería: «¿Cómo vamos a ser capaces de resolver la tensión de tantas emociones?»

¿Qué te parece si vamos descendiendo?

Estos sentimientos, aunque están simultáneos ocurriendo dentro de nosotros, no podemos resolver su tensión experimentándolos a la misma vez. Para esto, te propongo una forma muy exitosa empleada en la resolución de problemas de todo tipo. No importa si son problemas matemáticos, de personal o corporativos. En fin de problemas en general. ¿Te acuerdas el famoso dicho que dice en la unión esta la fuerza? Bueno, el opuesto dice:

 Divide y vencerás.

Ante un gran problema divide. Con esto lograras quitarle fuerza a cada problema para poder afrontarlos más fácilmente. Qué te parece si para visualizar esto nos valemos de una cebolla.

Sí, de una cebolla. A esta cebolla la llamaremos la cebolla emocional. ¿Y por que la llamo así? Bueno porque tiene capas. Me gusta pensar que cada capa representa un conjunto de emociones. Para este ejercicio vamos a pensar que esta cebolla tiene cinco grupos de emociones básicas. La idea es experimentar y expresar estas emociones por separado. Esto nos permitirá descender hasta esa fuente inagotable de la cual todos estamos hechos… amor.

Te quiero advertir que cuando se pela una cebolla terminamos irremediablemente llorando.

 No le tengas miedo a pelar la cebolla.

No tengas miedo a llorar. De hecho es saludable llorar porque es una forma de purificación interior. Ya sé que quizás has aprendido erróneamente que llorar nos hace débiles, pero la realidad es que a veces la única forma de consolidar diferentes sentimientos entre sí, es a través de las lágrimas. Estas sellan sentimientos y disminuyen la tensión entre ellos.

Quizás, los que tenemos mayor problema con eso, somos nosotros los hombres. Ya sabes, desde pequeños nos bestializan diciéndonos que los hombres no lloran. Por eso se nos hace muy fácil reprimir las lágrimas.

Por otro lado, podríamos experimentar el otro lado de la moneda. Podríamos haber aprendido a esconder la rabia y la hostilidad mientras se nos permitía llorar y expresar el miedo. En otras palabras, se nos permitió expresar nuestra vulnerabilidad. Por eso no debemos extrañarnos si ahora somos sumisos contra nuestra voluntad. Podemos ahora de adultos llorar y sentir miedo, pero quizás nos cuesta expresar la ira. Ahora ambas se convierten en el medio de ocultar nuestro enojo.

Quizás por eso cuando nos enojamos las lágrimas se nos salen solas. Cuando el enojo no sale a la superficie nos anclamos en la tristeza y de la tristeza a la histeria o a una depresión, solo hay un paso.

La depresión no es solo una intensa tristeza.

 La depresión es el resultado de una tensión emocional donde la ira reprimida se encauza contra uno mismo.

Cuando pasas por depresión no es raro que te sientas hastiado y cansado. Claro que te sientes cansado. Si inviertes cada gota de energía en no dejar que emerja la ira que has reprimido. Sentirte desesperanzado, temeroso y deprimido es solo el comienzo. Pero qué tal si expresaras esa ira contra ti y los demás de una manera que no sea destructiva. ¿Qué tal si sacaras afuera esa rabia de una forma canalizada? ¿No le quitarías el dominio que tiene sobre ti? Luego de gritar, ¿no nos sentimos mucho mejor? ¿Qué me dices cuando vomitamos? Cuando nuestro organismo no acepta un daño en potencia lo expulsa.

Eso es estar bien diseñados.

¿A caso no deberíamos hacer lo mismo nosotros con esa ira?

Pero que hacemos entonces. Queremos que el dolor se vaya pero no queremos enfrentarlo. Siempre que aparece nos sentimos morir, por eso luchamos por olvidar. Solo expresamos el sentimiento superficial. No decimos la verdad de todo lo que sentimos. Tenemos miedo de buscar que hay en el fondo porque sabemos muy dentro de nosotros que vamos a encontrar un dolor compactado producto de una hemorragia interna. Por eso es necesario acceder a todas las emociones que tenemos. Así tendremos también una idea más clara de lo afectados que estamos en relación a lo que nos pasó.

Expresando cada sentimiento podremos ver la magnitud de las ruinas de nuestra destrucción interna.

Ya tendremos una idea del por qué vivimos en un ciclo de dolor. Nos hacemos la idea de que no duele tanto y tratamos de que los demás no se enteren, para que no nos juzguen, no nos rechacen y así ahorrarnos más dolor. Lo cierto es que nos traicionamos a nosotros mismos cuando sacrificamos la verdad. Nos estamos engañando mientras tenemos una vida mediocre:

Reímos, pero no con toda la risa.

Lloramos, pero no con todas las lágrimas.

Nos hemos acostumbrado y resignados a vivir con ese dolor, tanto que nuestra vida y decisiones giran alrededor de éste. Por eso enterramos el suceso y tras el suceso enterramos el odio. El odio es el ingrediente principal en esta receta de secuelas mentales que son signo de que necesitamos curación de recuerdos penosos. Porque prácticamente todos los traumas acaban acarreando fuertes resentimientos. Algunas veces somos muy consientes de los rencores, otras veces solo vemos sentimientos de rabia, pero somos incapaces de señalar las causas. Parece como si estas causas estuvieran sumergidas debajo de nuestra memoria consiente.

La buena noticia es que estamos tan bien diseñados, que nuestro cuerpo no permite que enterremos el odio por mucho tiempo sin que este nos haga saber el daño que nos hace. Por eso nuestros cuerpos claman por las voces de la enfermedad y el dolor. Muchas enfermedades tienen su origen en resentimientos no curados.

Cuando dejamos de expresar los sentimientos verdaderos nuestros cuerpos gritan. No te extrañes si bajo la depresión encuentras un resentimiento congelado y enterrado. A veces están tan profundamente enterrados que no pueden regresar a la conciencia. Solo dejan ver sus consecuencias de rabia. O cuando te vengas sin darte cuenta con las personas que amas. Luego te llenas de remordimiento, culpa y derrota espiritual. Lo peor es que muchas veces no sabes distinguir ni tan siquiera la causa. No puedes entrever de donde procede todo esto. Si te detienes un momento verás que ese acontecimiento de hoy perforo una corriente subterránea de resentimiento. Como consecuencia se desparramo la rabia y el dolor.

¿No te has dado cuenta que ese dolor que sientes hoy es el mismo dolor que sentiste el día del incidente pasado? Las mismas sensaciones de incomodidad las vuelves a revivir tras el recuerdo. Repites el dolor y el mal sabor con cada pesadilla. Algunas de estas reacciones son:

- Se acelera tu corazón
- Se te encogen los vasos sanguíneos
- Te aumenta la presión en la sangre
- Tensión muscular
- Respiración rápida
- Se detiene la digestión

No piensas claramente pues se desvía el flujo sanguíneo desde el centro del cerebro.

Esa respuesta de tu organismo ante el incidente es para prepararte para luchar o escapar. Es la manera que tiene nuestro cuerpo para prepararnos para la acción. Estamos tan bien diseñados que hasta el cuerpo nos prepara ante estos acontecimientos para ayudarnos a preservar la vida, nuestra vida. Esa incomodidad, que nos pone intranquilos y en estrés, es solo la preparación para la acción.

Cuando nuestra respuesta no es enfrentar la ofensa con perdón en nuestro corazón para recibir la paz, esa carga negativa no solo penetra nuestra mente sino que cala hasta nuestro corazón. Por eso puedes ver como muchas personas se adaptan y pueden hablar de sus heridas en paz. Otros quedan atrapados sin poder dejar ir la tremenda carga emocional. En adelante ese incidente marcara negativamente su vida. Cada vez que recuerde el incidente volverá a revivir las mismas sensaciones de incomodidad porque su organismo volverá a prepararse para luchar o escapar, ya que no hay paz en ese recuerdo. Su cuerpo no sabrá distinguir si lo que trae a su mente consiente es un suceso de hace mucho tiempo o es algo que está ocurriendo en ese instante. Por lo tanto libera todas las sustancias asociadas con el estrés para prepararlo.

Quizás desde hace mucho hemos querido luchar contra esos

sentimientos de ira. Lo que no nos hemos dado cuenta es que ese sentimiento es solo uno de tantos otros sentimientos. Cuando tratamos solo un sentimiento es como si tratáramos los síntomas de una enfermedad. Tratando los síntomas podemos encontrar un alivio temporal, pero pasado algún tiempo vuelve a salir.

En cambio, si en vez de tatar los síntomas tratáramos la enfermedad, la situación sería diferente. Entonces le arrancaríamos las raíces a esa mala hierba. Te aseguro que no crecerá de nuevo.

Para poder arrancarle las raíces a esa mala hierba es necesario que veas el alcance de lo que te ha sucedido. La mejor forma de lograr esto es empezando por sacar todo tu disgusto de una forma controlada. Así conocerás todo lo que sientes y te ayudara a no negar ningún sentimiento que pudiera haber debajo de tu disgusto.

Lo cierto es que al comenzar a escavar dentro de nosotros puede que vengan dos miedos terribles.

 El primer miedo es el temor de culpara a otros.

No tengas miedo de reconocer que personas muy queridas te han herido. De hecho las heridas más profundas las causan las personas que amamos. Si tomamos por ejemplo el caso de nuestros padres nos daremos cuenta de que ellos hicieron lo mejor que pudieron. Ellos dieron de lo que tenían y lo que aprendieron. Ahora bien, cuando aceptamos que nos hirieron no los estamos culpando en este momento sino en el momento en que nos hirieron. Es dentro de nosotros que tenemos una mala imagen de estas personas. Muy dentro de nosotros la imagen es dañina, aunque fuera de nosotros ellos sean muy diferentes y puede que hasta hayan mejorado sus actitudes. Por esto es que necesitamos reconocer la ira que sentimos hoy por las heridas de nuestro pasado.

 El segundo miedo es el temor al dolor.

A veces preferimos no revivir lo que pasó por temor al dolor que esto produce. Pensamos que si dolió cuando entro de seguro volverá a doler al salir. Claro que va a doler de nuevo. No solo eso, sino que no sabemos con lo que nos vamos a topar cuando comencemos a cavar. Lo cierto es que no es suficiente con hablar sobre lo que sucedió sino que necesitamos sentir todos los sentimientos, aunque el miedo a sufrir nos mantenga lejos de ese dolor.

No le tengas miedo al dolor. La realidad es que cuando te resistes al dolor sufres más porque morimos lentamente. Esta resistencia lo único que logra es una muerte lenta que dura por el resto de tu vida. Como resultado de esto reprimimos la ira. Nos callamos y bajamos la cabeza sin expresar lo que sentimos. Puede que creamos que somos muy victoriosos por creer que hemos destruido en nuestro interior la ira sentida. Lo cierto es que la ira solo la hemos reprimido y tarde o temprano acabará en una enfermedad o en un mecanismo de defensa.

Esta ira reprimida se manifiesta en nosotros de dos maneras.

La primera forma en que manifiesta la ira es por medio de una forma invisible.

Es decir, no la percibimos como ira, pero muchos estudios científicos han descubierto que detrás de muchas manifestaciones físicas se encuentra un cuadro de ira reprimida.

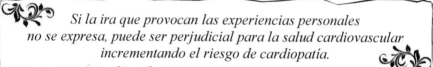

Si la ira que provocan las experiencias personales no se expresa, puede ser perjudicial para la salud cardiovascular incrementando el riesgo de cardiopatía.

No solo eso, sino que la ira puede provocar arritmias cardiacas potencialmente letales en personas vulnerables. Otros problemas de salud incluyen cuadros de depresión, daños y dolores físicos de índoles psicosomáticas, como úlceras, tensión muscular, malestar estomacal, hipertensión y el padecimiento de fuertes dolores de cabeza y migrañas.

Habrá muchos que piensen que el cuadro de estas enfermedades es bastante sombrío; pero lo cierto es que la constante represión de la cólera nos agota de tal modo que puede que no encontremos la energía necesaria para emprender el camino hacia el perdón.

La segunda manera en que se manifiesta la ira reprimida es por medio de explosiones de cólera.

Sin saber cómo controlar estos arranques terminamos generando una situación que lastima a muchas personas de nuestro entorno y a nosotros mismos. Es como si nos sintiéramos con el derecho de lastimar a otros. Usamos palabras afiladas, frases cortantes y hasta los castigamos con el látigo del desprecio. El sarcasmo esta a la orden del día.

También podemos atacar a seres inocentes, ya se trate de personas, animales o cosas. ¿Quién no ha visto nunca a alguien darle un buen golpe a una pared hasta atravesarla o tirar una puerta luego de que le hirviera la sangre? ¿Cuántos perros inocentes no han sido pateados injustamente tan solo porque su amo tuvo un mal día? ¿Cuántas costillas rotas no han sonado con fuerza luego de haber sido golpeadas con un palo?

Lo peor del caso es que a veces terminan pagando los platos rotos personas que no tienen nada que ver con el asunto. Sin tener responsabilidad alguna le gritamos al gato, ofendemos a nuestros hijos, tratamos mal a nuestra pareja y hasta nos penalizamos nosotros mismos cuando nos privamos de disfrutar en distintas actividades.

¿Cuántos han sido los corazones lastimados que hemos dejado atrás luego de un ataque de ira? Quizás nos falten dedos para contarlos. Nuestra ira puede haber desencadenado la ira de otros logrando al final destruir el vínculo común que sosteníamos con esa persona amada.

No importa cuál sea su manifestación, la ira reprimida nos afecta tanto de forma física como emocional y nos avisa que algo no anda bien en nuestro organismo. Dicho de otra forma, el dicho de que, «lo que se queda adentro se pudre,» es bastante cierto en el caso de la ira.

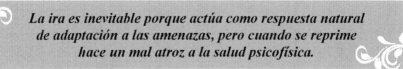

La ira es inevitable porque actúa como respuesta natural de adaptación a las amenazas, pero cuando se reprime hace un mal atroz a la salud psicofísica.

Quizás seas de los que digas que no necesitas abordar este sentimiento porque te enfadas muy poco o casi nunca. Te sorprenderías de la cantidad de personas que atribuyen a los demás el propio sentimiento de irritación. Al sentirse amenazados por los diversos aspectos que adopta su cólera la transfieren a otros con tal de no sentirla.

 Si no estás consciente de tu cólera terminaras por transferirla a los demás.

En ocasiones podemos apresurarnos a perdonar y sin darnos cuenta transferimos nuestra cólera a otra persona. Tomemos por ejemplo el caso de esta persona muy querida por mí a la que le asesinaron a su marido a plena luz del día. Fue un evento sumamente sorpresivo y doloroso que a todos los que estábamos cerca nos estremeció los huesos. Ella como esposa le tocó muy de cerca experimentar un dolor inconsolable en ese momento. Luego de haber llorado y exteriorizado su enojo, perdono toda la angustia y los malos ratos que esta situación le provocó, pero le atormentaba el hecho de que no lograba aceptar que Dios hubiera perdonado algunos actos que su esposo cometió.

Por más que le hablaban de la misericordia divina ella vivía contrariada. Lo cierto era que ella no podía asumir la cólera que experimentaba hacia su esposo y la proyectaba en Dios. Ella necesitaba tiempo para que sus sentimientos de cólera y de culpabilidad se manifestaran y se transformaran. Necesitaba escuchar sus emociones. Así podría acoger las que aún no hubieran encontrado una expresión satisfactoria.

Por otro lado, ¿qué pasa cuando transferimos nuestra cólera hacia Dios? Muchas personas pueden experimentar el sentimiento de ira y por no saber cómo manejarlo lo enfocan en dirección a Dios como lo hizo Aida. Ella se sintió profundamente dolida cuando vio que por más que oró y pidió, su oración no fue contestada como ella deseaba. Cuando la respuesta no es la que esperamos bien podemos culpar a Dios como lo hizo ella. La pregunta es:

«¿Qué podemos hacer en ese caso?»

* * *

En mi caso perdonar no ha sido fácil. Quizás haya sido porque en ese momento no tenía el amor, la sinceridad y el valor que requería. No lo sé. Lo que sí sé es que es posible perdonar. Muchas veces pensamos que dependiendo de la ofensa es el perdón que podemos dar. Pero no es así. Además he aprendido atreves de los años que al perdonar no olvidamos lo ocurrido. ¿Será posible que puedas perdonar y olvidar para siempre la ofensa? Por supuesto que no. Este recordar me lleva a pensar las cosas mejor y a tener más cuidado.

Una de las cosas que me más difíciles se me ha hecho es perdonar a Dios. Me preguntaba: «¿Cómo se perdona a Dios? ¿Se puede perdonar a Dios? ¿Eso es correcto? ¿Es igual que perdonar a un amigo, un esposo o un hermano?»

Cuando murió de cáncer una amiga muy querida me dio mucho coraje con Dios.

Tanto que le pedí... Tanto que oramos.... Una mujer con tanta fe... Una mujer que nunca perdió la fe de que Dios la iba a sanar... Recuerdo que ella siempre tenía palabras de consuelo y de fe en su boca mientras los que la rodeábamos nos contagiábamos de esa misma esperanza.

Pero mi esperanza no tuvo un final feliz. Mi amiga se marchó a los brazos del Padre y yo no lo aceptaba. Estaba muy dolida y tenía mucho coraje con Él. Recuerdo que le hacía estas preguntas:

«¿Por qué te llevas a una mujer de fe que tanta falta hace en este mundo? ¿Por qué no le distes la oportunidad de estar con sus hijos y

verlos crecer? ¿Por qué le quitaste a un hombre que te ama y te sirve su
esposa amada? ¿Por qué nos quitas una mujer que nos enseñaba cada
día como se debe vivir la vida en Cristo? ¿Por qué? ¿Por qué?»
Fue muy duro para todos. Pero para mí fue devastador.
Le tenía tanto y tanto coraje que no te lo puedo describir.
Sé que se oye horrible pero así fue.
Todos me decían que esa era voluntad del padre y que ella estaba mejor
ahora que antes. Yo sabía todo eso pero no lo aceptaba.
No podía dejar de sentir ese coraje en mi corazón.
¿No se supone que Dios es bueno, bondadoso y misericordioso?
¿Qué pasó? ¿Dónde estaba Él? Muchas preguntas corrieron por mi
mente y mucho coraje estaba creciendo en mi corazón. En especial
sentía mucha ira cuando veía el sufrimiento de la familia.
Y me pregunté: «¿Cómo una mujer como yo cristiana, con temor de
Dios, que conoce su palabra, que siempre ha vivido tratando de servirle
y agradarle puede sentir esta ira? ¿Cómo es que puedo yo tener este
sentimiento tan horrible?» Pues, poco a poco el Señor me hablo de
muchas formas. Mando ángeles que me hicieron ver la realidad de las
cosas. Entendí que Dios sí nos hizo el milagro de regalarnos más tiempo
con ella desde que le diagnosticaron el cáncer. Entonces poco apoco mi
corazón empezó a liberarse de ese coraje que tenía y a darme cuenta que
el coraje y la impotencia no me iban a ayudar en nada. Empecé a ver las
cosas diferentes y decidí perdonar a Dios. Sí, a perdonarlo.
Porque para yo poder quitarme el dolor tuve que perdonarlo
y dejar de culparlo.
Lo perdone en una oración muy personal que realicé.
¡Me sentí liberada!
También me toco perdonarme a mí misma. No podía seguir culpándome
por mi falta de fe. Si mi amiga no sano no fue por mi falta de entrega,
sacrificio o de fe. No era justo que yo siguiera cargando con esa carga.
Así que me perdone a mi misma por haber dudado cuando debí
reconocer que si Dios la llamó sus razones tendría.
Por eso como dije al principio, perdonas pero no olvidas los eventos.
Nunca podré olvidarme de lo que pasó y de cómo me sentí.
Tampoco podre olvidarme de que pude perdonarme
y darme cuenta que sin perdón no podemos vivir.
El corazón se nos corroe cuando no perdonamos y nos influencia a
actuar de una manera que no es buena para nuestra alma.
Hoy siento que me toca volver a perdonar a Dios
y la forma de hacerlo es reconociendo que me equivoque.
Me toca pedir perdón a mi padre amado por no haber entendido y
aceptado sus designios. Pido perdón por haberlo culpado,

juzgado y rechazado cuando mi corazón se lleno de ira.
Hoy sé que lo incorrecto no fue sentir ira sino el no saber cómo
manejarla. También que no debo culpar a Dios tan solo por no entender
su plan perfecto que está lleno de amor y de justicia.
Aida

* * *

Aida decidió culpar a Dios por la muerte de su amiga. Todos los días nace y muere mucha gente. Esa es la ley de la vida. Pero cuando la muerte nos toca de cerca es cuando debemos decidir lo que vamos a hacer con nuestras emociones. Perdonar a Dios, como nos lo demuestra Aida, no es otra cosa que darnos cuenta de que Él es infinitamente bueno y que nos equivocamos al culparlo por no entender ni aceptar su plan maravilloso. No necesitamos decir: «Dios yo te perdono.» Más bien debemos perdonar a los que nos han irritado e influenciado en nuestra ira contra Dios y arrepentirnos ante Él por haberlo culpado.

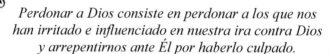

Perdonar a Dios consiste en perdonar a los que nos
han irritado e influenciado en nuestra ira contra Dios
y arrepentirnos ante Él por haberlo culpado.

En otras ocasiones puede que no nos demos cuenta de esta ira por tenerla sumergida en lo profundo de nuestros corazones. El admitir esta ira es muy difícil porque puede ocurrir en cristianos muy piadosos. Esto no quiere decir que no se ame a Dios y que no quieran servirle. Tampoco tiene que ver con lo que sabemos de Dios. Más bien tiene que ver con lo que sentimos hacia un Dios que ha sido deformado por nuestras experiencias. Dicho de otra forma, nuestra ira no es contra Dios.

A veces nuestra ira es en contra de la imagen
deformada que tenemos de Dios por un trauma.

Puede ser que queramos creer en Dios, como nadie en el mundo, pero no podemos correr el riesgo de quedar decepcionados después de haber creído. No deseamos sufrir un desengaño más. Es por esto que no importa cuánto esfuerzo pongamos no logramos sentirnos amados por Dios. No percibimos a Dios como un padre que nos afirma y nos alienta. Más bien lo vemos como un Dios molesto por nuestra mala conducta y que hasta tiene preferencias con otros por hacerse sentir en sus vidas. Sabemos que Dios es justo con los demás, pero sentimos que es injusto con nosotros. Sabemos que Dios es amor, pero no sentimos ese amor.

De todo esto resulta que no encontramos ninguna forma de cómo complacer al Dios imposible de complacer que tengamos en nuestra mente. Oramos más, ayunamos más y nos envolvemos más en actividades piadosas, pero no logramos sentirnos mejor. Es como si siempre faltara algo.

Claro, lo que falta no es hacer más, sino renovar más. Necesitamos entender que todavía debemos procurar la sanidad emocional. Necesitamos una transformación en nuestros pensamientos distorsionados y mientras no busquemos una renovación adecuada seguiremos con emociones distorsionadas y con obras vacías.

Es como si buscáramos convencer a todos sobre los excelentes beneficios que tienen los vegetales sin jamás haber probado alguno. No sabemos a que saben ni mucho menos hemos experimentado sus beneficios. Si buscamos bien, encontraremos que las preguntas y dudas que parecen proceder de nuestras mentes, en realidad proceden de una herida enterrada en nuestros corazones. Pero como ya no lo recordamos, pensamos que todo se origina dentro de nosotros, por lo que nos llenamos de culpa.

Así mismo pasa con esta ira sumergida en contra de la imagen que tenemos de Dios. No creemos que tengamos esta ira porque decimos amar a Dios. No aceptamos que estemos molestos con Dios porque él es todo amor y no debemos pagarle con mal. En realidad estamos muy molestos y por eso nos encontramos incapacitados de recibir su amor. Nuestros receptores de amor están dañados y por eso las buenas nuevas las sentiremos como malas nuevas.

Hasta que no logremos sanar estas imágenes y podamos ver a Dios como el padre que realmente es, no podremos disfrutar de los beneficios que Él promete para todos los que le siguen.

Quizás debamos empezar por cuestionarnos si en realidad necesitamos perdonar a nuestro padre terrenal y a nosotros mismos por culparnos. De paso, podríamos perdonar a Dios, que no es otra cosa que arrepentirnos por haberlo culpado de nuestra situación.

Cuando Sigmund Freud expresó que nosotros proyectábamos a Dios, partiendo del concepto que tenemos de nuestro padre, dijo parte de la verdad. Lo cierto es que no nos inventamos un Dios a partir de la imagen que tenemos de nuestro padre. Sino que Dios existe, tal cual es, de manera independiente a pesar de nuestro concepto de Él. Lo que sí es cierto es que lo que sentimos acerca de Dios concuerda con lo que experimentamos y sentimos en cuanto a nuestro padre terrenal. En otras palabras, nuestras experiencias con nuestros padres nos filtran la manera en que percibimos a Dios. Por eso es que si tuvimos malas experiencias con nuestros padres terrenales podemos desarrollar una imagen distorsionada de Dios y estar incapacitados para recibir y experimentar su amor. En adelante transferiremos esa ira porque es el sentimiento que llevamos por dentro.

Kiara por su parte, decidió no transferir su ira y su decepción a una persona que amaba muchísimo. Ella sabía que si no elegía hacer algo al respecto terminaría dándole a esta persona amada la ira y los demás sentimientos que llevaba por dentro. Si lo que experimentaba en su interior era miedo y decepción, pues miedo y decepción iba a terminar dando. Si lo que sentía era indignación, pues indignación iba a terminar dando. Lo cierto fue que escogió algo diferente.

* * *

*Un día tuve que tomar una de las decisiones más difíciles de mi vida
para la cual no me prepare o mejor dicho
creo que uno nunca se prepara para lo que me pasó.
Fui formada para vivir en matrimonio para toda la vida. Siendo
estrictamente católica me fue muy difícil tomar la decisión de terminar
la relación por circunstancias que no deseo entrar en esta pequeña
historia. Recién divorciada me sentí liberada, pero era una libertad
diferente. Pensaba que el mundo estaba a mis pies y que estaba
comenzando de nuevo. Lo inmaduro fue pensar que tenía control.
Es cierto que para algunas cosas si lo tenía,
pero como muchas veces pasa,
la vida me sorprendió donde más vulnerable estaba.
En mi nuevo comienzo como soltera conozco a un hombre maravilloso.
Él me hizo sentir tan segura que me di el espacio de creer en alguien.
Me trataba súper especial. ¿Cómo no confiar en él?
Fue tanto la conexión que yo sentía en ese momento
que cada compartir era más intenso cada día.
Me sentía respetada, amada, en fin muy especial.
Se creó el tipo de relación que espere por mucho tiempo.
Era una relación tipo «Hollywood» muy perfecta para ser real.
Luego de haber pasado por un divorcio inesperado sentía que todo era
perfecto. Demás está decir que cada día que pasaba me acercaba más a
esa persona; compartíamos muchas cosas juntos e
inventamos aventuras increíbles.
Ésta era el tipo de relación que no para de sorprenderte.
Luego me dieron una noticia terrible. ¡Estaba embarazada! El mundo de
«Hollywood» se me convirtió en historieta.
Fue como recibir una broma de muy mal gusto.
¡No puede ser! Todo ese nuevo mundo exploto frente a mis ojos.
No lo podía creer. Cuando más convencida estaba que la vida
me daba otra oportunidad, así sin más me la quitaba de la peor manera.*

Mi vida entera cambiaría, mi cuerpo cambiaría, mis planes se acabarían
y lo peor es que todavía no acababa de superar mi divorcio.
Estaba tan indignada conmigo misma que me sumergí una depresión.
Lloraba todos los días y me sentía de lo peor.
No entendía, como para la humanidad,
un embarazo podía ser algo maravilloso.
Para mí en ese momento no lo era.
Sé que fui egoísta pero sentía que esto iba alterar todos mis planes.
Me auto juzgue, me invalide, fui la peor persona
que uno puede ser consigo misma.
No quería tener un niño, no quería ser madre,
mucho menos en el punto
donde me sentía que comenzaba a vivir y a ser libre.
Por lo menos no estaba sola. En medio de toda esta horrible situación
había algo bueno y era el hecho de que mi pareja me apoyaba.
En todo momento él estuvo soportando mi mal humor.
Más aún, trataba de convencerme de lo dichosa que era por ser madre.
Me persuadía para que aceptara lo especial que era y la hermosa
bendición que trae un bebito a un hogar.
Su compañía hacia menos doloroso el nuevo capítulo que
comenzaba en mi vida. Íbamos juntos a todas las citas médicas,
me cuidada como una reina y me consentía como nadie lo puede soñar.
Todavía no aceptaba que estaba embarazada, pero junto a él todo se
calmaba. ¿A quien durante su embarazo no le hubiera gustado
tener un hombre así a su lado?
Aunque no me lo crean, ya tenía 34 años y no me atrevía contarles a mis
padres que estaba embarazada. Sí, yo una mujer totalmente
independiente no me atrevía a darles la noticia del embarazo a mis
padres. Sentía mucho miedo y vergüenza. No sé cómo me arme de valor
y le di la noticia. Al principio me sentí muy nerviosa pero ya cuando
todo concluyó me llene de una inmensa alegría.
Una alegría que cambiaría en un profundo dolor.
Ese mismo día y luego del cuarto mes de embarazo, mi adorado príncipe
rompe conmigo. ¿Te lo puedes imaginar? El hombre del cual me sentía
tan dichosa y en el cual encontré la forma de amar de nuevo, quería
tirar a la basura todas mis ilusiones. Sentí como si me sirvieran un
delicioso postre y de repente me lo arrebataban. Las hormonas que de
por sí ya las tenía alborotadas ahora se me querían salir por la boca.
No creía, ni quería creer su decisión. Así que respire profundo y pensé
que todo era pasajero, que quizás le tenía miedo a la nueva
responsabilidad y que todo era momentáneo. En otras palabras, quería
aparentar que todo esto no estaba pasando.

*Recuerdo que le pregunte: «¿Cuál va a ser tu rol conmigo y el niño?»
Sus palabras fueron las siguientes: «No te preocupes que todo niño
necesita su padre y allí estaré para él.»
¡Mentira! Aunque de eso me di cuenta más tarde.
Tuvieron que pasar dos semanas para darme cuenta que realmente todo
terminó. Mi relación se acabó, él no quería regresar conmigo y tampoco
tenía ninguna intención de recapacitar sobre su decisión.
Estaba destruida. Me inundé en un dolor más fuerte que mi vida.
Sentí sentimientos de decepción, odio, rencor, depresión, en fin... todos
los sentimientos indeseables se apoderaron de mí.
Lo peor era que tenía que guardármelo todo para no afectar mi trabajo.
Durante ese tiempo laboraba como representante médico y tenía que
visitar mis clientes con la sonrisa más espléndida que pudiera tener.
Creo que jamás ninguno de ellos se percató del inmenso dolor que
sentía. Estoy segura que el tragarme todo esto
empeoro las cosas dentro de mí,
pero no encontraba otra salida en ese momento.
La barriga creció y con ello la ausencia del padre de mi hijo.
Durante todo el proceso, le informaba de la necesidad de las cosas que
necesitábamos comprar para recibir al niño, sobre la decisión del
nombre y muchas otras cosas.
Nunca recibí ninguna respuesta a mis mensajes.
El 15 de octubre nace mi hijo. Como era de esperarse su padre no quiso
estar presente. La madrina de mi hijo le llamo para informarle sobre el
nacimiento y luego de dos semanas me encontré con él para inscribir a
nuestro hijo. Ya habían pasado 4 meses que no lo veía. Lo invite a ver al
niño que se encontraba en el carro y sus palabras fueron: «Te aviso
para coordinar.» Mi hijo casi tiene seis años
y todavía estoy esperando por esa coordinación.
Todo fue mi doloroso. Sé que de todo lo que un ser humano puede vivir,
el desprecio y el desamor hacia un hijo, es de las situaciones más
dolorosas. Tuve que enfrentar el hecho de que en la escuela solicitaban
reuniones con ambos padres y yo no podía cumplir porque él no estaba
disponible. Mi hijo me preguntaba que dónde estaba su padre y yo no
podía responder. También tenía que llevarlo al psicólogo mientras su
padre le vira la cara y lo desprecia.
Fue un dolor muy triste que me hizo sentir mucho miedo, inclusive hasta
para encontrar pareja. Todos los que se acercaban con buenas
intenciones los rechacé. Supongo que tenía miedo a volver a sentir el
inmenso dolor que me causó. Por eso tuve que abrazarme al perdón.
En mi caso perdonar significaba varias cosas: no juzgar, que mis
acciones estuvieran libres de rencor y transmitirle a mi hijo amor,*

armonía y paz. No fue un camino fácil.
Al principio muchas personas me decían que el padre de mi hijo se
merecía lo peor. Tuve que luchar con todos los juicios a mí alrededor.
Me ahogaba en el desamor y la crítica. No podía ser empática porque
estas decisiones no las puedo comprender, pero si puedo elegir no juzgar
y perdonar. Así que tuve que hacer una elección. En la decisión de
perdonar puedo formar a un niño libre de rencor
y con capacidad de amar.
En mi situación, todos los días vivo perdonando. Cuando tienes un hijo,
y vives horribles experiencias, sino estas enfocado en el perdón es
imposible manifestar amor verdadero. El perdón ha sido mi verdadera
liberación y lo he manifestado de muchas formas a través de toda esta
experiencia. Primero me perdone a mi misma porque fui muy crítica
conmigo. Segundo me reconcilie con la vida y me libere de todos los
prejuicios que nuestra sociedad impone. En un momento dado me
pregunte: «¿Por qué a mí?» Dude del plan perfecto.
¿Debo vivir perdonando u odiando? Elegir perdonar significó elegir
amar. Perdonando día a día adquiero la oportunidad de conectarme con
mi capacidad de amar y de ser libre. Perdonando, la vida se me hace
fácil y no soy víctima de nada. ¡Soy feliz!
Kiara

* * *

La ira también posee muchas otras mascaras detrás de las que se
esconde. Ejemplo de ello puede ser la tristeza, el miedo y la culpa. Por
eso es tan importante identificar el camuflaje de la ira para poder
exteriorizarla y canalizarla de manera que nos hagan provecho.

> *La ira canalizada, con el propósito de descubrir el alcance de los*
> *sentimientos y de bajar la tensión entre estos, es mucho más sana*
> *que la interiorizarla o exteriorizarla contra otros.*

Aunque el exteriorizar nuestra ira se asocia con mayores niveles de
presión sanguínea, de frecuencia cardiaca y una mayor secreción de
adrenalina, entre otras reacciones fisiológicas, la recuperación hasta los
niveles normales es más rápida que si se reprime.

Tampoco se trata de canalizarla para simplemente desahogarnos. El
desahogo como ya mencioné, nos trae solo un alivio temporero. Se trata
de quitarle tensión a los sentimientos y descubrir otros sentimientos más
profundos.

El objetivo es, justamente, aprender a aflorar la ira sin hacerle daño
a nadie incluyéndonos a nosotros mismos. Cuando canalizamos la ira de

forma constructiva, dejamos al descubierto los sentimientos que han sido disfrazados por la rabia.

Para canalizar nuestra ira podemos seguir una simple actividad de cuatro pasos. También, vamos a utilizar la analogía de los cinco pájaros que se alborotan dentro de nosotros para referirnos a los sentimientos que se alborotan dentro de nosotros. La pregunta ahora es:

¿Qué pasos podemos seguir para canalizar la ira pasada?

Si comenzamos con el primer pájaro que se alborota dentro de nosotros necesitamos comenzar con el pájaro de la ira. Los pasos para canalizar la ira acumulada son los siguientes:

1. Comprender lo que no es el alboroto.
2. Identificar el alboroto.
3. Revivir el alboroto.
4. Acoger el alboroto.

Por medio de estos pasos vamos a encauzar el enojo pasado de una manera constructiva. Como todo lo sugerido en este proyecto no pretendo dar una única solución, sino una alternativa que nos ayude a quitar la tensión que existe entre todos los pájaros. Ahora bien, ¿Estás listo para comenzar con el paso número uno?

Comprender lo que no es el alboroto es el primer paso que nos ayudara a tener una visión más acertada sobre algunos chismes que se han difundido referente a la ira.

 El primer chisme que se ha difundido es que la ira es solo un estilo de comportamiento.

La ira no es solo un comportamiento. La ira que podemos sentir, no tiene porque terminar en comportamientos agresivos, que como todo comportamiento, es aprendido o adquirido por influencias de la familia, los amigos, el colegio, la televisión y otros medios de comunicación. Muy a menudo se confunde la conducta demostrada con lo que se siente. El sentimiento de ira es más bien un energizante del comportamiento y proviene de un saludable instinto de supervivencia física, psicológica y moral. Sí, escuchaste bien; un saludable instinto.

La ira también es un sentimiento natural, saludable y carente de maldad. Es un estado donde nos indignamos y enojamos luego de una injusticia o un insulto. Nos hace reaccionar para detener el abuso cuando traspasan nuestras fronteras individuales. Es una emoción prolongada que siempre la experimentaremos más de una vez.

Te digo más, la ira es un poderoso e indispensable recurso que nos ayuda a tener un buen funcionamiento en nuestras relaciones de pareja, de amistad y de trabajo. Si no defendemos nuestros valores estaremos a merced de muchos obstáculos que se oponen a la sana comunicación e incluso hasta el amor mismo. A veces es necesario actuar con vigor en vez de responder con indiferencia o con agresividad. Lo que sucede es que por error confundimos el sentimiento de la ira con el pecado capital de la ira.

El sentimiento de ira no es lo mismo que el comportamiento que se asocia con el pecado capital de la ira. La finalidad de ambos es muy distinta. El sentimiento de la ira busca la autenticidad, establecer la justicia, advertirnos del peligro y quitar todo lo que se opone al amor. La finalidad del pecado capital de la ira es castigar, humillar, hacer daño y destruir. El uso que se le dé a la ira es lo que la hace perjudicial o beneficiosa.

*El segundo chisme que he escuchado es que
le debemos temer a nuestra ira.*

Ese es precisamente el motivo por el cual reprimimos la ira, porque tenemos miedo de expresarla. Aprendimos que la ira es algo indeseable y que produce daño, por lo tanto no es correcto expresarla. Hemos aprendido que no es correcto enfadarse y por eso nos tragamos el enojo.

*El tercer chisme referente a la ira es que se asemeja
a una bomba de tiempo en espera por explotar.*

Nada más alejado de la verdad. El hecho de almacenar memorias no implica que estén en espera de estallar. No hay que tener miedo a los recuerdos. Lo cierto es que las emociones asociadas a esos recuerdos también están almacenadas. El recordar estos acontecimientos hará despertar el dolor. No necesitamos liberar la presión interna, más bien necesitamos canalizar la ira.

*El cuarto chisme acerca de la ira
es que exteriorizarla es bueno para la salud.*

Si cuando hablamos de exteriorizar nos referimos a gritar, romper cosas, tirar objetos o incluso morderse los dedos, entonces exteriorizar la ira no es lo que buscamos. Como pretendemos usar gasolina para apagar un gran incendio. Aunque muchos investigadores todavía hoy discuten sobre este tema, las recientes investigaciones encontraron que exteriorizar la rabia agresivamente no ayuda realmente a eliminar el conflicto.

El segundo paso es identificar el alboroto sin lastimar ni lastimarse.

Una manera muy útil de expresar nuestro sentimiento de ira es expresarla mientras narramos nuestra historia. El único requisito es que la narres sin lastimar a otros, ni mucho menos lastimarte a ti mismo. No podemos esperar nada positivo si lo que hacemos es lastimar. Si queremos sacarle miel a este ejercicio es necesario que no le demos de patadas a la colmena. Podríamos conseguir miel, pero no sin antes recibir un montón de picaduras. Eso sería como echarle más agua a un bote que se está hundiendo.

Para identificar la ira podemos preguntarnos estas preguntas:

¿Cuándo pasó el evento?

¿Dónde pasó?

¿Estabas pasando por algún momento en particular?

¿Quiénes son las personas en nuestra historia?

¿Qué fue lo que sucedió?

¿Cómo fuimos atacados nosotros y nuestros valores?

¿Qué palabras se dijeron?

Tomate un tiempo para organizar tus ideas y poder expresar con claridad lo sucedido. Acuérdate de incluir la mayor cantidad de detalles posible. Cuando analizamos todo desde una perspectiva ajena podemos ser un poco más objetivos. Trata de no idealizar tu historia porque terminaras contando una historia irreal.

 ## El tercer paso es revivir el alboroto.

Para este ejercicio vamos a escribir una carta a la persona que nos lastimo donde le expresaremos toda la ira que sentimos por dentro. Vamos a ir a la escena del conflicto del pasado, pero con el punto de vista de un observador sereno y con pleno dominio de sí mismo. No vamos a ir con el punto de vista de un niño asustado. Vamos a desatar las mismas emociones que sentimos. La idea es ofrecer el mayor número de detalles que complementan tu ira. Es el momento de sincerarte y expresar el dolor que sientes y el por qué de tu enfado. Es normal que afloren otros sentimientos, pero trata de concentrarte únicamente en tu cólera.

Quizás venga a tu mente otra persona en el proceso. Sí esto sucede puedes continuar escribiendo tu carta a esa persona. Puede ser que haya más de una persona involucrada. Si lo deseas puedes escribir una carta a cada persona. No importa cuántas hojas escribas lo importante es conectarte con este sentimiento de ira. Al terminar tu carta asegúrate de leerla y destruirla.

Algunas preguntas que te pueden ayudar a focalizar tu enojo son:

¿Qué provocó la reacción de ira?

¿Qué sensaciones, intensidad y duración acompañaron esta emoción?

¿Qué pensamientos le pasaron por la mente?

¿Qué deseos se le ocurrieron mientras estaba con rabia?

¿Cuál fue su comportamiento como reacción a la rabia?

¿Cuáles fueron los resultados de lo que hizo?

¿Cuáles fueron las reacciones de los testigos presentes si había alguno?

 El cuarto paso es acoger el alboroto.

Este ejercicio te dará la oportunidad de entrar en contacto con tu cólera para acogerla y comprender lo que puede hacer por ti. Adopta una postura cómoda en un lugar tranquilo. Aparta de tu mente cualquier cosa que quiera distraerte para que puedas entrar en un estado de relajación. Cierra los ojos. Respira unas cinco veces profundamente. Luego de unos minutos comienza a recordar la amarga situación y enfócate en tu cuerpo. Trae a tu mente la persona o personas involucradas y no resistas ninguna reacción en tu cuerpo. Acepta todas las tenciones, las contracciones musculares del estómago y de la garganta, los temblores y cualquier molestia física.

Localiza una reacción corporal importante y pon atención en ella. No la reemplaces, modifiques o escapes de ella. Más bien afróntala con respeto. Tampoco intentes interpretarla adelantándote a explicar el por qué de la misma. Dedícate a sentir mientras recreas la historia.

Ahora respira en la sensación que experimentas. Imagina que es un pulmón al que deseas llenar y vaciar. Repite el proceso. Llénalo y vacíalo. La idea es intensificar tu sensación corporal.

Luego lleva tus manos abiertas a la altura de tu cara. Continúa inhalando y exhalando, solo que ahora depositando el aire exhalado en tus manos abiertas. Pon mucha atención en la forma que adopta tu tensión corporal expulsada al exterior.

Parábola de las cinco aves

Sin abrir los ojos trata de visualizar alguna imagen en tu mente. Tomate tu tiempo y trata de ver lo que significa esta tensión que se transforma en esa imagen especial. Describe esa tensión en imagen con un nombre o una expresión.

Pregúntale, «¿qué quieres hacer por mí?; ¿de qué quieres defenderme?; ¿cómo quieres ayudarme?». Espera un momento su respuesta. Después, repítela con tus propias palabras para que sepa que la has entendido. Continúa este diálogo con esta parte de ti como si se tratase de una amiga.

Si crees en Dios, entrégale esa cólera representada en esa imagen. Pídele que te ayude a transformar esa cólera en fuente de conocimiento.

Cuando sientas que has terminado, concéntrate en la parte de ti que ha sido transformada y comienza a poner atención en tu respiración. Respira varias veces sobre tu reacción corporal acogida mientras te das un fuerte abrazo aceptándote como la gran maravilla que eres.

> *Abrazarte a ti mismo no solo te ayuda a demostrarte afecto, sino que es una manera de exteriorizar tu propia aceptación.*

Luego de haber canalizado el ave de la ira, vamos a canalizar cada una de las faltantes aves. Para esto solo vamos a realizar los últimos dos pasos aplicados a cada ave. Vamos a escribir una carta por cada ave y luego vamos a acogernos de la misma manera en que lo hicimos con la ira. Las siguientes aves que vamos a explorar son:

- **La tristeza y el dolor:** Me duele cuando... Me siento pésima cuando... Siento tristeza que... Me decepciona cuando... Quiero...

- **El miedo y la inseguridad:** Siento miedo de que... Me asusta cuando... Temo que... Quiero...

- **La culpa y la responsabilidad:** Perdón por... Siento mucho que... Por favor... perdóname por... Mi intención no fue... Desearía...

- **El amor y la comprensión:** Te amo porque... Me encanta cuando... Gracias por... Comprendo que... Te perdono por... Quiero...

Al final de este trabajo podrás encontrar una lista de sentimientos y emociones con sus respectivos contrarios. La puedes usar para identificar más sentimientos y experimentar el alcance de lo que sientes. También deseo recordarte que el propósito de este capítulo no es sanar estas aves. El propósito es identificar el alcance de nuestros sentimientos, liberar un poco la tensión que hay entre ellos y acogernos para luego poder perdonar en profundidad.

Ahora solo quisiera que meditaras sobre esta pregunta: ¿Perdonar no será acaso como soltar un leño ardiendo?

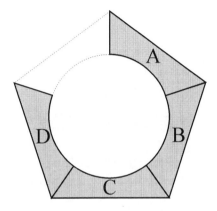

Parábola de la luciérnaga segura

Perdonar es semejante a una luciérnaga,
que aunque decidió iluminar, no lo lograba.
Con el pasar del tiempo aprendió la ubicación
de cada una de las ramas del árbol donde vivía.
Así logro caminar con más seguridad.
Una noche la rama que la sostenía se rompió.
En ese instante la luciérnaga comenzó a caer al vacío.
Mientras caía, sin la esperanza de sobrevivir,
intuitivamente comenzó a batir sus alas.
Esa noche no solo voló,
sino que al volar iluminó.

¿Vamos a esperar a qué la rama se parta para comenzar a volar? Mi esposa dice que si nuestro padre Dios hubiera querido que voláramos, nos abría creado con alas. Ella le tiene terror a las alturas y cualquier excusa es buena si consigue quedarse en la tierra. Solo vuela en avión cuando no hay más remedio y haciendo quinientas mil oraciones al Padre celestial para que la devuelva sana y salva a su lugar de destino.

Lo cierto es que tú y yo estamos llamados a iluminar. Todos estamos llamados a vencer los obstáculos que no nos dejen alcanzar nuestros sueños.

Pero no lo lograremos sino nos atrevamos a volar. Debemos honestamente comenzar por aceptar nuestra necesidad de volar. Es vital que nos demos cuenta que estamos aquí por una razón que va más allá de nuestras conciencias y que debemos nosotros mismos luchar por descubrirla a la brevedad posible.

Ya sé que no tenemos alas.

Pero mientras sigamos culpando a otros por nuestras desgracias y por nuestros sentimientos no volaremos. Ya hemos aprendido que la culpa nos retrasa y sin darnos cuenta nos mantiene entretenidos.

En esta quinta fase del programa «Solo Perdona™» vamos a volar mientras contamos una nueva historia. El objetivo es muy simple, impulsar la paz interior. A esta fase la llamaremos: «Mi nueva historia.»

Quinta fase:
Mi nueva historia

La luciérnaga de la historia anterior decidió iluminar como tú y yo hemos decidido amar. Pero, para iluminar necesitamos volar.

Necesitamos perdonar.

No tenemos alas en la espalda, pero tenemos un cerebro que nos hace volar más alto que cualquier animal. No tenemos alas, pero eso no es excusa para no volar más rápido que hasta el mismo sonido.

Entonces, ¿qué estamos esperando para volar? ¿Estamos esperando que la rama que nos sostiene se parta?

¡Pues te tengo noticias!

 La rama ya se partió.

Ya no te queda tiempo para seguir desperdiciando tu vida. La rama que tanta seguridad te daba se ha roto. La rama viene a ser hoy todas las objeciones que tenías para no perdonar. Su letal veneno lo pudiste constatar en el capítulo anterior. Cada uno de estos requisitos absurdos son las fibras que constituían y le daban fortaleza a esta rama que tanto daño te ha hecho mientras se disfrazaba de conveniencia.

¿Ya viste la cantidad de tiempo que se te escapó por no perdonar? Tú y yo sabemos que no podemos conceder más victorias a nuestros ofensores. Tú y yo sabemos que no tenemos más tiempo que perder. Cada segundo se lleva una parte de nuestra vida mientras permanecemos obstinados en no abrirle la puerta a nuestro dolor. Todos nuestros sueños permanecen en una lista de espera aguardando por nosotros.

¿Crees que es justo que estemos sentenciados a no iluminar tan solo por no ver lo que tenemos de frente? ¿Hasta cuándo vamos a permanecer como víctimas de nuestro pasado? Si somos víctimas es porque hemos escogido ser víctimas. Necesitamos poner un alto a esa condición como lo ha hecho Debby cuando fue castigada con el látigo de la traición. Ella renuncio a su papel secundario y comenzó a protagonizar su vida. Personas como ella son las que vuelan e iluminan. Aunque muchas veces sintió que sus fuerzas la abandonaron, se negó a sucumbir porque sabía que no nació para ser solo una víctima.

Debby en definitiva decidió no ser más victima de su pasado para comenzar a alumbrar con sus acciones. Luego de haber sufrido la crueldad de un marido en múltiples ocasiones tomo la decisión de recordar los buenos momentos muy a pesar de lo destruido que estaba su corazón. Lo hizo para poder dejar de ver el pasado como un torbellino de dolor y el futuro como una caja llena de miedos.

* * *

El Inicio de Una Nueva Obra

La mañana del miércoles 6 de marzo del 2013 mi corazón volvió a sentir el dolor de la traición. Esa mañana confirme que mi esposo nuevamente me era infiel. En esta ocasión teníamos un hijo de tres años de edad, por lo cual sentía que mi dolor era el doble. Sentía un frio muy fuerte en mi pecho mientras por mi mente pasaban un sin número de pensamientos. Pensaba en el pasado, la realidad que estaba enfrentando y en el futuro incierto.

Anteriormente lo perdone e intentamos rehacer nuestro matrimonio. Pero ahora estaba clara de que el proceso de separación y divorcio iniciaba. Lo que no me esperaba era lo cruel y doloroso que iba a ser. Literalmente, de la noche a la mañana fui nada en la vida de quien hasta entonces fue mi esposo. El desprecio, la indiferencia, la humillación y la burla fueron todo lo que recibí como paga de haberlo entregado todo. Radicando lo papeles en el Tribunal para el divorcio, era evidente en su rostro la alegría. Sí, aunque parece difícil de creer, su rostro reflejaba entusiasmo y alegría. Todo esto sucedía mientras solicitábamos por escrito romper legalmente nuestro matrimonio y dividirnos a nuestro hijo los días festivos como si fuera una maleta que iría de un lado al otro. Lo más probable su rostro evidenciaba las nuevas emociones y experiencias que estaba viviendo. Situaciones como estas alteran toda tu vida. La infidelidad es un evento sumamente doloroso. Cada área de tu vida se ve afectada y las pérdidas son varias. Perdí mi matrimonio, mi hogar, familia y muchos sueños.

Un día decidí escribirle una carta a quien todavía era mi esposo. En la misma le exprese que a pesar del dolor, del desprecio y la infidelidad, escogía recordar los buenos momentos vividos durante 16 años de relación. Le escribí que elegía el perdón, porque quería mirar atrás sin dolor. Le agradecí por su apoyo al realizar mi maestría y sobre todo por nuestro hijo. Le di las gracias porque por él conocí la hermosa experiencia de ser madre. Le pedí perdón por las veces en que le fallé. También le pedí que diéramos lo mejor de nosotros para el bienestar de nuestro hijo. Finalice la carta deseándole éxito en la nueva etapa que emprendía.

Ese día lo perdone desde lo más profundo de mi corazón.
La carta la guarde y el día del divorcio se la entregue cuando salimos
del tribunal. En verdad te digo que esto marcó
un punto decisivo en mi proceso de sanación.
Durante todo este tiempo oraba por fortaleza y dirección en la toma de
decisiones. Ahora me entregaba a Dios para que sanara mi vida
y mi corazón. Tuve a mi lado personas que me recordaron el poder
y la fidelidad de Dios. Las lágrimas fueron cada vez menos y el dolor
iba disminuyendo. Una noche, de rodillas, ore por él. Ore por sanidad
para él. Le pedí a Dios que no se rindiera con él.
Qué continuara tocando fuerte en la puerta de su corazón.
Deseo que sea un mejor ser humano, porque de esta forma también será
un mejor padre. Ya han pasado dos años y puedo mirar atrás sin dolor.
También me imagino un futuro lleno de ilusión y esperanza.
En ocasiones oro por él como pediría por cualquier otro ser humano.
Creo que el perdón inicia con la decisión de querer perdonar.
Luego en los brazos del Maestro nos entregamos
para que haga su obra en nosotros.
El perdón nos hace libres. Nos libera de las cargas, de los por qué
y del pasado oscuro. Te abre las puertas a un comienzo.
Abre el telón para iniciar una nueva obra en tu vida.
Debby

* * *

Debby supo abrir el telón para abrirse camino en una nueva etapa de su vida rumbo a la sanación total de su persona. Pero esto no hubiera sido posible si no se hubiera atrevido a perdonar. En medio de la angustia, el dolor y el río de lágrimas que derramo, supo escoger vivir antes que ser solo una sobreviviente.

Ahora, al igual que Debby, tú y yo comprendemos más sobre el perdón que nunca antes, pero puede ser que todavía no creamos que podamos perdonar porque sencillamente no sentimos perdonar. Quizás nos decimos a nosotros mismos: «Comprendo lo que es perdonar, pero no siento que pueda alejarme de todos los sentimientos de dolor. ¿Cómo alejar un sentimiento que es más fuerte que tus fuerzas? ¿Cómo te dices a ti mismo que ya es hora de no sentir más? Simplemente no se puede.»

Recuerdas que te mencione que el no poder perdonar era el resultado de vivir engañados. Ya visualizaste el engaño a través de todos los requisitos que han inventado con la sola idea de mantenerte atrapado en un pasado lleno de recuerdos de dolor.

Ahora me toca recordarte lo que mencione al comienzo. El perdonar no te va a liberar de todo el dolor y las consecuencias de la ofensa porque perdonar no es un sentimiento. Si vas a esperar dejar de sentir el dolor, la angustia, la rabia y todos los sentimientos asociados, te garantizo que nunca perdonaras. Nunca te sentirás perfectamente seguro, cómodo ni listo para perdonar.

El perdón abre la puerta
para que estos sentimientos comiencen a irse.

Ahora, lo que te voy a mencionar en este momento no es ningún secreto. Lo que sucede es que es tan sencillo que no se le ha prestado la importancia necesaria. Es tan sencillo que parece insignificante ante el inmenso dolor que sentimos. ¿Recuerdas la historia de David y Goliat?, pues es algo parecido.

¿Si tuvieras que enfrentarte al gigante de dolor acaso no usarías tú también el ingenio? Pues te diré como usar el ingenio para derrotar al gigante que esta trayéndote tanto dolor. La forma de derrotar hoy ese gigante, el cual ahora sabes realmente cual es su tamaño, es arriesgarte a perdonar.

Arriesgarte a perdonar.

Sí, así mismo. Arriésgate porque perdonar es una decisión. Así de simple. Es una decisión. Pero como es tan sencillo de entender es que no se le ha prestado la atención suficiente. Un gigante de tanto sentimiento no puede ser derrotado desde el sentimiento. No puede ser derrotado con otro sentimiento. Lo que le da fuerza a tu gigante son tus decisiones de seguir alimentando una esperanza que no puede ser. Tus pensamientos son los que regulan tus sentimientos. Repasando el evento una y otra vez, colocándote como la víctima, alimentas ese gran sentimiento. Esto significa que la resortera no puedes cargarla de más sentimiento sino con perdón.

Sé que los sentimientos siempre trataran de influir en nuestras decisiones, pero las decisiones basadas en los sentimientos son a menudo desastrosas. A muchos el enojo los ha convertido en asesinos. Otros por placer se han infectado. Más de uno se ha divorciado por ya no sentir nada por su pareja. Por otro lado, ¿Cuántas personas no entran en relaciones toxicas tan solo porque sienten mariposas en el estómago?

Date cuenta de que el único patrón válido para tomar las decisiones importantes en la vida es la sabiduría, la observación y el análisis. Los sentimientos solo debemos tomarlos como referencia de que algo ocurre.

El sentimiento es algo que no puedes decidir sentir o no sentir. Si colocas tus manos sobre el fuego de seguro te quemaras y sentirás dolor. Por otro lado, una decisión es una elección consciente en un conjunto de alternativas distintas. Bien puedes elegir entre el rojo o el verde. Puedes escoger entre lo frio y lo caliente, o entre el bien y el mal. Tú y yo tenemos la capacidad de decidir.

Ahora, ¿optaremos por quitar la mano del fuego para comenzar a sentir alivio? ¿Hasta cuándo permitiremos que nuestras malas decisiones sigan provocando sentimientos indeseables en nosotros? ¿Cuándo optaremos por perdonar para que comiencen a aflorar los sentimientos deseables en nosotros?

 En otras palabras, las buenas decisiones suelen causar sentimientos satisfactorios mientras que las malas decisiones deberían causar sentimientos indeseables.

Ya sabes que para perdonar no es necesario hablar con quien te ofendió. Siempre puede ocurrir que la persona no quiera escucharte, o que se encuentre lejos, o que haya fallecido, y entonces tu perdón se vería frustrado. El perdón es algo que cada uno lo realiza en su interior. El perdón se concede silenciosamente en el corazón, mediante una plegaria que uno realiza las veces que sea necesario perdonando al ofensor para liberarse del odio que se conserva.

¿Te diste cuenta que perdonar no es cuestión de emociones? Podemos renunciar a la venganza, pero no al dolor. Aquí se ve claramente que el perdón, aunque está estrechamente unido a vivencias afectivas, no es un sentimiento. Es un acto de la voluntad que no se reduce a nuestro estado psíquico. Se puede perdonar llorando y pataleando. Por eso cuando se realiza este acto eminentemente libre, el sufrimiento pierde ordinariamente su amargura.

 Arriésgate a enfrentar a tu gigante.

Es muy probable que estés cansado de usar la fuerza de voluntad para deshacerme de los sentimientos. Cada vez que recuerdas el evento y comienza el fluir interminable de sentimientos de dolor puede que te des terapia diciéndote: «Tengo que ser fuerte. No me voy a enojar.» Lo cierto es que eso pasa cuando empleas la voluntad contra los sentimientos. Ese ha sido el mayor problema. Mejor emplea tu voluntad en perdonar. Y decídete a no emplear nunca más la ofensa recibida en contra del ofensor. ¿Será que hemos elegido la venganza y por eso no podemos deshacernos del dolor proveniente de los recuerdos del pasado?

No tiene que seguir siendo así.

Decide no vengarte y pregúntate si hay paz en la venganza. Decide dejarlo libre. ¡Claro que puedes hacerlo! Tú decides. Al fin y al cabo, ¿qué problema ha sido resuelto con la venganza? ¿A quién castigamos? Un momento honesto de perdón puede terminar una vida de rencor. Solo comienza por cuestionarte lo siguiente:

* * *

¿Cuánta energía has derrochado por no perdonar?
¿Cuánto daño te ha hecho el rencor?
¿Hasta cuándo te identificaras como la victima de tu historia?
¿Cuándo comenzaras a ser el protagonista de tu vida?
¿No estás cansado de que las injusticias de tu pasado te dicten como
vivir tu presente y determine así tu futuro?
¿Cuándo reclamarás tu derecho a ser feliz?
¿Cuándo dejarás ir a tu pasado?
¿Cuándo comenzaras a eliminar el dolor de tu pasado?
¿No crees que hoy sea un buen momento para comenzar a sanar?
¿Hasta cuándo vas a seguir esperando
a que el agresor sufra lo que tú sufriste?
¿Te devolverá la venganza lo que perdiste?
¿Cuánto perdiste por no perdonar?
¿Ser el verdugo de quién te ha fallado mejorara algo?
¿La energía que perdiste enganchado en el pasado
no hubiera sido mejor haberla invertida en mejorar
nuestro presente para cosechar un mejor futuro?
¿No crees que ya sea hora de moverse hacia delante?
¿No es hora a caso de levantarte con ánimo y recomenzar?
¿No es hora de luchar contra la corriente
para alcanzar sueños mejores?
¿No estás cansado de las pesadillas de un pasado no resuelto?
¿No crees que sea tiempo de aceptar
que no podemos cambiar lo que pasó?
¿No estás esperando todavía el final feliz?
¿No crees que ya sea hora de desatar
todos los nudo de tu pasado?
¿Crees que ha llegado el momento de arrancarle
el aguijón a la avispa del pasado?
¿No crees que es hora de decir yo creo que no?

* * *

Ahora busca dentro de ti ese propósito que tienes para volar. Busca las razones que te mueven a decir: «¡Basta ya de tanto abuso!» Has un recuento de tus motivos. Pregúntate nuevamente: «¿Por qué necesito perdonar?»

Ahora has tuyos los motivos que te presenté ante la pregunta: «¿Habrán más de 20 motivos para perdonar?» Solo ve completando cada frase en este ejercicio. El mismo te ayudara a reafirmar varias motivaciones internas que podemos tener para volar. La clave es hacerlo con mucha sinceridad y confianza.

* * *

Si deseas perdonar para sentirte mejor.

Necesito perdonar a _____ para callar los sentimientos de molestia y dolor. Necesito perdonar a _____ para sentirme física y psicológicamente mejor. Necesito perdonar a _____ para evitar desquitarme con aquellos que no tienen la culpa. Necesito perdonar a _____ para evitar hacer lo que no me gusta que me hagan a mí. Necesito perdonar a _____ para tranquilizar mi conciencia. Necesito perdonar a _____ para dejar de ser la víctima. Necesito perdonar a _____ para vivir en el presente. Necesito perdonar a _____ para tener fortaleza. Necesito perdonar a _____ para comenzar de nuevo una relación de confianza. Necesito perdonar a _____ para comenzar a estar libre de todo resentimiento. Necesito perdonar a _____ para que mi futuro gozo y alegría no dependa más de quien me ha hecho sentir miserable. Necesito perdonar a _____ para aprender a prevenir hoy las injusticias pasadas. Necesito perdonar a _____ para purificar mi memoria de frustraciones. Necesito perdonar a _____ para vivir en paz con mi pasado.

* * *

Si deseas perdonar para mejorar una relación

Necesito perdonar a _____ para que no continúe hiriéndome. Necesito perdonar a _____ para no darle la satisfacción de herirme a esa persona. Necesito perdonar a _____ para mejorar la relación con el que me hirió. Necesito perdonar a _____ para dejar de exigir lastima por la maldad que otros me han hecho. Necesito perdonar a _____ para prepararnos para recibir el perdón cuando nos arrepentimos sin exigir el derecho a ser perdonados. Necesito perdonar a _____ para ayudar a los demás.

* * *

Si deseas perdonar para mejorar tu relación con Dios

Necesito perdonar a _____ para que Dios me perdone. Necesito perdonar a _____ para desarrollar relaciones de confianza conmigo mismo, con la vida y con nuestro Dios. Necesito perdonar a _____ para que la persona que me hirió pueda ver sus injusticias.

* * *

Luego de haber reafirmado las razones que tienes para perdonar comienza a contar un nuevo relato de tu pasado. Esta vez colócate como una persona decidida. Cuéntala sabiendo que no necesitas darle más promoción a los daños que sufriste. Mejor aún, cuéntala reconociendo la profundidad de los daños y que a pesar de ellos te niegas a culpar a esa persona por tus sentimientos.

Cuando Alondra me comentó sobre sus pesadillas me menciono lo siguiente: *«Por más de 13 años he tenido unas horrible pesadillas que me perturbaban durante las noches. En estas, sueño que me encuentro con él. Luego salgo corriendo a abrazarlo con alegría, emoción y cariño. Después le reclamo por haberme dejado sola. Le reprocho por no estar en todos los momentos en que lo extrañe y necesite. Y es justo ahí donde se me revuelca el estómago y se apoderan de mí una infinidad de sentimientos. Siento rabia, impotencia, enajenación, miedo, abandono, incredulidad... pero sobre todo mucho dolor.»*

A mí me pareció que necesitaba contar su historia de manera diferente. Me pareció que en vez de una pesadilla podría ser un precioso sueño donde ella fuera la protagonista que decide por su vida y no él. Un sueño donde no reclames, no reproches, no culpes ni hagas preguntas. Un sueño donde reafirmes tu posición de que tu felicidad no depende y nunca ha dependido es de lo que esta persona haya hecho o dejara de hacer.

Así que le sugerí lo siguiente: *«Ayer tuve el sueño más hermoso de mi vida. Soñé con alguien que me hizo un daño terrible. Alguien que merece todo mi desprecio y mi indignación. Una persona que traiciono lo más bello que alguien puede dar, la confianza. En fin alguien que estaba equivocado como yo a veces me he equivocado. Soñé que lo tenía de frente y mientras lo miraba a los ojos le dije estas palabras: «Sé que cometiste un grave error que tuvo unas profundas consecuencias en mi vida. Lo que hiciste fue un acto cobarde y mezquino. Con el pasar de los años lo he recordado con asco y con dolor. Es cierto que sentí mucha ira y deseaba gritar a los cuatro vientos el inmenso dolor que sentía. Pero, ¿sabes qué?, todo lo que pasó me hizo más fuerte y aprendí a otorgar la confianza poco a poco. No soy impotente porque mi fuerza no viene de ti. El miedo que sentí fue terrible y la desilusión de ver a mi ídolo caer no te la puedo describir. Se me hizo casi imposible confiar de nuevo. Pensaba que todo el mundo se iba a querer aprovechar de mí. Pero lo peor de todo, fue que esa distancia que creció ante nosotros no me permitió compartir los momentos más importantes de mi vida contigo. No pude*

Parábola de la luciérnaga segura

disfrutar de tu presencia cuando más sola estaba. Cuando tenía mis pesadillas no estabas para consolarme. Cuando lloraba en silencio, apretando la almohada contra mi pecho, no tenía tus palabras de aliento. Hoy quiero que sepas que no necesito cargar con este dolor por más tiempo. Me amo tanto a mi misma que te dejo libre. Tengo tantos sueños e ilusiones por cumplir que no merezco seguir culpándote por cómo me siento. La vida es un hermoso regalo que se me ha dado para administrar y no quiero perder más mi tiempo pensando en un mejor pasado. Muy a pesar de lo sucedido quiero que sepas que te amo. Te amo por los momentos felices que pase contigo. Te amo por formar parte de mi crecimiento y por ser un hermano para mi hermano el tiempo que duro. Por eso te perdono de nuevo. Te perdono y espero que no le vuelvas a hacer a nadie lo que a mí me hiciste. Te perdono y espero que la vida te de tanto amor que puedas buscar tú también tu propia sanación.» Luego le di un abrazo de despedida y lo dejé ir en paz.»

Comienza a contar un nuevo relato dónde seas el personaje principal que toma las decisiones.

Ciertamente esa persona es responsable de sus acciones, pero no por tus sentimientos ni tu felicidad. Tú tienes completa responsabilidad por lo que haces con las imágenes que tienes en tu mente. Tienes un compromiso contigo mismo primero que ya no puedes posponer.

En ésta nueva historia tú no eres un sobreviviente que le pide perdón a la vida. Eres un vencedor que aún sabiendo que el pasado te hirió profundamente, hoy tomas control de tu comportamiento. Hoy te niegas a dejar que esa persona siga humillándote y castigándote dentro de ti.

No es justo que tu felicidad de hoy siga posponiéndose por el miedo a afrontar el dolor inimaginable que llevas por dentro. ¡No es justo!

Ahora busca un pedazo de papel y algo para escribir. Cuando tengas ambas cosas puedes seguir leyendo. Si, ya lo sé, ¿qué pasa si no los tienes cerca y no tienes manera ahora de conseguirlos? No te preocupes. Trata de conseguirlos antes de continuar leyendo. La efectividad de lo que vamos a hacer depende de que tengas estos instrumentos a la mano.

*Por favor, no continúes leyendo
hasta que no tengas un lápiz y una hoja de papel.*

Ya es hora de renunciar al derecho de cobrar contando un nuevo relato de tus pesadillas. Ya no tienes tiempo que perder. Ahora vas en busca de lo que te pertenece. Por lo tanto, porque perder el tiempo dándole tanta promoción a eventos negativos. Tienes que desacerté del peso extra. No vale la pena gastar tanta energía en esforzarnos por cambiar lo que no podemos. Peor aún, tratando de darles lecciones de vida a esas personas para ver si cambian, pues haciendo esto nos vengamos y el remedio es peor que la enfermedad. Mejor comencemos a contar una nueva historia. Y aprovechemos ese evento negativo a nuestro favor. Hemos descubierto que le podemos sacar mucho provecho a estos eventos negativos, siempre y cuando nos traigan paz, y no pesadillas que nos mantienen enganchados al pasado. Cuenta una historia donde tú seas el protagonista que toma las decisiones y no el ofensor. Dónde ya no seas víctima, sino más que vencedor. No vas a querer jamás olvidar lo que pasó. Más bien vas a querer recordar y conectarte de nuevo con tus sueños. Esto durara todo el resto de tu vida, pero a diferencia de tu historia anterior, ahora no eres víctima ni sobreviviente... eres héroe.

*Ahora comienza a escribir tu relato desde el punto
de vista de una persona que elige no habitar en el dolor
y detalla todo lo que has aprendido.*

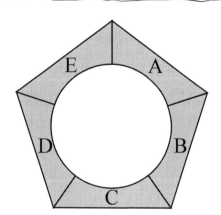

Cuarta Parte
Cinco desafíos

Las ofensas cargan un mal
No tenemos que cargar ese mal
¿Cómo recibir en fe la paz interior?
Pasos de la Oración para recibir en fe la paz interior
Oración para recibir en fe la paz interior

Las ofensas cargan un mal

Una vez has comprendido las cinco advertencias y las cinco preguntas, y has trabajado en el programa «Solo Perdona™» por medio de las cinco parábolas, estas mejor preparado para comenzar realmente a perdonar en profundidad y a emprender un camino de total sanación. Con total sanación me refiero a la sanación de tu persona que incluye la emocional, la espiritual y hasta la física en muchos casos.

Por eso permíteme recordarte la definición sobre lo que es el perdonar tal y como lo hemos presentado hasta ahora.

> *Perdonar es un acto de voluntad donde purificamos la memoria, vigorizamos la voluntad, vencemos la dificultad de perdonar, encauzamos los sentimientos e impulsamos la paz interior.*

Durante la quinta fase del programa «Solo Perdona™» trabajamos con nuestra nueva historia y comenzamos a impulsar la paz interior. A través de nuestra nueva historia expresamos nuestro perdón a quien nos ofendió o irrito. Ahora bien, si queremos profundizar e impulsar más lejos la paz interior debemos adentrarnos más en esta quinta fase. Aquí iremos más profundo en las implicaciones y en el trabajo que necesitamos hacer para obtener esta paz interior que tanto deseamos. Como ya mencione, el perdonar no va lograr que recuerdes sin dolor necesariamente. Con tu perdón vas a abrir la puerta para comenzar la sanación total en tú persona. Es por esto que el perdonar, como lo hemos presentado hasta ahora en este trabajo, no es un acto que ni siquiera Dios va a realizar por ti. Más bien, es algo que Él mismo exige que nosotros hagamos, si es que queremos obtener el fruto de lo que Él enseña en su palabra. En el Evangelio según San Mateo 6:12 nos dice: «…y perdona nuestras deudas, como también nosotros perdonamos a nuestros deudores;» Esto presupone que el acto de perdonar es una acción que podemos y debemos realizar mediante el ejercicio de nuestra voluntad.

Ahora, existe algo adicional que debes saber con respecto a las ofensas. Esta es la razón por la cual al ejercitar nuestra voluntad para perdonar no necesariamente vamos a recordar sin dolor, sanar espiritualmente o físicamente de enfermedades.

> *Las ofensas cargan un mal que nos puede ocurrir debido a nuestra propia decisión y la de otros al elegir la ausencia de Dios.*

Todos tenemos una libre voluntad que la podemos utilizar para elegir el bien o la ausencia del bien. Es aquí que ocurren bendiciones o maldiciones en nuestras vidas. El mal ocurre en nosotros de dos maneras.

La primera, que es la forma más obvia, es cuando aceptamos la tentación. Cuando deliberadamente aceptamos la ausencia de Dios ocurre un mal en nosotros. Este mal nos daña al no utilizar el libre albedrio para escoger el bien en nuestra vida. Cuando elegimos la falta de bien es natural que ocurran maldiciones en nuestras vidas.

La segunda manera, que es la menos conocida, es cuando otros nos dañan sin nosotros tener la debida protección. Aún cuando no sepamos a conciencia que esta persona o situación sea la causante de nuestro sufrimiento. Es por esto que se puede dañar profundamente a un niño en el vientre de su madre sin su consentimiento. Este niño intrauterino no culpa a nadie de lo que le está pasando, cuando por ejemplo lo rechazan. Pero el rechazo es una de las peores ofensas que se pueden realizar contra nosotros. Cuando alguien rechaza a este bebé no nacido, este recibe el mal que esta otra persona le está suministrando. El niño no tiene la debida protección espiritual para defenderse de este mal y por eso es marcado y dañado.

No solo eso, sino que el mismo parto, puede ser una experiencia traumática que genere una irritación y por consiguiente un mal. De todo esto puede que hoy ni siquiera tengamos conciencia. Pero nos puede haber marcado sin nuestro consentimiento.

Aubrie es un vivo ejemplo de lo que sucede cuando no estamos debidamente preparados y nos suceden ofensas dolorosas. Al igual que un bebé intrauterino ella descubrió, de muy mala manera, las consecuencias atroces que se pueden pagar cuando no estamos preparados interiormente.

Ella confundió el echarse la culpa por las ofensas recibidas con tomar responsabilidad por sus sentimientos en uno de los momentos más terribles y espantosos de su vida. Su amado príncipe azul se convirtió en sapo. Antes de que ella lo esperara tuvo que vivir el maltrato domestico en carne propia.

* * *

He pasado muchos eventos de maltrato físico,
verbal y emocional de mi ex pareja. Recibí una crueldad inimaginable.
Me preguntaba: «¿Por qué esto me pasaba a mi? ¿Por qué merezco
tantas cosas desagradables?» No podía creer
que yo hubiera hecho algo tan malo como para
que me tratara de esta forma tan cruel. Como
ser humano que soy sé que he cometido errores,
pero eso no le daba derecho a golpearme y
despreciarme como lo hizo. No me atrevía a decirle nada a mi familia ni
a nadie cercano porque la vergüenza me dominaba.

Las ofensas cargan
un mal

Por eso me separe de mi esposo,
siempre pidiéndole a Dios que me diera protección
y discernimiento para entender todo lo que me pasaba.
Después de muchas oraciones
y de mucho pedirle a papá Dios
seguía sin encontrar respuestas a lo que sentía.
Hice retiros espirituales, busqué ayuda profesional,
pero los sentimientos de rabia, desilusión
y tristeza no se apartaban de mí.
Recuerdo que hice un retiro espiritual diferente.
En esta ocasión me entreviste con Monseñor Cedano
quién era el obispo de la Parroquia El Buen Pastor
en la República Dominicana.
Él me dijo muy dulcemente:
«Querida hija, si quieres sanar debes comenzar
con perdonarte a ti misma. Debes estar clara
que tuviste tanta responsabilidad como quien te hirió.»
Entonces ahí empezó mi búsqueda de cómo podría lograr perdonarme.
Solo cuando reconocí que yo era la responsable
por haber permitido esto en mi vida, pude perdonar.
Luego descubrí que solo la bondad misericordiosa de papá Dios,
es la única capaz de sanar un corazón herido.
Él es el único que con su amor
puede vendar las heridas en un alma rota y quebrada.
Hoy en día, por amor a papá Dios y a mi hija
continuo una relación sana y sin reproches.
Lo hago para mantener la salud mental de mi hija
y la paz de mi alma.
Aubrie

* * *

La responsabilidad que Aubrie asumió la ayudó a perdonar y comenzar a sanar. Ella reconoció que era responsable por haber permitido esto en su vida y si quería mejorar debía permitir que la misericordia de Dios actuara en su interior.

El problema ocurre cuando nos hemos acostumbramos a poner nuestra fe en los sentimientos. Aún siendo creyentes, pensamos que si no sentimos rencor y ya todo está olvidado, no tenemos necesidad de perdonar. A veces, luego de varios años de las ofensas, no sentimos ningún sentimiento indeseable y por eso decimos que todo está olvidado. Decimos: «¿Para qué voy a perdonar si todo ya pasó? ¿Para qué recordar esos momentos terribles y revivir todo ese daño? ¿Qué sentido tiene?»

Cuando pensamos de esta manera cabe bien preguntarnos una cosa: ¿Dónde está el mal? ¿Dónde está el mal producto de todo ese dolor que nos afectó por no tener la debida preparación espiritual? ¿Dónde está el mal?

 Cuando vivimos pensando que todo está olvidado sin perdonar, nos «salvamos» a nosotros mismos.

Somos nosotros quienes padeciendo las consecuencias nos salvamos imponiéndonos un olvido. Cuando padecemos las ofensas estamos pagando el precio de las mismas. Somos nosotros quienes sufrimos las consecuencias. Es por eso que si solo proclamamos el perdón, el mal permanece en nosotros. Nos podemos sentir mejor, pero esto no se trata de solo sentir.

En adelante estaremos pagando el precio de este mal. Vamos a pagar con una vida miserable lo que nos han hecho. ¿Te parece justo esto? Claro que no es justo. Pero me parece más injusto que tengamos que pagar inclusive cuando decimos creer en Jesucristo.

No tenemos que cargar ese mal

La fe cristiana profesa que Jesús vino para salvar a la humanidad. El problema es que esta salvación muchas veces se ha malinterpretado. Por un lado, vivimos cargando pesadas cargas justificando que lo hacemos porque es la cruz que debemos llevar; y por otro lado vivimos como si nada hubiera pasado. En ambos casos actuamos como si no necesitáramos la intervención divina en nuestras vidas. Podemos gritar a los cuatro vientos que creemos en Dios y al final, todo se reduce a una forma de tranquilizar nuestras conciencias.

Queremos hacerle creer a todos que estamos bien cuando en realidad lo único que hemos hecho es acomodar el mal en nosotros. Nos hemos acostumbrado a cargar con ese mal, y para que no duela tanto, hemos adquirido una personalidad vacía que nos protege de nuevas ofensas. Nos fabricamos una personalidad en la cual todo nos resbala o simplemente no nos permitimos expresar lo que sentimos para no sufrir de nuevo. Todo esto se traduce a vivir una vida separada del amor de Cristo, aún cuando participamos de algún servicio religioso o ministerio.

¿No crees que haya llegado el momento de cuestionarte de nuevo lo que la salvación de Cristo significa y cómo experimentar los frutos que esta promete?

Isa es una persona muy creyente, pero a pesar de eso, una situación en su trabajo la hizo cuestionarse más de una vez su cristianismo. Ella me escribió lo siguiente:

* * *

Siempre me he considerado una persona de poco conflicto y también poco rencorosa. No soy vengativa pero cuando una injusticia es cometida en contra de mi persona... quiero que todos sepan la verdad, lo reconozcan y que se arregle cualquier equivocación.
Trabajo para una compañía de comunicaciones asistiendo los directores de ventas del estado donde resido. Mi día a día es asistiendo estos directores que a su vez trabajan en conjunto con otros directores y el vice Presidente y Gerente General de la compañía. Cuando obtuve esta

posición, que siempre he considerado fue puesta en mi camino por Dios,
trate desde un principio aprender lo más que pude con rapidez.
No sabía cuales serian mis responsabilidades y el precio que pagaría
por ellas. Entonces conocí la asistente del vicepresidente. Siempre la he
tratado con mucho respeto, primero porque es mucho mayor que yo y
segundo porque tiene muchísima más experiencia haciendo este trabajo.
Desde un principio mis supervisores me advirtieron sobre ella.
Me dijeron que era una persona dura, controversial,
cerrada a opiniones y difícil de lidiar. Yo quería forjar mi propia
opinión y por eso la trataba con mucho respeto. Durante estos dos años
y medio han sido muchas las cosas negativas que han pasado entre
nosotras. Unas por chismes y otras por profunda maldad. Yo soy de las
que piensa que cuando uno perdona tiene la habilidad de dejar el
pasado en el pasado. Ese refrán que dice perdono pero no olvido no es
para mí. Yo soy de las que te perdone y te perdone. Pero con todas las
cosas que esta señora me ha hecho, he tenido que cuestionar dos veces
mi cristianismo. Ella me hizo una acusación anónima en recursos
humanos indicando que yo falsificaba mi tiempo y mis ponches, usando
la contraseña de mi jefa, poniendo en entredicho mi integridad.
Yo estoy encargada de una flota de carros corporativos y ella indico
que yo usaba los carros para mi uso personal.
También expresó que los prestaba a otros empleados para su uso
personal y hacia mal manejo de los carros de la compañía. Toda esta
alegación la realizó partiendo de una red de suposiciones sin
fundamento. Con el tiempo la verdad salió a relucir y una vez
investigado el caso, quede sin mancha. Quedó demostrado que sus
presunciones eran mentiras porque yo no había hecho nada de lo que
ella me acuso. Ella no sabía que yo tenía conocimiento de que ella era
quien me difamó. Así que un día, de forma indirecta, le verbalice sin
temor que lo que habían hecho en mi contra fue una total injusticia.
A pesar de este desahogo me seguí sintiendo vacía. Además, aunque he
visto la mano de Dios protegiéndome, he notado que por mucho tiempo
he estado en la carne y no siento más a Dios en esta situación. Por eso
se me ha hecho súper difícil hablar sobre este tema y sobre el perdón
que quiero sentir en cada fibra de mi ser. Ahora pienso en Jesús y como
Él sabiendo que sería traicionado pudo perdonar.
Quizás quiero una respuesta más clara de Él. Sé que debo manejar
mejor esta situación para que el perdón de Jesús se vea reflejado en mí.
Pero, aún no entiendo el por qué ni las razones. Ella se burlo de mí
haciéndome creer que se preocupaba por mí.
Me hacía creer que otra persona en vez de ella fue la que hizo la
acusación. Lo que más me duele es que aún sabiendo que estuvo mal,

no ha tenido el valor de aceptarlo o de enmendarlo de alguna manera. Todo lo contrario, ella tiene la peor opinión de mi persona. Mi «YO» cristiano quiere sentir que esta situación no aporta a nada en mi vida y debo dejarla atrás. Pero, creo que lo que no me deja dormir es que mi «YO» en la carne quiere que ella sepa que su falta de humanidad, sus malos tratos y todo lo que hace para tratar de hacerme deslucir es en vano. Mi «YO» en la carne le duele que esta señora me vea como una persona mediocre, sin talento, de poco potencial y de poca integridad.

También me afecta el no poder hacer nada tangible al respecto.

Escribiendo esto me doy cuenta que mi problema es que no sé como dejar en las manos de Dios mi conflicto.

Isa

* * *

Por mi parte sentí mucha compasión por ella y me acorde que por personas como ella fue que decidí desarrollar el programa «Solo Perdona™.» Recuerdo que le dije, entre muchas cosas, lo siguiente:

* * *

Querida Isa:

Lo primero que deseo expresarte es gracias. Sí, gracias por darte la oportunidad de cuestionarte sobre cómo debes manejar esta situación. No es nada fácil enfrentarse a situaciones tan duras como la que estas pasando y no saber cómo resolverlas de manera efectiva. Me llama mucho la atención el cómo diferencias en tu vida tus deseos cuando estos están en conflicto. En definitiva hay una lucha dentro de ti en cuanto a lo que debes hacer y lo que quieres hacer. No te preocupes, nos pasa a todos...

* * *

Además, le exprese que lo único que necesitaba para comenzar era exactamente lo que estaba haciendo. Me refiero a demostrar un compromiso consigo misma buscando mejorar, aceptando que sucedió algo que le dolió y estando dispuesta a hacer lo necesario para conseguir la paz interior porque no tenía que seguir cargando ese mal cuando hubo alguien que ya pago por ese mal. Hubo alguien que pagó para que ese mal no se quede en el pasado sino en su cruz. Hubo alguien que pagó para que hoy no tuviéramos que desahogarnos frente a los que nos ofenden para luego sentirnos vacíos. Hubo alguien que pagó para que no tuviéramos que estar dependiendo de si sentimos su presencia o no en la situación. Esta persona ya pagó para que no tuviéramos que entender el por qué ni las razones de los que se burlan haciéndonos creer que se preocupan por nosotros. También pagó para no tener que esperar a que esta persona tenga el valor de aceptar o enmendar lo que hizo.

No solo eso, sino que pagó para que dejáramos de tener un «*yo cristiano*» y un «*yo en la carne.*» En otras palabras, para que abandonemos la tentación de querer hacerle saber a estas personas que su falta de humanidad, sus malos tratos y todo lo que hacen para tratar de hacernos deslucir es en vano. No tenemos que pensar que nuestro «yo en la carne» le duele que otros nos vean como personas mediocres, sin talento, de poco potencial y de poca integridad. El dolor no tiene nada que ver con realizar las obras de la carne sino con una hermosa capacidad que se nos otorgó para recordarnos que somos humanos y no estamos hechos de palo.

La buena noticia es que todavía podemos hacer algo tangible al respecto. Todavía podemos aprender como dejar en las manos de Dios nuestro conflicto para participar de su victoria. Las buenas nuevas de la salvación siguen siendo hoy nuevas noticias. Hoy más que nunca debemos reconocer que acomodar el mal no es la solución y que no tenemos que sufrir estas consecuencias indeseables para siempre.

Hay una solución y esta se encuentra en Cristo Jesús. Sí, el mismo Cristo que todavía hoy muchos no entienden y es motivo de divisiones incluso entre cristianos. Él todavía sigue siendo la respuesta y la única persona que puede deshacer este mal, que por ignorancia muchas veces, hemos acomodado en nuestro interior.

La buena noticia es que no tenemos que seguir cargando ese mal en nosotros.

Por eso es que mientras no escojamos este supremo bien para nuestras vidas, viviremos con las consecuencias que esto produce. Trataremos de mil formas sacar ese mal y no podremos. Es por eso que el Padre celestial envió a su único hijo Jesucristo para que todo el que crea en Él no se pierda, sino que tenga vida eterna. Jesús vino a salvarnos de este mal.

Jesús venció este mal desde la cruz del calvario. El pagó el precio que debía ser pagado para que tú y yo tuviéramos vida, y vida en abundancia. Él sabe muy bien lo que son las ofensas porque las cargó en carne propia. Pero a diferencia de nosotros, Él tuvo la debida preparación espiritual para que estas ofensas no generaran un mal en Él. Además de ser verdadero Dios, también es verdadero hombre y por consiguiente puedo haber elegido el mal. Lo cierto es que siempre eligió el bien.

Jesús conocía muy bien que no podemos remover este mal por nuestras propias fuerzas como si fuéramos dioses. Por eso nos revelo que la única manera para lograr esta sanación total en nosotros es amándolo sobre todas las cosas, lo cual significa colocarlo como centro de nuestras vidas y permitirle a Él ser en realidad nuestro Dios. Según San Juan, no vamos a producir verdadero fruto sin Él. Esto lo evidencia cuando escribe en Juan 15:4 declarando: *«...permanezcan en mí como yo en ustedes. Una rama no puede producir fruto por sí misma si no permanece unida a la vid; tampoco ustedes pueden producir fruto si no permanecen en mí.»*

No tenemos que cargar ese mal

A través de esta comparación entre la rama y la vid, Jesús nos enseñó que nada provechoso podemos hacer sin Él en lo absoluto. Por eso todo mal, que nos ocurra por nuestra propia decisión de elegir la ausencia de Dios o por otros haberlo elegido, Él lo puede convertir en un bien cuando perdonamos en su nombre y lo depositamos confiadamente en Él. Esto es una de las razones por las cuales el apóstol San Pablo en su bella Carta a los Romanos 5:20 declaró: «...donde abundó el pecado, sobreabundó la gracia.»

 Jesús quiere recibir ese mal.

Cuando usamos nuestra voluntad para perdonar damos el primer paso para sanar. Es por esto que para continuar este camino de sanación que hemos comenzado con nuestro perdón es necesario quitar el mal. Ahora bien, no quitaremos el mal que llevamos dentro hasta que incluyamos a Jesús en nuestra formula. La mejor parte de todo esto es que Jesús mismo quiere quitar este mal. Es por esto que, en el Evangelio según San Mateo 11:28, dice la palabra de Dios: «Vengan a mí los que van cansados, llevando pesadas cargas, y yo los aliviaré.»

 Jesús es el nombre que esta sobre todo nombre.

A todos nosotros se nos ha dado un nombre que esta sobre todo nombre, y ese nombre es Jesucristo. San Pablo en su Carta a los Filipenses 2:9 dice: «Por eso Dios lo engrandeció y le dio el Nombre que está sobre todo nombre,» por tal razón es muy importante perdonar en el nombre de Jesús para transferir este mal a la única persona que puede destruir el mal. Realizar algo en el nombre de Jesús significa hacer algo con su poder y autoridad.

 Jesús destruyo el mal en la cruz.

No basta con perdonar en el nombre de Jesús. Es necesario colocar el mal a los pies de la cruz. Jesús es quien desde su cruz derramó su sangre preciosa pagando el precio del mal cometido por todos los hombres. Esto incluye el mal producto de mi pecado y el mal producto del pecado de los demás. Por mis propias fuerzas debo reconocer que no puedo eliminar el mal pero puedo utilizar mi voluntad para perdonar y colocar el mal a sus pies si lo hago con su autoridad. Es por eso que debo unirme a quien sí puede lograrlo. Él no solo se puede encargar del mal que yo guardo, sino que se encargará del mal que otros guardan, si se lo pedimos. Así, no solo quedaremos nosotros transformados, sino que el ofensor y los ofensores también. Colocar la ofensa a los pies de Jesús crucificado es dejar que Jesucristo se encargue de este mal.

En su libro «Como perdonar de corazón» p.50, el P. Francis nos dice al respecto: *«Jesucristo quiere que recibamos su victoria sobre estos pecados por los méritos de su muerte y resurrección. Jesús nos dio gratuitamente la victoria cuando murió en la cruz por estos pecados. Lo que Él quiere de nosotros es que aceptemos esta victoria por el arrepentimiento de nuestros pecados y perdonando los pecados, ofensas e irritaciones de los demás.»*

Pero, esto no es todo. Si perdonamos en el nombre de Jesús y colocamos el mal a sus pies puede pasar que la fe nos falle. Es por esto que debemos aprender también como recibir en fe la paz interior que Él nos promete en su palabra. Si aprendemos como recibir en fe esta paz, nadie podrá quitárnosla, porque nadie nos las dio. Para aprender un poco a como recibir en fe te exhorto a que le eches un vistazo al próximo capítulo.

¿Cómo recibir en fe la paz interior?

Hay muchas formas de recibir en fe la paz interior, pero ahora quisiera proponer una poderosa oración que ha resultado ser muy efectiva. Con ella vamos a perdonar y sanar en el nombre de Jesús. La he llamado Oración para recibir en fe la paz interior. El P. Francis Frankovich en su libro «Perdonar de corazón» p.56, presenta una oración similar a la cual se refiere de esta manera: *«Cuando perdonamos en el nombre de Jesucristo, estamos poniendo la irritación u ofensa o en las manos del Señor, para que el venza el mal y su efecto en cada uno de nosotros.»*

Esta oración la podemos hacer luego de haber realizado las cinco fases que he propuesto para dejar de pedir perdón por existir o si ya tenemos una idea más clara sobre lo que es perdonar y recibir en fe. Esta oración tiene diez pasos. Los primeros cuatro son para prepararnos mientras que los otros ocho son para perdonar, bendecir y recibir la paz interior. De necesitar perdonar a más de una persona se puede regresar al paso cinco y continuar hasta el final de nuevo.

* * *

La paz interior la impulsamos cuando guiados por el Espíritu Santo reconocemos y aceptamos que el mal de las ofensas fue vencido por Jesús en la cruz, decidimos aceptar la misericordia de Dios por nuestras faltas, reconocemos la ofensa y los sentimientos que la acompañan, perdonamos en el nombre de Jesús, entregamos nuestras ofensas a Jesús crucificado, bendecimos al ofensor, recibimos su imagen restaurada, solicitamos sanación tanto para nosotros como para el ofensor, recibimos lo que el Señor desea que hagamos para mostrar más amor al ofensor y lo que desea ofrecernos a través de su Espíritu Santo mientras damos gracias confiando en que su misericordia ya está actuando.

* * *

La manera de expresarla es a través de diez pasos sencillos que describo de la siguiente manera:

Preparación:
- Ambiente sin distracciones
- Orar de una vez
- Lista de personas a perdonar

Primera parte:
1. Espíritu Santo
2. Sincera intención
3. Contrición y misericordia

Segunda parte:
4. Ofensa y sentimientos
5. Perdón y envío
6. Bendición e imagen
7. Sanación total
8. Ofrenda amorosa
9. Gozo y regalo
10. Gratitud anticipada

Al terminar la oración nos toca dar testimonio de esta misericordia recibida de Dios expresando o demostrando más amor hacia la persona o situación que nos ofendió.

 Una nota sobre la sanación

Si vamos a hablar de sanación debemos comenzar por identificar quién es el autor de esta sanación que buscamos. Mientras pensemos que somos nosotros mismos, quienes nos sanamos, nunca llegaremos a experimentar una sanación profunda. No depende de ningún ejercicio mental, caracoles, cuarzos, pulseras milagrosas, cartas místicas, posición de las estrellas o alguna obra que hagamos sin intervención divina. Si no depende en lo absoluto de nada de esto, ¿entonces de qué depende?

Nuestra sanación depende de cuanta confianza pongamos en el doctor de doctores.

Ahora, ¿qué podemos hacer para aumentar esta confianza? Dice la palabra de Dios en el Evangelio según San Mateo 17:20 «Jesús les dijo: «Porque ustedes tienen poca fe. En verdad les digo: si tuvieran fe, del tamaño de un granito

¿Cómo recibir en fe la paz interior?

de mostaza, le dirían a este cerro: —Quítate de ahí y ponte más allá—, y el cerro obedecería. Nada sería imposible para ustedes.»

El señor le estaba mostrando que por su palabra ellos podían tener la fe que tanto necesitaban, no solo para agradarle, sino para la liberación interior de la cual no estaban ni conscientes. Les estaba mostrando que debían pedir con fe en su palabra y lo más importante que debían recibir con fe. Por eso no basta con pedir con fe en la palabra de Cristo, sino que es necesario recibirla con la misma convicción.

Recibir en fe

Para recibir en fe debemos realizar tres sencillos pasos:
1. Repetir la palabra con convicción.
2. Visualizar o imaginar lo que está pasando.
3. Dar gracias a Dios por anticipado.

Estos pasos los vamos a aplicar a nuestra oración de perdón y sanación para que pueda ser efectiva y profunda. Va a ser necesario repetir la palabra con convicción en algunos momentos de manera que estemos seguros de la persona en quien hemos puesto nuestra confianza. También utilizaremos la imaginación para crear en nuestras mentes la imagen de lo que pedimos como si lo hubiéramos obtenido y usaremos la acción de gracias anticipada para expresar gratitud aún sin ver lo que estamos pidiendo.

Pero eso no es todo. Existe un elemento importantísimo que debemos incluir ya que, no solamente necesitamos esta convicción en la palabra de Dios para lograr nuestra sanación. Sino que necesitamos perdonar en el nombre de Jesús y enviar a la cruz el mal que guardamos en nuestro interior, así como el mal que guarda la persona que nos ofendió.

Esto quiere decir que la sanación que solicitamos se dará en nosotros cuando con convicción en la palabra de Dios, perdonemos en el nombre de Jesús, enviemos el mal a la cruz de Cristo y recibamos en fe la sanidad para nosotros como para quien nos ofendió.

Sanación es perdonar en el nombre de Jesús, enviar el mal a la cruz de Cristo y con una gran convicción en la palabra de Dios recibir en fe la sanidad para nosotros y para el ofensor.

Luego de haber perdonado en el nombre de Jesús puede que vengan muchos sentimientos indeseables. Es ahí cuando debemos recordar dónde colocamos el mal. Sí ya lo colocamos en la cruz de Cristo no está en nosotros. ¿Para qué voy a poner la mano en el arado y voy a mirar atrás?

Si comenzamos a preguntarnos cosas como: ¿Por qué estoy sintiendo esto de nuevo? ¿No se supone que Cristo venció? ¿Hasta cuándo voy a sentir esto? ¿Señor estas ahí? ¿Estás escuchándome? Todas estas preguntas lo único que reflejan de nosotros es duda. Estamos poniendo nuestra confianza en nuestros sentimientos. Si deseamos sanación debemos colocar nuestra confianza en la palabra de Dios. La palabra dice en el evangelio según san Marcos 11: 23 «Yo les aseguro que el que diga a este cerro: ¡Levántate de ahí y arrójate al mar!, si no duda en su corazón y cree que sucederá como dice, se le concederá.»

Cuando decimos: «Es que ya he tratado por mucho tiempo y no veo resultados. Es que ya hice esto y lo otro, y no veo cambio. Es que todavía no están las condiciones apropiadas.» Eso se llama impaciencia. Estamos colocando la confianza en la situación. De nuevo, necesitamos poner nuestra confianza en la palabra de Dios. La palabra de Dios dice en Hebreos 6:12-15 «No se vuelvan flojos, sino más bien imiten a aquellos que por su fe y constancia consiguieron al fin lo prometido. Tomen el ejemplo de Abrahán. Dios le hizo una promesa que confirmó con juramento y, como no había nadie más grande que Dios por quien jurar, juró invocando su propio Nombre: Te colmaré de bendiciones y te multiplicaré sin medida. Y perseverando, Abrahán vio realizarse las promesas de Dios.»

En ambos casos colocamos la fe en nosotros mismos. La idea es estar bien claros que la fe necesitamos colocarla en la palabra de Dios si es que queremos que se cumpla en nosotros las hermosas promesas con las cuales Él desea bendecirnos. Las promesas de Dios que están en La Biblia no pueden retornar al cielo sin que se cumplan primero en nosotros. Pero, para que estas se cumplan es necesario que nosotros hagamos nuestra parte.

En el próximo capítulo tendrás la oportunidad de adquirir toda la información necesaria con respecto a la preparación necesaria y los diez pasos necesarios para recibir en fe la paz interior. Cada uno de estos valiosos pasos te ayudara a conseguir lo que tanto has anhelado.

Pasos de la Oración para recibir en fe la paz interior

Ahora veremos en detalle cada uno de los pasos que necesitamos realizar para perdonar y sanar en el nombre de Jesús a través de esta Oración para recibir en fe la paz interior. Recuerda que esta oración la debes hacer las veces que sea necesario para que tenga efectividad. Quizás no baste con hacerla solo una vez ya que la ofensa puede ser profunda y esto haga que requiera múltiples intentos. Lo importante es no desanimarse puesto que Dios nunca nos abandona. Para comenzar debemos tener una adecuada preparación.

 ## Preparación

Antes de comenzar esta oración para perdonar y sanar debemos prepararnos de tres maneras.

1. Lo primero que debemos tener es un ambiente donde no hayan distracciones. Es decir, un ambiente sin tener cerca el timbre de la casa, la televisión, una computadora, la radio, un teléfono que pueda sonar o alguna comida que estemos cocinando. No queremos que nada vaya a distraernos durante la oración.

2. Lo segundo que debemos tener en consideración es hacer toda la oración de una sola vez. Si no podemos realizar toda la oración de una vez sería mejor posponerla para cuando tengamos más tiempo. Esta oración requiere de un compromiso serio donde separamos un tiempo específico para que tenga efectividad profunda en nosotros.

3. La tercera consideración es escribir una lista con todas las personas o grupo de personas que deseamos perdonar de manera individual. Una lista puede ser de mucha utilidad porque no tenemos que pensar en esto cuando hayamos comenzado nuestra

oración y así podremos trabajar sobre nuestro objetivo. Hay ocasiones en que es necesario perdonar a varios individuos al mismo tiempo ya que durante la situación participaron varias personas. Por ejemplo, en un aborto más de una persona colaboró. Allí hubo doctores, enfermeras, recepcionistas, quizás el padre y quizás otros familiares. Todos ellos participaron en el mismo pecado u ofensa. Por lo tanto, puedes agruparlos todos para perdonarlos.

 ## *Primera parte*

Ahora vas a adquirir la información necesaria sobre cada uno de estos importantes pasos. Esta información te ayudara a comprender en profundidad el objetivo y las implicaciones de cada uno de ellos. También podrás familiarizarte con el orden específico de cada uno. Además verás cómo cada paso te va preparando profundamente para el próximo.

Teniendo un entendimiento global de la forma en que estos diez pasos se entrelazan entre sí, le podrás sacar el mayor beneficio posible. Recordemos que esta oración no tendrá ningún beneficio sino la realizamos recibiendo en fe.

 ### *Primer paso: Espíritu Santo*
Invocamos la presencia del Espíritu Santo

En este paso invocamos la presencia del Espíritu Santo para que podamos perdonar en el nombre de Jesús. Tú y yo no sabemos orar, por eso es necesario invocar la presencia del Espíritu Santo de Dios. De esta manera Él llegara a nuestro auxilio y nos ayudara a continuar con profundidad la oración que hacemos. El Espíritu Santo es promesa de Dios, por lo tanto podemos estar seguros que Él lo enviara a socorrernos.

Es el mismo Espíritu Santo que hemos recibido en nuestro bautismo, solo que con nuestra invocación nos hacemos consientes de su presencia, nos encomendamos de forma específica a sus deseos y nos preparamos para recibir lo que desee darnos.

Durante esta parte de la oración vamos a utilizar la imaginación para proyectar en nuestras mentes la realidad espiritual del Espíritu Santo. Así nos formaremos en el pensamiento la imagen del Consolador, el cual no vemos con nuestros ojos, pero su poder se ha hecho sentir de muchas maneras en mi vida y en la vida de muchos otros que se lo han permitido.

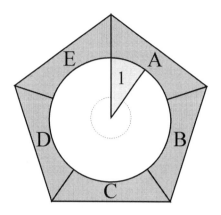

Segundo paso: Sincera intención
Reconocemos nuestra necesidad

En este segundo paso reconocemos que deseamos ser libres. Su palabra habla en muchas ocasiones que Jesús vino a liberarnos. Es por eso que en este paso buscamos reconocer nuestra sincera intención al acudir a Él en medio de nuestras dolencias.

Es un acto donde reconocemos que estamos cansados de cargar el peso del mal en nosotros. Es reconocer que si no hemos proclamado el perdón en su nombre y no hemos entregado a sus pies el mal que nos agobia, lo único que hemos hecho es acomodar el mal en nosotros y pagar el precio de la ofensa.

Por eso deseamos reafirmarnos en que no tenemos que seguir pagando el precio del mal recibido. No tenemos que seguir mendigando el amor porque el amor no se mendiga. El amor se merece. Nuestra vida no tiene que seguir siendo afectada por las ofensas recibidas.

En el Evangelio según San Juan 3:16 el Señor nos promete: *«¡Así amó Dios al mundo! Le dio al Hijo Único, para que quien cree en Él no se pierda, sino que tenga vida eterna.»* Es por esto que deseamos reconocer que el Padre entregó a Jesús para que padeciera una muerte de cruz por nosotros y para que todo el que crea en este sacrificio encuentre libertad. Mientras no creamos en este sacrificio los beneficios que contiene jamás se reflejaran en nosotros. Es por esto, que aunque Él se entrego hace más de dos mil años, todavía hoy sigue habiendo gente oprimida.

Él pago el precio de las ofensas que recibimos. Por eso nos reiteramos en que Cristo murió por nosotros y que sin Él no podemos hacer nada de valor. Fue allí en la cruz del Calvario donde Él pagó el precio de todas las ofensas y nosotros aceptamos que lo hizo por amor a nosotros. Es por eso que en este paso aceptamos la invitación que nos hizo de creer en este sacrificio.

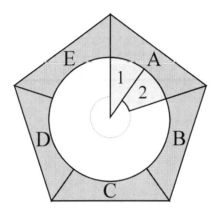

Tercer paso: Contrición y misericordia
Aceptamos que Cristo pagó por nosotros, le pedimos perdón por nuestras faltas y aceptamos su inmensa misericordia

En este tercer paso nos acercamos a Jesús crucificado en el preciso momento en que venció el mal. Lo hacemos primero para contemplarlo, lo cual nos debe mover a arrepentirnos de nuestras faltas. La cruz fue el lugar donde Cristo venció el pecado. Es ahí donde queremos comenzar. Queremos ser llevados por el Espíritu Santo a este santo lugar. Vamos a utilizar de nuevo la imaginación para recrear el momento exacto de la crucifixión. Vamos a contemplarlo junto a María, quien no se separo de Él y es un modelo de fe que todos querrían tener a su lado. Vamos a ese instante en que pagó para que no tuviéramos nosotros que pagar.

Él estaba pagando tanto el mal de nuestras ofensas como el mal de las ofensas cometidas contra nosotros. Muchas veces pensamos que Él solo pagó por nuestras ofensas y nos olvidamos que también pago por las ofensas que otros cometieron contra nosotros que a su vez son cometidas contra Él. Si vemos en detalle el evangelio según San Mateo 25:40, Dios nos revela algo muy interesante: «*…En verdad les digo que, cuando lo hicieron con alguno de los más pequeños de estos mis hermanos, me lo hicieron a mí.*» Esto significa entre otras cosas que las ofensas que cometieron contra nosotros las cometen contra Dios también. Por consiguiente Cristo vino a vencer estas ofensas y sus consecuencias en nosotros de igual manera. Él no solo cargo con nuestras ofensas sino con las ofensas que cometieron contra nosotros.

En la Carta a los Hebreos 4:16 dice: *«Por lo tanto, acerquémonos con plena confianza al Dios de bondad, a fin de obtener misericordia y hallar la gracia del auxilio oportuno.»* Por eso en este paso nos acercamos a nuestro Señor Jesús para obtener misericordia y hallar la gracia que necesito para continuar.

Al pararnos frente a la cruz podemos contemplar la forma en que Cristo vencía el mal. En vez de pagar mal con mal, Él fue fiel a su enseñanza y pagó con un bien mayor. Sin importar el tamaño de la ofensa, él supo pagar con bondad. Es por eso que nos tomamos un tiempo para contemplar la manera sublime en que Él venció el mal.

Luego vamos a reconocer que todo esto está pasando por el gran amor que nos tiene y el sacrificio que le costó cada uno de nuestros innumerables pecados. Esto indudablemente nos tiene que llevar a pedir perdón por todas nuestras ofensas. Es el momento de reconocer que, quizás no hemos pecado como quien nos ofendió, pero de seguro lo hemos hecho de alguna forma y en múltiples ocasiones. Debemos reconocer que no siempre hemos actuado con justicia y según su plan divino. Esto significa, de manera especial, en renunciar a ciertas prácticas que colocan nuestra fe fuera de Él. Estas prácticas son toda forma de idolatría, superstición y hechicería. Dichas prácticas Él las aborrece y traen un mal mayor a nuestras vidas.

Ahora nos disponemos a recibir la misericordia de Dios. El gran amor con el cual nos ama hecha fuera el miedo. Es por esto que buscamos un encuentro con la mirada de Cristo. Esa mirada que llenó de esperanza a tanta gente. Esa mirada amorosa que consoló a todos los que se acercaron a Él. Es el momento de dejamos amar por el Señor. Un momento donde su mirada amorosa nos llena de su misericordia.

Su misericordia nos debe mover a solicitar la purificación interior por medio de su sangre preciosa. La misma que fue derramada para salvar a todos los que creyeran en Él. Su sangre preciosa se derramo para el perdón de nuestros pecados. Es por eso podemos reclamar una promesa poderosa que en Isaías 53:5 dice como sigue: *«...y eran nuestras faltas por las que era destruido nuestros pecados, por los que era aplastado. El soportó el castigo que nos trae la paz y por sus llagas hemos sido sanados.»* Este es un buen momento para reclamar esta promesa y obtener la sanación que esta encierra.

Por medio de la imaginación recreamos en nuestra mente el momento en que su preciosísima sangre nos limpia y nos purifica. Es el momento de recibir su victoria y reconocer que Él es un Dios misericordioso que quiere limpiarnos. Sabiéndonos perdonados por Él podremos perdonar mejor en el nombre de Jesús, el nombre que esta sobre todo nombre. Te recuerdo que no se trata de solo mencionar el nombre de Jesús. Sino de actuar con su autoridad. Según el pensamiento bíblico, hablar en nombre de Jesús, es hacerlo con su potestad.

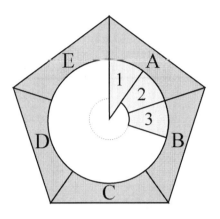

 Segunda parte

Cuarto paso: Ofensa y sentimientos
Traer al ofensor frente a la cruz y describir lo sucedido junto a mis sentimientos.

Durante esta parte de la oración vamos a ir proclamando el perdón, persona por persona, de forma individual. Sé que quizás quieras hacer la oración perdonando a todo el mundo de una vez. Lo que sucede es que no es tan efectivo como cuando se hace persona por persona. El perdón necesita ser proclamado individualmente mientras recordamos la ofensa y experimentamos los sentimientos específicos que produce la situación en cuestión. Quizás de esta manera tome un poco más de tiempo, pero realizarlo así va a producir mejor fruto en nuestro interior.

También, cuando nos permitimos enfrentar nuestra situación con todo el alcance que esta implica corremos menos riesgo en auto engañarnos queriendo sepultar todos los sentimientos desagradables. Todo lo contrario, nos hacemos más conscientes del daño y optamos por desprendernos de una vez de todas estas raíces de amargura.

Al realizar este paso es posible que no nos sintamos lo suficientemente fortalecidos como para recordar de nuevo toda la pesadilla que deseamos olvidar. Es por esto que reconociendo que no tenemos la fortaleza suficiente es que podemos repetir con convicción una hermosa promesa que está en la Carta a los Filipense 4:13 que dice: *«Todo lo puedo en aquel que me fortalece.»* De esta manera nos preparamos para recibir en fe la fuerza que necesitamos.

Ahora es muy importante que describamos la situación lo más detallado posible. Debemos reconocer el alcance de lo sucedido. Necesitamos estar conscientes de lo que pasó y experimentar todos los sentimientos antes de proclamar nuestro perdón. En otras palabras, es una proclamación de lo que pasó con todos los sentimientos y la forma en que nos daño en ese momento. No es solo una palabra.

Para experimentar los sentimientos vamos a ir en este orden: ira, tristeza, miedo y culpa. Luego vamos a invocar nuevamente al Espíritu Santo para que nos ilumine para ver la profundidad del daño que recibimos. Al final, muy a pesar de nuestros sentimientos vamos a reafirmar nuestras razones para perdonar.

Antes de movernos al siguiente paso es importante puntualizar que no estamos perdonando a esta persona en tiempo presente, sino que la estamos perdonando cuando nos ofendió. Es por esto que necesitamos regresar al momento de la ofensa que nos dañó, experimentar todas las sensaciones y sentimientos que podamos.

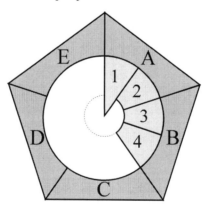

Quinto paso: Perdón y envío
Perdonar en el nombre de Jesús y enviar el mal a la cruz.

En este paso vamos a expresar esa inmensa misericordia que recibimos de Dios a la persona o situación que deseamos perdonar en el nombre de Jesús. Es decir, vamos a proclamar el perdón con la autoridad de Cristo. Bien podríamos hacerlo en nuestra mente o en voz alta. Lo importante es que lo proclamemos con profunda sinceridad en esta oración.

Las emociones nos van a querer engañar nuevamente. Van a gritar dentro de nosotros. Aunque la rabia nos quiera salir por los poros, es el momento de usar la voluntad para perdonar en alta voz. Es el momento de atrevernos a expresarlo desde lo profundo de nuestro corazón. Es atrevernos a dejar ir la amargura. Atrevernos a dejar la piedra y tomar la flor. El tiempo se acaba y no merecemos seguir cargando con tan pesada pena. Seguramente tenemos muy buenas razones para mantenerte mirando desde la herida. Pero, tenemos mejores razones para gritarle a este mundo que estamos cansados de vivir como sombras. No nacimos para ser pisoteados por nadie. Mucho menos nacimos para seguir pisoteándonos a nosotros mismos negándonos a no soltar.

Durante el transcurso de este paso vamos de nuevo a utilizar la imaginación para ayudarnos a crear una imagen en nuestra mente de este suceso. Esto nos ayudara a facilitar el perdón hacia esta persona.

Para esto, debemos primero reconocer que nosotros no podemos destruir el pecado. El Señor ya se encargo de esta ofensa desde la cruz del calvario. Él ya la venció. Ahora nos toca a nosotros creer que así fue para que el fruto de esta victoria, que lleva más de dos mil años, se realice en nosotros. Cuando echamos ese mal a Cristo recibimos su gran y poderoso triunfo.

Por lo tanto, cuando colocamos a los pies del Maestro crucificado este mal, creyendo y confiado que Él ya venció desde la cruz, Él se encarga hoy de ese mal produciendo una profunda transformación en toda mi persona. Eso es exactamente lo que haremos en este quinto paso. Colocaremos en el nombre de Jesús ese mal atado a los pies de Jesús para que Él disponga como desee.

Debemos confiar que Jesús actualmente esta venciendo el mal en mi y en esta persona que estaba ofendiéndome. Esto incluye si la persona peco conmigo o solo estaba irritándome.

De nuevo vamos a utilizar la imaginación para ver al ofensor arrepentido y perdonado no solo por mí, sino por el mismo Jesús. Por eso utilizo este recurso de la visualización. Es el momento de proclamar nuestro perdón y decir: «*Te perdono en el nombre de Jesús por haber hecho...*» No se trata de decir una frase sino de proclamar nuestro perdón y exteriorizar el porqué lo estamos haciendo en todas las formas en las cuales el Espíritu Santo nos inspire.

Al final, estando convencidos de que ya el perdón está hecho, le damos las gracias a Jesucristo. Esta persona ha sido perdonada y por eso me reafirmo declarando que ya está perdonada. Al final solo celebramos que la ofensa no está en nosotros, sino en Cristo Jesús. Esto me ayuda en mi sanación personal puesto que recibo a esta persona como una nueva persona en mi interior.

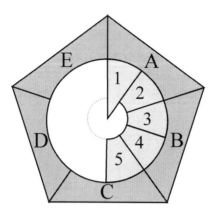

 Sexto paso: Bendición e imagen
Bendecir al ofensor y recibir su imagen perdonada.

No basta con depositar el mal en manos de Jesucristo. Hace falta también bendecir de manera específica a la parte ofensora. Muchas veces queremos realizar justicia por nuestras manos buscando un alivio a la situación. Es ahí que queremos destruir el mal insultando y hasta con gritos ofensivos. El fuego no se apaga con gasolina. Eso usualmente hace crecer el incendio. Esta simple comparación debería ser suficiente como para entender que no debemos pagar mal con mal. Por lo tanto, debemos ponerle un alto definitivo a nuestro enojo. Cuando no tenemos control de nuestro enojo, el enojo está controlando.

Detente por un momento a pensar en lo que esta persona necesitaba cuando cometió su ofensa. ¿Qué estaba necesitando esa persona cuando me ofendió? Exactamente esa es la bendición que vamos a enviar sobre esta persona. La idea es pagar con bien el mal que nos han hecho. ¿Qué merito tendremos si solo amamos a nuestros amigos y familiares? Nuestro verdadero llamado es amar hasta que nos duela. Amar con sacrificio significa poner la otra mejilla aunque esto nos produzca un profundo dolor que puede percibirse como insoportable.

Algunos sentimientos agradables y sus contrarios que nos pueden ayudar con esta actividad los presento en detalle al final de este trabajo, pero por el momento voy a presentar los más abarcadores en las siguientes categorías:

* * *

Agrado	Desagrado
Calma	Tensión
Certeza	Duda
Compasión	Ira
Amor	Odio
Deseo	Aversión
placer	Dolor
Agrado	Desagrado
Altivez	Humillación
Valor	Miedo
Alegría	Tristeza
Satisfacción	Frustración
Entusiasmo	Apatía
Diversión	Aburrimiento
Vigor	Agotamiento

* * *

Todos estos sentimientos nos pueden ayudar a encontrar la bendición exacta que estamos pidiendo para esta persona. La idea es ser generosos a la hora de bendecir con la confianza de que el Espíritu Santo hará su obra en esta persona.

Debemos confiar que esta persona ha sido bendecida por nosotros. La idea es enviar una bendición transformadora para que esta persona sea una criatura nueva, con nuevas actitudes y para que actúe con mucho más amor. Es estar muy agradecido por lo que Jesucristo está haciendo mientras bendecimos en su nombre y nos preparamos para recibir en fe la victoria de Jesús.

Para recibir esa victoria podemos repetir con convicción una promesa que se encuentra en el Evangelio según San Marcos 11: 24 donde nos dice la palabra de Dios: **«Por eso les digo: todo lo que pidan en la oración, crean que ya lo han recibido y lo obtendrán.»** Esa es la promesa viva de Dios a la queremos ser fiel como Él es fiel en cumplirla. Nuestra parte es reconocer que él que pide creyendo que ya lo ha recibido siempre recibe. No podemos olvidar que en la Primera de Carta de Juan 5:14 nos dice: **«Con Él tenemos la certeza de que, si le pedimos algo conforme a su voluntad, nos escuchará.»** En este versículo se nos recuerda que Dios no solo está pendiente a nuestras suplicas, sino que debemos pedir conforme a su voluntad; y la voluntad indiscutible de Dios es restaurar a todos los hombres.

Recuerda que para recibir en fe, primero debemos repetir con convicción la palabra de Dios. Algunas promesas poderosas que podemos usar son las siguientes:

- *«Ten fe en el Señor Jesús y te salvarás tú y tu familia.» Hechos 16:31*
- *«Y todo el que invoque el Nombre del Señor se salvará.» Hechos 2:21*
- *«Jesús respondió: «Lo que es imposible para los hombres es posible para Dios.» Lucas 18:27*
- *«El Hijo del Hombre ha venido a buscar y a salvar lo que estaba perdido.» Juan 3:17*
- *«Yo soy la puerta: el que entre por mí estará a salvo; entrará y saldrá y encontrará alimento. » Juan 10:9*
- *«El ladrón solo viene a robar, matar y destruir, mientras que yo he venido para que tengan vida y la tengan en plenitud.» Juan 10:10*
- *«…El que es justo por la fe vivirá. » Romanos 1:17*
- *«Porque el lenguaje de la cruz resulta una locura para los que se pierden; pero para los que se salvan, para nosotros, es poder de Dios.»1ra Carta a los Corintios 1:18*
- *«Ustedes solo servirán a Yavé, y yo bendeciré tu pan y tu agua, y apartaré de ti todas las enfermedades.» Éxodo 23:25*
- *«No devuelvan mal por mal ni insulto por insulto; más bien bendigan, pues para esto han sido llamados; y de este modo recibirán la bendición.» 1ra Carta de Pedro 3:9*
- *«No te creas el más sabio: ten el temor de Yavé y mantente alejado del mal. Eso será un remedio para tu cuerpo, y allí encontrarás el vigor.» Proverbios 3:7-8*

Segundo, recuerda que podemos usar la imaginación para recibir mi transformación y la de la persona o situación. Por otro lado, debemos estar bien atentos porque a veces el Espíritu Santo muestra lo que Él está haciendo en ese momento.

Para esto es muy bueno traer a nuestra mente la imagen de Jesús resucitado. Esa imagen dónde contemplamos el señorío de Jesús sobre la muerte. Esta imagen nos ayudara a contemplar las heridas de Jesús ya sanas y de esta manera poder compararlas con esta persona que estamos perdonando y que también ha quedado sana. Por eso pedimos al Espíritu Santo que nos revele esta nueva persona. Esa es la imagen que deseamos tener en nuestro interior. La idea es imaginar a esta persona después de ser perdonada y bendecida por el Señor Jesús, es decir, sin el defecto que tiene. También la podemos imaginar como era antes de la ofensa. Debemos recibir a esta persona para que dentro de nosotros suceda una transformación. El Señor nos quiere sanar, dejemos a Dios ser Dios.

Este paso es muy importante porque estamos reconociendo que nuestra fe no está en nuestros sentimientos. A pesar de sentir todavía sentimientos indeseables queremos permanecer con la convicción de que si el mal está en la cruz de Cristo no está en mi y por eso puedo recibir la imagen de esta persona transformada en mi interior.

Ya que imaginamos a esta persona transformada vamos a solicitar a Jesús que por medio de nosotros envíe al Espíritu Santo hasta esta persona para que haga de ella lo que hemos imaginado, una nueva creación suya llena de su alegría y de su paz. Vamos a utilizar de nuevo la imaginación para ver como la luz de Cristo ilumina a esta persona y así recibirla transformada como fruto del amor que Jesús nos tiene.

No se trata de cuestionarnos acerca de si Jesús puede o no puede obrar en esta persona. Muchas veces, estamos tan metidos en la creencia de que Jesús no pude cambiar a nadie, si esta persona antes no le abre el corazón, que no creemos que Él pueda hacer algo. Es cierto que todos tenemos el libre albedrio. Pero también es cierto que todo lo que pidamos en su nombre Él lo concede. Por lo tanto, esa es la razón por la que oramos por el cambio de esta persona. Si no creemos que Jesús, puede por nuestra intercesión transformar una persona, entonces no oremos. ¿Para qué vamos a orar por la conversión de alguien si Jesús es un caballero que no obrara a menos que esta persona le habrá su corazón? Entonces no oremos y sigamos justificándonos.

Lo cierto es que son millares las personas que el Espíritu Santo ha cambiado por la intercesión de otros. Son miles y miles de personas las que han experimentado las primicias del Cielo aquí en la tierra por la oración y los sacrificios de otros. A ti ni a mí nos toca cuestionarnos cómo Dios trabaja con la libre voluntad, ni entenderla. Lo que si nos toca es amar al que nos ofende y por eso enviamos en el nombre de Jesús al Espíritu Santo, hasta esta persona, para que la transforme en su totalidad con su inmenso poder.

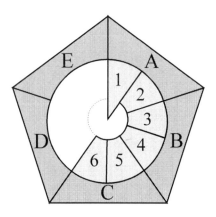

Séptimo paso: Sanación total
Pedir la sanación total para todos.

El buen Jesús hace llover sobre buenos y malos. A ejemplo de Él deseo pedir la sanación no solo para mí, sino que también para ésta persona. Voy a pedir confiado que la sanación ya es un hecho. La sanación de éstas heridas y la irritación es motivo de acción de gracias, por lo tanto debemos dar gracias por esta obra magnífica que Jesús está llevando a cabo. Todo esto está pasando por medio del poder de Jesucristo que sacrificó su vida y resucitó para darnos nueva vida.

Al mismo tiempo en que Jesús nos transforma, también transforma a esta persona que nos ha ofendido. Por eso debemos dar gracias a Jesús y confiar, con una convicción profunda en la palabra de Dios, de que esta otra persona está en sus manos y que Él está transformando a esta persona y sanando todo nuestro interior.

Algunas promesas bíblicas que podemos utilizar son:

- *«Llámame y te responderé; te mostraré cosas grandes y secretas que tú ignoras.» Jeremías 33:3*
- *«Cuando me invoquen y vengan a suplicarme, yo los escucharé;» Jeremías 29:12*
- *«Ya que a ti te llamaban La Abandonada, nuestra presa, de quien nadie se preocupa, yo voy a devolver el vigor a tu cuerpo y voy a sanar tus llagas, dice Yavé.» Jeremías 30:17*
- *«La oración hecha con fe salvará al que no puede levantarse; el Señor hará que se levante; y si ha cometido pecados, se le perdonarán.» Carta de Santiago 5:15*
- *«El cargó con nuestros pecados en el madero de la cruz, para que, muertos a nuestros pecados, empezáramos una vida santa. Y por su suplicio han sido sanados.» 1ra Carta de Pedro 2:24*
- *«...entonces conocerán la verdad, y la verdad los hará libres.» Juan 8:32*
- *«...haré que les brote la risa de sus labios: ¡Paz, paz al que está lejos y al que está cerca!, dice Yavé. Sí, yo te voy a sanar.» Isaías 57:19*
- *«Compartirás tu pan con el hambriento, los pobres sin techo entrarán a tu casa, vestirás al que veas desnudo y no volverás la espalda a tu hermano. Entonces tu luz surgirá como la aurora y tus heridas sanarán rápidamente. Tu recto obrar marchará delante de ti y la Gloria de Yavé te seguirá por detrás.» Isaías 58:7-8*

- «...*y mi pueblo, sobre el cual es invocado mi Nombre, se humilla, rezando y buscando mi rostro, y se vuelven de sus malos caminos, yo entonces los oiré desde los cielos, perdonaré su pecado y sanaré su tierra.*» *2 Crónicas 7:14*

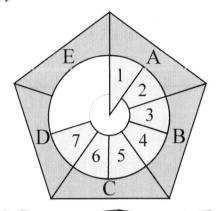

Octavo paso: Ofrenda amorosa
Recibir lo que el Señor desea que hagamos
para mostrar más amor al ofensor.

Decir que hemos perdonado a alguien, bendecir a la persona y pedir la sanación para ambos no es suficiente. El Señor Jesús dijo que debemos amar a los que nos ofenden. Necesitamos tener caridad con estas personas si deseamos participar en la obra de Dios.

Nuestro perdón debe traducirse en caridad si queremos una transformación exterior donde pongamos en acción el amor que hemos recibido. Para esta expresión de amor genuino necesitamos la dirección que solicitamos en este octavo paso. Así que le pedimos a Jesús que nos muestre lo que quiere que hagamos. ¿De qué manera específica Él quiere que le demostremos su amor a esta persona? Probablemente Dios nos muestre que debemos realizar algún servicio, unas palabras de apoyo o algunas palabras de corrección con una actitud de amor.

Si todavía tenemos contacto con esta persona, la idea es demostrarle el amor de una forma sincera para que la relación se fortalezca. Lo que buscamos es dar un tiempo para que el Señor continúe la obra, que ya comenzó, venciendo el mal en esta persona y en nosotros. Por eso debemos preguntarle qué es lo que desea y aceptar lo que nos muestre.

Si la persona está fallecida sería muy saludable orar por su eterno descanso. Dejemos que descanse en paz desde nuestro corazón de la manera que el Señor nos muestre.

Si no tenemos contacto con esta persona no se trata de buscarla para decirle que las hemos perdonado, puesto que si no se han arrepentido estas personas no están preparadas aún para que le

Pasos de la Oración
para recibir en fe
la paz interior

expresemos nuestro perdón. Se trata más bien de tratarlas como las trataría Jesús si se vuelven a cruzar por nuestras vidas. La confianza que luego le otorguemos debe ser gradual y conforme a la fidelidad que demuestren.

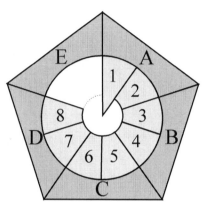

Noveno paso: Gozo y regalo
Recibir lo que el señor deseas ofrecer por su Espíritu Santo.

Esta parte de la oración es muy importante porque le permitimos al Señor obrar en nuestro interior y nuestro exterior. Esto significa que le permitimos sanarnos de una manera más profunda y hasta físicamente si esta curación está asociada con la falta de perdón. Recuerda que muchas enfermedades tienen su origen en sentimientos no resueltos. En este momento le permitimos a Dios ser Dios. Le permitimos obrar según nuestra fe. ¡Gózate y recibe!

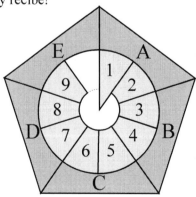

Décimo paso: Gratitud anticipada
*Dar gracias a Dios, confiando en que su misericordia
ya está actuando.*

Este es el paso final. Aquí damos gracias al Padre por esta inspiración. Le pedimos la gracia de cumplir el acto de amor que nos haya inspirado y de seguir amando esa persona sabiendo que Él esta venciendo el mal. Nuestra parte es amar para que Él pueda continuar esta obra profunda en esta persona y en nosotros. Si hubiera otra ofensa debemos pedir la fortaleza para no cansarnos.

Deseamos tener la convicción de que la victoria es de Cristo Jesús. Además debemos reafirmarnos en que de ver a la persona en otra ocasión y sentirnos irritados en nuestro interior, le vamos a dar las gracias a Dios por vencer el mal. No necesitamos aceptar otra vez esta ofensa o irritación en nuestro interior. Es confiar que Cristo Jesús se ha hecho cargo de esta ofensa para siempre desde su cruz. La victoria es suya.

Como ya mencione, al terminar nuestra oración nos toca dar testimonio de la misericordia que hemos recibido de Dios expresando o demostrando más amor hacia la persona o situación que nos ofendió tan pronto como sea posible. Si ya no tenemos contacto con la persona, porque ya pereció o por cualquier otra razón, bien la podemos bendecir en nuestras oraciones las veces que sea necesario.

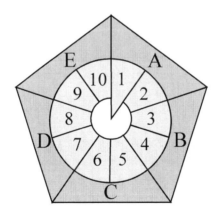

Oración para recibir en fe la paz interior

Ahora quisiera presentar un modelo de lo que puede ser esta oración para recibir en fe la paz interior. Es muy importante que tengamos primero las tres consideraciones previas:

- Ambiente sin distracciones
- Orar de una vez
- Lista de personas a perdonar

 Oración para recibir en fe la paz interior

Primer paso: Espíritu Santo
En el nombre del Padre, del Hijo y del Espíritu Santo.
O Padre Celestial entramos en tu majestuosa presencia dándote gracias por tu majestad y por tu infinita gloria. Gracias por enviar a tu hijo para rescatarnos y pagar el precio de todo lo malo, quien en su resurrección ganó una victoria completa para nosotros. Por eso padre lléname con tu Espíritu Santo para que yo pueda perdonar a otros.
Por eso ahora reclamo esa promesa que nos das en Lucas 11:13 cuando nos prometes que:
«Si ustedes, que son malos, saben dar cosas buenas a sus hijos, ¡cuánto más el Padre del Cielo dará espíritu santo a los que se lo pidan!»
Es por eso que hoy pido tu Espíritu Santo y lo imagino llegando como una luz que ilumina un cuarto oscuro y que va llenándome con su santa presencia. Gracias Padre por este espíritu.
Gracias Padre Santo por esta presencia de tu Espíritu Santo y con este canto voy a continuar recibiendo tu presencia.
(Canto y doy gracias por su presencia)

Segundo paso: Sincera intención

En este segundo paso, vengo ante ti Padre Santo, porque quiero ser libre. Necesito la libertad que tú prometes en tu palabra. Ya estoy cansado de cargar el peso del mal en mí. Reconozco, que si no he proclamado el perdón en tu nombre y no he entregado a tus pies el mal que me agobia, lo único que he hecho es acomodar el mal en mí y pagar el precio de la ofensa.

Por eso deseo reafirmarme en que no tengo que seguir pagando el precio del mal recibido. No tengo que seguir mendigando el amor por que el amor no se mendiga. El amor se merece. Mi vida no tiene que seguir afectada por las ofensas recibidas. En el Evangelio según San Juan 3:16 tú me prometes: «¡Así amó Dios al mundo! Le dio al Hijo Único, para que quien cree en Él no se pierda, sino que tenga vida eterna.» Es por esto que deseo reconocer que entregaste a Jesús para que padeciera una muerte de cruz por mí. Él pago el precio de las ofensas que recibí. Es por eso que me reitero en que Cristo murió por mí y que sin Él no puedo hacer nada de valor. Fue allí en la cruz del Calvario donde Él pagó el precio de todas las ofensas y yo acepto que lo hizo por amor mí. Es por eso que hoy vengo ante ti aceptando la invitación que me hiciste de creer en este sacrificio.

Aquí estoy Señor dispuesto a encontrarme contigo.

Tercer paso: Contrición y misericordia

En la Carta a los Hebreos 4:16 tú nos dices: «Por lo tanto, acerquémonos con plena confianza al Dios de bondad, a fin de obtener misericordia y hallar la gracia del auxilio oportuno.» Por eso hoy me acerco a ti Señor Jesús, para obtener misericordia y hallar la gracia que necesito para continuar. Junto a la presencia del Espíritu Santo deseo hacer un viaje. Por eso me dirijo al mismo momento en que estaba siendo crucificado y venciendo todo mal. Ese instante en que estabas pagando para que yo no tuviera que pagar. Estabas pagando tanto el mal de mis ofensas como el mal de las ofensas cometidas contra mí.

Me acerco a tu cruz y me paro junto a María quien permaneció de pie en todo momento junto a ti.

Ahora frente a ti Señor puedo contemplar la manera sublime en que has vencido el mal. Señor Tú has vencido el mal ofreciéndote en sacrificio por todas las ofensas. Cada latigazo ha abierto tu piel por amor a mí. Tú no querías que yo sufriera las consecuencias del pecado y decidiste entregarte por amor a mí. Tú decidiste padecer la humillación, los salivazos y las burlas para destruir el mal. Señor, ahora que contemplo tus heridas en carne viva me doy cuenta que estas venciendo el mal que injustamente te he hecho. Son mis ofensas las que te han llevado a tener que pasar por esta humillación. Son mis ofensas las que han roto tus huesos. Señor cada vez que decidí ofenderte con mi pecado estaba siendo cómplice de esta tortura. Tu mismo dijiste que todo lo que le hagamos a los demás es como si te lo hiciéramos a ti. Señor hoy te digo que me ha costado amar en muchas ocasiones. Es por eso que no te miro a la cara. Es más Señor, ahora me postro en el suelo porque siento que tú entras en mis pensamientos. No te puedo ocultar nada. Señor tú conoces las veces en que te falle. Tú conoces las veces en que a conciencia me aleje de ti prefiriendo el mal. Señor perdóname por tantas ofensas. Señor perdóname por... Señor me arrepiento de...

(relato mis pecados y pido perdón)

Señor perdóname. Perdóname por haber tratado mal a esta persona que quiero perdonar. Perdóname por evitarla y por ignorarla. Perdóname porque quizás no he actuado igual a la persona que deseo perdonar, pero te he ofendido de muchas maneras. Sé que tú eres un dios misericordioso que quieres limpiarnos para que podamos perdonar de corazón. Jesucristo perdóname por favor...

Señor ahora siento que deseas hablarme. Señor siento que quieres que busque tu mirada. Esa mirada que llenó de esperanza a tanta gente. Esa mirada amorosa que consoló a tantos que se acercaron a ti. Pero Señor tengo miedo. Tengo miedo porque te he ofendido y lo que merezco es la condenación. Señor te he ofendido tanto que no merezco ni siquiera dirigirme a ti. Mas a pesar de eso tú quieres hablarme.

A pesar de mis perjuicios tú quieres que me deje amar por ti.

Por eso con timidez levanto la cabeza. Busco tener un encuentro con tu mirada amorosa. Señor ahora que veo tus ojos mirando los míos puedo sentir tu misericordia. No me puedo escapar del inmenso amor que me tienes. Todo este sacrificio lo has hecho para pagar por mis ofensas. Siento que me dices: «No tengas miedo. Yo siempre he estado contigo. ¡Te amo! Tú eres precioso ante mis ojos. No importa cuántas veces te has olvidado de mí, yo nunca te he olvidado. Tú siempre has estado presente en mi pensamiento. Si tuviera computadora tú estarías en mi pantalla. Aunque muchas veces me has rechazado yo nunca te he rechazado. Tu desprecio jamás se puede comparar con todo el cariño que te tengo. Tú vales mi sangre preciosa. Tú vales tanto, que si tuviera que entregarme de nuevo, lo haría sin pensarlo dos veces. Mi amor por ti no tiene límites. ¡Eres mío!»

Ahora deseo Señor reclamar una promesa donde me expresas tú misericordia. La misma dice en Isaías 53:5 lo siguiente: «...y eran nuestras faltas por las que era destruido nuestros pecados, por los que era aplastado. El soportó el castigo que nos trae la paz y por sus llagas hemos sido sanados.»

¡Señor por tus llagas he sido sanado!
Señor, yo acepto tu misericordia amorosa a través de tu sangre preciosa
que derramas para salvarme por todos mis pecados. Esa sangre que me
purifica de todo remordimiento. No tengo que esconderme de ti, pues tu
sangre preciosa me limpia de ese miedo. Señor gracias porque ahora
siento como tú preciosa sangre está cayendo sobre mí.
Siento que cada gota me limpia y me purifica.
Señor yo recibo tu perdón. Eres un Dios misericordioso porque me has
perdonado por todas mis ofensas del pasado.
Tantas veces que me perdonaste.
Tú me dijiste que deseas que sea misericordioso
como Tú eres misericordioso.
Señor pensando en todos mis pecados recibo tu infinita misericordia.
(Permito que Jesús derrame su amor sobre mí)
Gracias señor Jesús por tu misericordia que limpia y purifica todos mis
pecados para que yo pueda perdonar también. Señor gracias por tu
sangre preciosa. Gracias por aceptar mi arrepentimiento y mi perdón
mientras yo acepto que me amas como nadie me ha amado.
Gracias por tu inmensa compasión. Señor gracias por perdonarme aún
sin yo merecer tu perdón. Gloria a ti Señor.

Segunda parte
(Oro por cada persona por separado. Después de perdonarla
puedo regresarse a este punto y perdonar a otra.)

Cuarto paso: Ofensa y sentimientos
Ahora Señor, quiero traer frente a ti a la persona (grupo de personas o
personas que el Señor te revele que necesitas perdonar en su nombre)
que también te ha ofendido tanto a ti como a mí. Pero antes deseo
repetir con convicción esta promesa que está en la Carta a los Filipense
*4:13 «**Todo lo puedo en aquel que me fortalece.**»*
Señor todo lo puedo en ti que me fortaleces.
Por eso te pido que me ayudes a recibir a ésta persona que deseo
perdonar. Sé Señor Jesús que estas aquí para vencer todo lo malo.
Estoy consciente del amor que nos tienes y esto incluye a ésta persona.
Está persona me ha ofendido profundamente.
Señor todo esto pasó en... En ese momento yo me encontraba... lo que
pasó fue... Yo pensaba que... Yo deseaba...(describo la ofensa)
Lo primero que sentí fue rabia. Me sentí atacado porque... Sentí mucho
coraje y rabia porque... No fue justo que... (describo mi ira)
Luego sentí tristeza y el dolor. Me dolió cuando... Me sentí pésimo
cuando... Sentí tristeza de que... Me deprimí cuando... Sentí frustración

cuando... Me decepcionó que... (describo mi tristeza)
Después sentí miedo e inseguridad. Sentí miedo de que... Sentí terror
cuando... Me asustó cuando... Temí que... (describo mi miedo)
Posteriormente sentí culpa por ser irresponsable y negligente. Me sentí
culpable porque... Yo no debí... No fue mi intención... Desearía...
(describo mi culpa)
Ahora te pido Espíritu Santo que me ilumines para que vea la
profundidad del daño que recibí. Trae a mi atención cualquier
sentimiento que quieras mostrarme.
(describo el sentimiento que Dios me inspire)
Ahora muy a pesar de mis sentimientos deseo perdonar. Deseo perdonar
porque... No es justo que... Yo necesito perdonar porque...

Quinto paso: Perdón y envío
Ahora Padre Santo deseo perdonar en el nombre de Jesús. Así como está
*escrito en la Carta a los Efesios 4:32 «**Más bien sean buenos y***
comprensivos unos con otros, perdonándose mutuamente,
***como Dios los perdonó en Cristo.**»*
Así como tú me perdonaste hoy quiero perdonar.
Padre envuelve a... (nombre de la persona) con la luz de tu presencia
y de tu amor. Te lo agradezco Señor por tu infinita misericordia.
Agradezco esta luz y esta presencia sobre esta persona
que yo quiero perdonar en este momento.
Ahora la veo llena de tu luz y le digo:
Te perdono (nombre de la persona) en el nombre de Jesús aquí presente
por haber hecho esto... (digo la ofensa o la irritación).
Te perdono por haber hecho esta ofensa. Gracias porque tú quieres
ganarnos a todos de todo lo malo. Señor yo reconozco que yo no puedo
destruir el pecado. Tú eres el que se encarga de esto desde tu cruz.
Por eso en tu nombre Jesús yo ato este mal y lo deposito a tus pies
en tu cruz bendita para que tú dispongas de él como tú desees.
Tú ya lo has vencido desde la cruz. Señor, gracias por ayudarme
a perdonar las ofensas que he mencionado.

Sexto paso: Bendición e imagen
En el Evangelio según San Lucas 6:27-28 tú me llamaste a bendecir
*cuando dijiste: «**...amen a sus enemigos, hagan el bien a los que los***
odian, bendigan a los que los maldicen, rueguen por los que los
***maltratan.**» Eso es lo que deseo hacer en este momento.*
Deseo bendecir en tu dulce nombre Jesús. Por eso voy a bendecir
a esta persona mientras la imagino muy serena frente a tu cruz
recibiendo tu presencia victoriosa con una suave brisa.

Ahora deseo bendecirte. Te bendigo con…
(menciono lo que pienso que necesitaba en este momento de la ofensa)
Te bendigo en el nombre de Jesucristo nuestro señor con…
(continúo bendiciendo a la persona)
Estas bendecida. Señor Jesús, siento tu amor invadiéndome en este
momento. Te doy gracias porque (nombre de la persona) ha sido
bendecida por ti. Amén. A esta persona le digo: Tú estás recibiendo en
este momento la bendición de Jesús para ser una nueva persona con
nuevas actitudes y actuar con mucho más amor.
Estoy muy agradecido por lo que Jesucristo está haciendo
porque te estoy bendiciendo en su nombre.
Señor Jesús, tú nos prometiste en el Evangelio según San Juan 3:17 que:
«El Hijo del Hombre ha venido a buscar y a salvar lo que estaba
perdido.» Todo lo que estaba perdido has venido a salvar.
Por eso ahora deseo contemplarte resucitado y lleno de gloria. Tienes
las marcas que mi pecado y el de todos ha causado en ti.
Señor dame la imagen de… (nombre de la persona) ya perdonada sin el
defecto en cuestión. Es decir, luego de esta persona haber recibido mi
perdón, tú perdón y la bendición que proclame en tu nombre.
Señor Jesús ayúdame a recibir esta persona y bendícela de nuevo.
(Permito que el Espíritu Santo revele esta persona.)
Señor Jesús este es… (nombre de la persona) como la imaginó
después de ser perdonada y bendecida por ti.
Ahora veo a la persona arrepentida y perdonada. Estoy convencido
de que ya el perdón está hecho y por eso le digo:
Le doy gracias a Jesucristo nuestro señor porque has sido perdonado y
por eso te digo que ya estás perdonado. Lo que el señor me pidió ya está
hecho. Está en Cristo. No está en mí.
Gracias Señor Jesús porque en este momento
está ofensa está en tus manos y no en las mías.
Gracias por lo que estás haciendo.
Gracias señor por esta victoria que tú tienes por tu santa cruz.
Ahora envía tu Espíritu Santo por medio de mí hasta esta persona y
hazla una nueva creación tuya llena de tu alegría y de tu paz.
Ahora veo como tu luz está transformando a esta persona.
Imagino a esta persona transformada sin el pecado en cuestión.
Señor Jesús, recibo a esta persona nueva fruto del amor que nos tienes
y perdonada por ti.
Señor Jesús tú estás bendiciendo con amor y paz a esta persona.
(Doy gracias por esta bendición)
Gracias.

Séptimo paso: Sanación total

En 2 Crónicas 7:14 tu palabra promete: «*…y mi pueblo, sobre el cual es invocado mi Nombre, se humilla, rezando y buscando mi rostro, y se vuelven de sus malos caminos, yo entonces los oiré desde los cielos, perdonaré su pecado y sanaré su tierra.*» Por eso deseo reclamar esta promesa, deseo invocar mi Nombre, humillarme, rezar buscando tú rostro, y volverme de mis malos caminos, para que me oigas, perdones mi pecado y sanes mi corazón y el de la persona que me ofendió.

Padre celestial ahora te pido por la sanación de las ofensas que la otra persona cometió contra mí y la irritación que me causo.

También por la sanación de las ofensas que la persona que me ofendió ha recibido. Padre cúranos toda herida que tengamos por estas ofensas o irritaciones. Te doy gracias porque por mi fe en Jesucristo, tú hijo nuestro señor, está llevando a cabo esta victoria. Gracias Padre santo por la sanación

Oración para
recibir en fe
la paz interior

en nuestro interior. Me doy cuenta de que todo esto está pasando por medio del poder de Jesucristo que sacrificó su vida por mí y resucitó para darme nueva vida.

Gracias Padre por lo que tú estás haciendo.

Estas transformándome a mí y al mismo tiempo a esta persona que me ha ofendido.

(Doy gracias por la sanación total que recibo)

Respiró con nueva vida y te doy gracias por esta victoria. Tú has vencido el mal a través de Jesucristo tu hijo por el poder de tu Espíritu Santo. Gracias Padre por tu presencia. Te doy gracias por ayudarme a tener una convicción profunda en mi interior de que esta otra persona está en tus manos y tú estás transformando esta persona.

Tú estás sanando todo nuestro interior.

Octavo paso: Ofrenda amorosa

En el Evangelio según San Juan 15:12 tu nos dijiste que: «**Este es mi mandamiento: que se amen unos a otros como yo los he amado.**»

Así deseo amar en este momento Señor. Por eso te pido que me muestres ahora lo que tú quieres que yo haga para expresar de otras maneras tu amor para esta persona por medio de algún servicio, unas palabras de apoyo o algunas palabras de corrección con una actitud de amor ya que tú estás venciendo el mal. Gracias Señor Jesús por tu presencia. Me voy a tomar un momento en silencio para reconocer que es lo que tú quieres que yo haga para expresar tu amor hacia estas personas y de esta forma continuar la obra que ya comenzaste venciendo el mal en esta persona como en mí.

(espero a que el Señor me muestre el servicio)
Jesús que quieres que yo haga para continuar esta obra que estás
haciendo en mí y en esta persona. (Si ha fallecido oro por su eterno
descanso y pido a al Señor que me muestre como hacerlo.)

Noveno paso: Gozo y regalo
*El Salmo 37:4 dice: «**Pon tu alegría en el Señor, Él te dará lo que ansió***
***tu corazón.**» En este versículo tú me prometes que cumplirás*
los deseos de mi corazón si pongo mi alegría en ti.
Eso es exactamente lo que quiero hacer ahora.
Por eso pongo mi alegría en ti y me visualizo feliz
y alegre frente a tú presencia. Tú sabes lo que mi corazón necesita.
Señor Jesús, ahora recibo lo que deseas ofrecerme a través de tu
Espíritu Santo. En alabanza festejo tú victoria sobre mi pecado
y el de esta persona. Espíritu Santo estas sobre mi y te alabo.
(alabo mientras recibo lo que el Espíritu Santo me desea ofrecer)

Decimo paso: Gratitud anticipada
En la Carta a los Filipenses 4:6-7 tú me prometiste diciéndome:
*«...**en toda ocasión presenten sus peticiones a Dios y junten***
la acción de gracias a la súplica. Y la paz de Dios,
que es mayor de lo que se puede imaginar,
***les guardará sus corazones y sus pensamientos en Cristo Jesús.**»*
Por eso Padre te imagino con las manos extendidas y una gran sonrisa.
Deseo darte ahora gracias para recibir tu promesa de paz.
Gracias Padre santo por esta inspiración. Dame la gracia de cumplir
el acto de amor que me inspiraste y seguir amando a esa persona
sabiendo que Tú estás venciendo el mal. Mi parte es amar para que tú
puedas continuar esta obra profunda en esta persona. Si hubiera otra
ofensa, dame la fortaleza para no tener cansancio. Yo quiero tener
la convicción que la victoria es tuya. Padre Santo si veo a la persona
en otra ocasión, y siento irritación en mi interior, yo voy a darte gracias
porque ya tú has vencido el mal. Yo no necesito aceptar otra vez esta
ofensa o irritación en mi interior. Confío que tu hijo Cristo Jesús
se ha hecho cargo de esta ofensa. La victoria es suya.
Te doy gracias por lo que has hecho y recibo tu promesa de paz.
Ayúdame a repetir esta oración si vuelvo a irritarme.
(Doy gracias)
Amén.

* * *

Quinta Parte
Cinco avisos

¿Qué sigue después?
Oración de reafirmación
¿Qué hacer para sellar la sanación?
Oración para ser canal de paz
Poesía

21 ¿Qué sigue después?

Para esta nueva etapa me gustaría presentarte siete recomendaciones, una Oración de reafirmación, tres maneras en que podemos permitirle a Dios que selle nuestra sanación, una Oración para ser canal de paz y la poesía que origino este trabajo.

Estas siete recomendaciones van dirigidas a apoyar una actitud de celebración. Eres una persona vencedora que no está dispuesta a negociar su bienestar interior. No hay ningún motivo para dejar que la depresión dicte nuestros pasos. Cuando vivimos bajo la consigna de que jamás vamos a pedir perdón por existir estamos declarando que nos negamos a sucumbir ante la adversidad.

Es por eso que debemos celebrar cada día como si fuera el último día de nuestras vidas. Puede que hayas disfrutado de días buenos, medios y malos. Lo cierto es que ninguno de ellos tiene la potencia infinita que tiene el presente. El presente es lo único lleno de posibilidades. Así que para sacar ventaja de esto te presento algunas recomendaciones.

Recomendación #1
Perdona las veces que sea necesario

No quisiera que cayeras en la trampa de decir: *«Yo ya perdone»* como si hubiera sido solo cosa de un instante. Sí, es cierto que el perdón se da en un momento y lugar específico. Pero eso no implica que no sea necesario reafirmarlo.

Luego de haber exteriorizado tu perdón es necesario reafirmarlo las veces que sea necesario. El mandamiento cristiano de que debemos perdonar setenta veces siete no tiene que ver únicamente con las veces en que se comete una ofensa. Tiene que ver también con las veces en que aflore ese doloroso recuerdo a tu mente consciente. Todas las veces que sea necesario es lo mismo que decir: *«siempre.»* Cuando vuelvan a aflorar sentimientos indeseables recuerda que si el mal está en la cruz de

Cristo, donde el ya lo venció, no está en ti. ¡Recibe en fe lo que has creído!

Recomendación #2
Trabaja la sanación de toda tu persona

El perdón es una poderosa herramienta que abre las puertas para comenzar a caminar un trayecto de sanación. La sanación total de tu persona debe incluir comportamientos que pongan en balance todas las áreas de tu ser. Recuerda que…

 ¡Somos cuerpo, mente, alma y espíritu!

Así que mi recomendación sería que buscáramos la sanación total de nuestra persona a través del debido cuidado físico, mental, emocional y espiritual. Sé que como seres humanos no podemos dividirnos, pero para trabajar en distintas áreas de nuestra vida resulta mucho más fácil cuando separamos nuestra persona en estas 4 áreas o zonas. Aunque estas zonas muchas veces se invadan entre si, como quiera resulta más fácil trabajarlas por separado.

Gran parte de dejar de pedir perdón por existir consiste en comenzar a amarnos a nosotros mismos de una forma más abarcadora. Esto incluye amar nuestro cuerpo, nuestra mente, nuestra alma y nuestro espíritu. En la medida en que nos tengamos caridad en cada una de estas áreas vamos a mantener un justo balance.

No quisiera entrar en una controversia en cuanto a la supremacía del espíritu sobre las demás áreas, donde encontramos poderosas obras como el ayuno. Durante el ayuno, por ejemplo, castigamos al cuerpo y ofrecemos esta mortificación para obtener algo que solicitamos en oración. Solo deseo señalar que debemos buscar el balance entre las 4 zonas que mencione a menos que tengamos una muy buena razón que se ajuste a nuestras creencias espirituales.

Recomendación #3
Exterioriza tu perdón con un signo externo

Para exteriorizar tu perdón te recomendaría usar un signo externo como el acto de escribir una carta cómo pudiste ver en el capítulo anterior llamado *«Parábola de la luciérnaga segura.»* No es necesario que la entregues pero resulta muy beneficioso discutirla con alguien de confianza que valide tus sentimientos. Recuerda que ya no relatas desde la herida sino desde la cicatriz de quien quiere alejar toda negatividad de su persona.

También puedes dar un regalo. El regalo no tiene que ser costoso. Bien puede ser algo sencillo y provechoso que alguien necesite. Si quieres puedes decirle que lo haces porque es tu forma de expresar tu perdón a otra persona. Si deseas regalarlo a la persona agresora puedes hacerlo, pero bien podría usarlo para hacerte otra agresión y debes estar debidamente preparado. Por eso no creo que sea conveniente hacerle un obsequio a la parte ofensora a menos que tengas la debida preparación y discernimiento.

Otra manera de exteriorizar tu perdón puede ser mediante el uso de un globo lleno de helio como indico en el capítulo referente a la pregunta: *«¿Para qué voy a usar el globo?»* El dejar ir un globo puede ser una metáfora muy provechosa porque puedes observar como la acción de dejar ir el globo crea una nueva imagen en tu cabeza asociada al doloroso evento de tu pasado.

Recomendación #4
Conócete a ti mismo y trata de prevenir los comportamientos dañinos

Conócete a ti mismo y trata de prevenir los comportamientos dañinos que puedes tener, luego que una situación te haga liberar las sustancias asociadas con el estrés. Para ilustrar esto quisiera presentar un suceso que le pasó a José. En el mismo, se puede ver como el hecho de conocerte, te puede ayudar a tomar mejores decisiones. Estas te pueden ayudar cuando ya no tengas fuerzas, así como a prevenir cuando algo te va a afectar.

* * *

Desde agosto del año pasado al abuelo de mi esposa empezó a dolerle la segunda pierna. La primera la perdió por no tener la supervisión adecuada. Por eso tuvieron que internarlo en el Hospital de Veteranos.
Por otro lado, mi familia sufre una separación por la distancia.
Somos 5 hermanos. El mayor vive en California, le sigo yo, después le sigue una hermana que tiene problemas esquizofrénicos, después otra hermana y por último el hermano que vive en Carolina del Sur.
Aquí en Puerto Rico vive mi mamá con mi hermana, la que tiene el problema psiquiátrico. En medio de este difícil contexto me llama mi mamá para hablarme de mi hermana esquizofrénica.

Ella empezó a salir por las noches llegando de madrugada.
Lo que lo hizo ahora diferente era el hecho de que al otro día todavía no
llegaba. En la casa de Mami hay un cuartito y pensamos lo peor.
Le pedí a papá Dios que cuando abrieran el cuarto no hubiera una
desgracia. Fuimos con un guardia por si acaso y por suerte todo estaba
en orden. En ese momento comenzó la búsqueda de ella.
Fui al cuartel para declararla desaparecida y lo comente en las redes
sociales. Hasta una reportera me entrevista y saca el reportaje en
Telemundo. También hicimos una cadena de oración donde se unieron
hasta gente de Santo Domingo y Estados Unidos.
Pasaron 13 días desde el reportaje y el abuelo de mi esposa muere.
¡Tremenda bomba! Aunque sabía que iba a pasar tarde o temprano,
por el deterioro que ya tenía, me impacto mucho su muerte.
Comienzan las gestiones fúnebres y cuando voy de camino a la funeraria
recibo una llamada del cuartel de Santurce.
Tome la llamada con rapidez y, ¿qué crees? Me dicen que apareció mi
hermana. Pare en plena autopista para que me dieran los detalles para
ir a buscarla. Me sentía sumamente débil y estresado por todo lo que
estaba ocurriendo, así que me baje del carro,
me arrodillé con la puerta abierta y le dije: «¡Señor dame fortaleza para
enfrentar este momento! ¡No puedo con todo esto de la muerte del
abuelo y con lo de mi hermana!»
Acto seguido llame a mi esposa y le dije que no podía ir a la funeraria
porque apareció mi hermana.
Todo el asunto me tomo hasta la medianoche.
Debido a su condición psiquiatría la tuve que llevar al Hospital de
Centro Médico con una ley que nos permitía traerla a la realidad.
Al otro día fui a la funeraria. Allí, junto a uno de los primos de ella,
¡boooooom! Caigo en llanto por los dos eventos que estaban
pasándome. No fue fácil. Al segundo día me puse en oración de nuevo
porque sé, que lo que voy a pasar es difícil. Llegue al cementerio y pues
pasa lo que siempre me sucede en ese cementerio.
Me pongo muy nostálgico porque ahí es donde está mi papá enterrado y
el abuelo de mi mejor amigo que es como su papá.
Te puedo decir que a pesar de tener muchas emociones juntas
pude sobrellevar todo en paz.
Si no hubiera tomado acción con respecto a mis sentimientos
la historia hubiera sido diferente.
Yo conozco lo sentimental que puedo ser, pero antes de sucumbir ante
los problemas, prefiero reconocer mi pobre humanidad y buscar ayuda.
José

* * *

Es cierto que no siempre podemos prepararnos, pero en ciertas ocasiones como la que acabamos de ver, si podemos. José reconoce que es una persona muy sentimental y que puede recurrir a la oración en busca de ayuda frente a situaciones difíciles.

Recomendación #5
Busca ayuda en una comunidad

Compartir en una comunidad puede ser muy gratificante. Rodearse alrededor de personas comprometidas con su bienestar físico, mental, emocional y espiritual te puede ayudar a balancear tu vida. La soledad en momentos de

¿Qué sigue después?

crisis no es una buena consejera, pues se presta para auto-engañarte y reprimirte.

Una comunidad puede llenar muchos vacíos internos. Te puede dar la oportunidad de ayudar como de recibir ayuda. Esta retroalimentación es necesaria para adquirir un sentido de pertenencia profundo que te ayude especialmente en los momentos de crisis. No desaproveches la oportunidad de unirte a una comunidad porque aunque muchas personas pueden tildar a las personas de una comunidad de «hipócritas,» por lo menos son «hipócritas» que quieren mejorar. Y eso es precisamente lo que tú y yo necesitamos todos los días, mejorar.

Recomendación #6
Busca ayuda espiritual y profesional

Como ya mencione al comienzo de este libro, no pretendo ser psicólogo, psiquiatra ni terapista. Todo el material contenido aquí es para ayudarte a dejar de pedir perdón por existir. Somos sumamente valiosos como para permitir que la esperanza homicida nos mantenga el alma suspendida. Somos una obra maravillosa que jamás debería de arrepentirse de haber tenido la gran oportunidad de habitar este mundo.

Pero este material no pretende sustituir cualquier terapia que estés tomando o que puedas necesitar. Es más, te animo a que la continúes. Si por el contrario no estás asistiendo a ninguna terapia, y crees que necesitas ayuda, regálate una visita a un terapista o un guía espiritual. Ellos son personas preparadas que se han dado a la tarea de educarse para servir a otros. No pierdas la oportunidad de beneficiarte de sus servicios.

Recomendación #7
Has otras oraciones

Las oraciones que presento a lo largo de este trabajo no tienen la intención de ser las únicas armas con las que contamos. De hecho existen oraciones muy poderosas que les han servido a muchas personas. Por tanto, te exhorto a investigar y a orar múltiples oraciones que a lo largo de los siglos han probado ser de mucha efectividad.

Recuerda que ante todo debes poner toda tu sinceridad en estas oraciones ya que la oración perfecta, como ya he mencionado, es la oración sincera. La oración que sale del corazón debe expresar con toda sinceridad nuestra voluntad de permitirle al Espíritu Santo orar en nosotros. Así cumpliremos con la voluntad de Cristo cuando nos llama a orar en espíritu y en verdad.

Oración de reafirmación

En esta Oración de reafirmación deseo proponer una oración para reafirmar nuestro entendimiento al rebatir los requisitos absurdos de los que hablamos en el Capítulo 14. Durante esta oración iremos rebatiendo cada uno de estos doce requisitos absurdos. La intención detrás de ella es no tener objeciones para perdonar y pedir la intervención divina para que nos ayude a entender que no debemos tener excusas en cuanto a lo que perdonar se refiere.

Para esta oración debo recordarte que la oración perfecta es la sincera. Así que este es el único requisito que necesitas cuando realices esta oración. Hazla de manera sincera, sin engañarte a ti mismo. Si la haces formar parte de tu corazón quedara perfecta porque fue sincera. Al final te propongo la Oración franciscana por la paz, mejor conocida como la oración de San Francisco de Asís, porque la considero excelente para reafirmar nuestro perdón y movernos a tener una filosofía de vida orientada más a dar que a recibir. Luego, en los próximos tres capítulos reflexionaremos acerca de lo que debemos hacer para sellar la sanación, convertirnos en canales de paz y la poesía que dio origen a todo este trabajo.

 Oración para rebatir los requisitos absurdos

¡Señor Jesús hoy deseo reconocer que perdonar
no es un largo y tedioso proceso!
Sé que no estoy haciendo un largo viaje para perdonar. Con el pasar de
los años no me acercaré más a la gran meta de perdonar porque esa
meta se cumple hoy. Ayúdame a nunca decir que estoy trabajando con el
perdón. También ayúdame a reconocer que no existe una formula en la
que a menor dolor más he perdonado.
¡Qué no espere que el perdón sea el punto culminante de mi vida,
sino el comienzo de una sanación que tomará el tiempo

que tú juzgues necesario!
Señor, tú sabes que algo muy malo me sucedió
y que me dolió profundamente.
Algo que definitivamente no puedo permitir que vuelva a pasar.
¡No deseo que reemplaces mis sentimientos! Todos son producto del
regalo que me diste con la vida. ¡No los reemplaces! Enséñame a
apreciarlos porque son mis sentimientos. No deseo forzar ningún
sentimiento de ninguna manera. No quiero obligar a ningún sentimiento
a reemplazar otro. Lo que si te pido es que me des fortaleza para
cambiar mi forma de pensar. Así podre perdonar con ira, con miedo y
hasta con un sentido de pérdida. Quiero abrir la puerta para comenzar a
sanar dándome una nueva oportunidad. Deseo darme permiso para
vivir. Anhelo perdonar hoy con mi nivel de entendimiento y así permitirle
a mi perdón crecer en mi corazón cuando lo reafirme
las veces que sea necesario.
¡Señor Jesús ayúdame a perdonar los actos que han sido cometidos a
otras personas! Sé que la ofensa no la realizaron en contra mía. Pero me
duele que castiguen a otras personas y las humillen. Me ofende la
injusticia en el mundo. Sé que no puedo perdonar por ellos, pero esto no
significa que no me pueda sentir ofendido por las acciones que otros
cometen contra otro ser humano. Quizás la crueldad cometida no fue en
contra mía, pero la injusticia extiende su veneno a todo aquel que la
presencia. Ayúdame a dejar de aparentar que no estoy ofendido.
No quiero negar, que lo que sucedió, me dolió.
¡Señor Jesús ayúdame a entender que perdonar no es algo que se tiene
que ganar o merecer! Nadie tiene que reparar todo el daño que me
hicieron para ganar mi perdón. Nadie merece ser perdonado porque es
algo que me toca regalarme a mi primero y luego a los demás. No quiero
requerir un acto reparador para otorgar mi perdón. Nadie en lo
absoluto puede hacer algo que sea tan meritorio como para que merezca
que lo perdone. Ninguna acción será lo suficientemente reparadora
como para borrar la injusticia cometida. No existe una justa
compensación ante las pérdidas que he tenido. Pero, precisamente
porque nadie lo merece es que deseo perdonar.
Nadie merece misericordia, nadie merece gracia, pero es lo que deseo
dar como un acto de donación. Deseo otorgar un favor no merecido.
Anhelo perdonar sabiendo que no lo merece para que la maldad en mi
no impida mi sanidad y mi liberación del resentimiento.
Enséñame a distinguir entre el perdón y la confianza para ver que son
dos cosas diferentes. Qué pueda ver que la confianza hay que ganarla y
que es un requisito para la reconciliación, pero no para el perdón.
Qué vea que el perdón viene antes que la confianza porque es primero

213

para mí y para mi salud emocional. Luego, si es posible y si tú lo dispones, dame oportunidades para que crezca la confianza entre esa persona y yo de manera que tengamos una reconciliación. Enséñame a perdonar incluso a los que rehúsan arrepentirse y a pedirme perdón. No los estoy invitando a que sigan ofendiéndome, ni aprobando su maldad o su injusticia. Solo quiero dejar claro que no es justo para mí permitir que otro decida si soy sanado o no.

Ya es suficiente con el daño que me hicieron como para seguir haciéndome daño yo mismo. No existe ninguna lógica en dejar que mi sanidad emocional dependa de si se arrepiente o no. Quiero ejercer el derecho a la libertad, sin esperar a que quieran o no, darme la oportunidad de perdonar. No estoy de acuerdo con la ofensa, ni estoy ofreciendo la relación que tenía antes necesariamente. Deseo optar por perdonar para que la ofensa no se haga mucho mayor dentro de mí. Enséñame a ver la diferencia entre la forma en que tú perdonas y la forma en que me pides que yo lo haga. Sé que tú perdonas si me arrepiento, pero tú me pides que perdone aunque los demás no lo hagan. No tengo que esperar el arrepentimiento porque es hoy cuando necesito comenzar a sanar y poco a poco quedar libre de las secuelas que me dejó la violencia vivida. Sé que cuando tú me perdonas, no lo haces para abrir la puerta de la sanación ya que tú no necesitas sanación ni tampoco guardas un resentimiento. Sino que tú perdonas para liberarme del pecado y devolverme tu amistad.

Señor, tú eres en esencia amor y en ti no cabe el resentimiento ni el rencor.

Por eso pides mi arrepentimiento y mi confesión. Pero a diferencia tuya, cuando yo perdono, lo hago para comenzar a sanar.

¡Señor Jesús ábreme los ojos para que vea que perdonar no es necesariamente el paso previo para reconciliarme con mi ofensor!

Las cosas no van a volver necesariamente a estar como estaban antes del enojo. Enséñame a ver que la reconciliación depende de que mi agresor se arrepienta y tenga el firme deseo de no volver a cometer un daño similar al cometido. Te pido que tú también lo perdones y cambies su corazón. También te pido, que si así tú lo deseas, vuelva a crecer un vínculo entre nosotros donde el respeto mutuo haga crecer la confianza poco a poco. Fréname cada vez que quiera otorgar la confianza con rapidez. Qué pueda hacer mía esa frase que dice:

«El que es fiel en lo poco será fiel en lo mucho. Pero el que no es fiel en lo poco, tampoco será fiel en lo mucho.»

Por otro lado, de no haber un arrepentimiento sincero, dame la fuerza para alejarlo de mi vida y entregarlo a tu misericordia. Dame la valentía de enfrentar mi soledad acompañado por ti.

*¡Señor Jesús has que pueda poner un alto a la crueldad y vea que perdonar no es invitación para que me hieran! Qué no le dé permiso a nadie para que vuelva a humillarme. Ni que le entregue en bandeja de plata mi cabeza. Qué pueda ver que perdonar no es una forma de sacrificio personal dónde sufro en silencio y me culpo por el bienestar de los hijos o de otra persona. Has que pueda dejar de pretender que todo está bien cuando siento que no es así. Qué pueda ver que el odio causa mayor daño a quien lo tiene, que a quien lo recibe, Enséñame a ver que quien se niega a perdonar sufre mucho más, que aquél a quien se le niega el perdón. Porque cuando uno odia a su enemigo, pasa a depender de él. Quiero dormir con tranquilidad sin que nadie perturbe mi sueño, mi digestión y mi salud entera. Guardando resentimiento soy el único perjudicado, el único que sufre y el único lastimado. Deseo dejar de causarme daño, masticando odios, envenenando mi mente y atormentándome con ideas de venganzas. Quiero ejercer un acto de justicia y de nobleza conmigo mismo primero y luego con mi ofensor.
Has que sea capaz de reflejar
un rayo de tu esplendor.
¡Señor Jesús que pueda dejar de aparentar que no es para tanto! Aunque para otros la ofensa que me lastimó, sea una tontería, para mí no lo fue. Qué vea que perdonar no es condonar, sino la mejor manera de lidiar con el pasado sin minimizar la ofensa. No me puedo convertir en cómplice del injusto diciendo que aquí no ha pasado nada o que de algún modo comprendo su actitud. Señor estoy herido, y aunque no reconozca el alcance del daño, he sufrido en carne propia la injusticia y la crueldad. ¿Cómo voy a aparentar que aquí no ha pasado nada? Si el dolor que siento es real. Es tan real que toda mi vida está condicionada por este dolor. Es tan real que nadie entendería exactamente lo que siento a menos que fuera yo mismo. ¿A quién quiero engañar aparentando que no es para tanto? Jamás podre justificar el mal realizado. Qué internalice Señor, la regla de oro que dice: «Rechaza el delito y compadece al delincuente.» De ninguna manera quiero negar, justificar o condonar la ofensa que me han hecho en el pasado. Todo lo contrario, porque sé el alcance real de estas acciones crueles es que decido perdonar. Lo hago para preservar mi salud y mi bienestar interior. Mi perdón es un grito interno donde pongo un alto a las humillaciones y no permito que continúen ofendiéndome.
¡Señor Jesús que yo vea que perdonar no me hará sentir lo que sentía antes! Enséñame a esperar una mejor realidad que la que tenía y no ver el pasado como los mejores ni los peores tiempos de mi vida. Qué no diga: «Nada será como antes.» porque el perdonar no hará eso por mí. Has que vea que el mejor momento de mi vida es ahora porque*

es lo único que tengo. No me quiero conformar con migajas, cuando por el contrario, vivir mi presente es optar por el pan completo. Qué pueda ver que ante mi comienza a abrirse cada día con infinidad de secretos por descubrir. Un mundo que está esperando por mí para develarse y darse por completo. ¿Por qué voy a querer sentir lo que sentía antes, si hoy puedo sentir mayores y mejores cosas? Ahora tengo la oportunidad de vivir permitiendo que el pasado sea una escuela y no una pesadilla. La oportunidad de experimentar una paz nueva y mucho más profunda que la que ayer tenía. Una etapa nueva, donde mi éxito dependerá de que pueda puedo verlo todo con una gran cicatriz, y no con una herida abierta. Hoy quiero sentir que a pesar de la ofensa vivida, todavía tengo la opción de amar.

¡Señor Jesús permíteme recordar siempre todas las ofensas! ¡Qué con mi perdón no olvide nunca! Qué acepte que no hay tal cosa como un mejor pasado. Quítame la tentación de querer regresar el reloj a como estaban las cosas antes de mi enojo. No quiero caer en esa obsesión. Devuélveme a la realidad para no frenar toda posibilidad de sanación emocional en mí. Qué no me desespere tanto, poniendo todos los recursos que tengo para olvidar. No quiero terminar en el cansancio, el desaliento y la frustración. Enséñame a escapar de la mentira de que el perdonar produce una amnesia sagrada. Qué no diga: «Te perdono y asunto olvidado,» tratando de aparentar que todo está bien. Mejor aún, que yo recuerde y que mi perdón comience a quitarle la fuerza a los pensamientos que no permiten resolver mis sentimientos. ¡Qué no olvide jamás! Enséñame a no olvidar ninguna de las injusticias que cruelmente sucedieron. No quiero olvidar ninguna de las ofensas. No quiero hacer desaparecer nada de mi biografía. Deseo recordarla toda.

Enséñame a aprender de las ofensas pasadas para procurar que no vuelvan a pasar. Quiero recordarlas para enseñarles a otros que hay cosas que son inaceptables y que producen un daño atroz.

Deseo recordarlas sabiendo que he triunfado y que no tengo que esconderme de ellas. Has que esos recuerdos se conviertan en sueños y dejen de ser pesadillas. Anhelo leer mi pasado con sentimientos nuevos. Quiero aprender de cada una de estas experiencias sabiendo que solo el amor edifica y levanta, mientras que el odio produce destrucción y ruina. Enséñame a no esperar que el perdón me traiga un recuerdo sin dolor. ¡Qué no caiga en esa trampa! Has que entienda que el perdonar no elimina siempre todo el dolor, sino que abre la puerta para que el dolor se vaya. Qué vea que la sanación es recordar sin dolor y que el perdón es solo el comienzo de ese camino. No me quiero reprimir.

Lo que quiero es que mi perdón comience a canalizar todo el dolor almacenado con el amor que ahora siento.

¡Señor Jesús que vea que mi perdón no siempre va a eliminar la deuda!
Enséñame a no suspender o violar unas leyes que, antes que nada, deben
proteger al buen ciudadano, al ciudadano ofendido, agredido o
maltratado. Qué vea que perdonar no requiere siempre absolución y
que no va de la mano con perdonar la deuda. Enséñame a distinguir la
diferencia entre ambas decisiones. Has que vea que para perdonar no es
requisito olvidar la deuda, las consecuencias disciplinarias ni la
responsabilidad. Qué mi perdón no impida la no aplicación de las leyes
justas, reclamar la restitución de los derechos violados, la reparación de
la injusticia cometida y el digno castigo. Qué en todo esto no busqué la
venganza personal, sino la justicia. Bajo la consigna del ojo por ojo
diente por diente solo obtendré un mundo ciego y sin dientes. Qué mi
perdón busqué la aplicación de las leyes, evitar el mal, compensar
daños, castigar adecuadamente, evitar peligro al resto de la sociedad y
su recuperación. Te dejo la absolución a ti Señor porque sé muy bien
que no la puedo garantizar aunque quiera. Te pido que se haga
responsable de sus acciones y que busque hacer las paces con su propio
pasado, así como yo hago las paces con el mío. Enséñame a trabajar por
la justicia aunque no tenga garantías de cambio porque esa es la llave
para abrir la puerta a un futuro mejor y para que las cosas mejoren.
Qué pueda poner mi granito de arena para que el espiral de violencia
acabe. ¡Señor permíteme acabar con la obsesión que tengo con mi
herida! Las obsesiones son dominantes, repetitivas y comprometen la
calidad de mi vida. Has que mi perdón detenga mi obsesión
con la herida y pueda renunciar a la venganza.
¡Señor Jesús que mi perdón no dependa de mi percepción sobre lo que
es la justicia! Has que no busqué entender la situación como requisito
para perdonar. Qué no me interesen los ¿cómo? o los ¿por qué?
No deseo conocer si lo que sucedió fue justo o no. Has que no busqué
minimizar el dolor mediante la comprensión de la situación. Qué no me
empeñe en encontrar una justa causa de lo que sucedió y que tampoco
me eche la culpa. Has que no busqué como de alguna manera contribuí
a que eso pasara para minimizar la ofensa. Aunque, el querer descubrir
la intención del otro suene muy bonito, aléjame de esa tentación. Por
más que trate de buscar los motivos nunca entenderé a cabalidad lo que
esa mente contiene. Qué vea que por mucho comprender no me libraré
del dolor. Enséñame a no debatir si lo que sucedió fue justo o no.
Aunque para otros el acto fuera justo, para mí no lo fue. Por eso
necesito perdonar para liberarme. Has que vea, que la comprensión que
a veces busco, es solo una manera de aplazar lo que me toca hacer
para liberarme del yugo de los demás.
¡Señor Jesús que vea que perdonar no es tomar conciencia de que en

realidad, nadie me ha hecho daño ni tampoco que nosotros se lo hemos hecho a otros! No necesito despertar a la idea de que la culpa no existe y que simplemente nadie me hizo daño porque nadie daña a nadie.

Oración de
reafirmación

Lo cierto es que no hay ningún mal entendido. Qué no busqué justificar la ofensa diciendo que no existen culpables porque cada uno de nosotros siempre está haciendo lo mejor que puede de acuerdo con su grado de cultura y conciencia. Cada uno debe ser responsable por sus acciones. Qué no busqué mediante el engaño a mi mismo tan solo disculpar la ofensa. Has que no busqué creer que todas las ofensas son justificables porque a través de ellas me elevan la conciencia.
Qué no busqué engañarme y vea las cosas como realmente pasaron para perdonar las veces que haga falta. No quiero justificar el mal cometido al decir que gracias a un mal salió algo bueno.
El perdón no se puede fundamentar en la mentira.
¡Señor Jesús que mi perdón no dependa del tipo o tamaño de la ofensa! No puedo ser tan pretencioso como para establecer la línea donde una ofensa deja de ser perdonable para convertirse en una imperdonable. Qué no busqué hacer distinción entre las ofensas porque no existe ofensa tan grande que no se pueda perdonar, ni tan pequeña que no requiera nuestra atención. Has que mi perdón no restrinja toda posibilidad de libertad. Mi futuro gozo no debe ser pospuesto. Tampoco mi alegría depende de la persona que me ha hecho sentir un estado miserable.
¡Padre Santo, yo perdono de nuevo a _____ en el nombre de Jesús! por sus malas acciones y ato en tu nombre Jesús todo mal relacionado con esta ofensa o irritación y lo depósito a los pies de tu cruz para que tu dispongas de él.
Has que _____ tenga un gran éxito en su vida. Dale una mejor economía que la mía. Qué sea mucho más feliz que yo y has que sienta tu amor mucho más de lo que yo lo siento. Restaura toda su persona. Señor has que sane todas y cada una de sus heridas mucho más rápido que yo. Qué encuentre mejores amigos que los que tú me das. Has que su vida sea más gratificante que la mía.
Otórgale una paz más profunda y duradera que la que yo pueda tener algún día. Dale mayores dones, carismas y talentos de los que me das a mí y permítele tener un mayor crecimiento emocional y espiritual. Dale un mejor lugar en el cielo del que me tienes preparado a mí.
¡Perdónalo más de lo que me perdonaste a mí y que él pueda perdonar como yo lo perdono!
Amén

* * *

* * *

Oración franciscana por la paz

¡Señor, has de mí un instrumento de tu paz!
Que allí donde haya odio, ponga yo amor;
donde haya ofensa, ponga yo perdón;
donde haya discordia, ponga yo unión;
donde haya error, ponga yo verdad;
donde haya duda, ponga yo fe;
donde haya desesperación, ponga yo esperanza;
donde haya tinieblas, ponga yo luz;
donde haya tristeza, ponga yo alegría.

¡Oh, Maestro!, que no busqué yo tanto
ser consolado como consolar;
ser comprendido, como comprender;
ser amado, como amar.

Porque dando es como se recibe;
olvidando, como se encuentra;
perdonando, como se es perdonado;
muriendo, como se resucita a la vida eterna.

* * *

¿Qué hacer para sellar la sanación?

El Señor sella la sanación en nosotros de muchas formas en nuestra vida. El ha puesto a nuestra disposición múltiples medios para que no perdamos lo que hemos recibido de parte de Él. Quizás la forma más sencilla de verlo es a través del mensaje sobre las primeras comunidades que se encuentra en Hechos 2:42-46 dónde dice: *«Acudían asiduamente a la enseñanza de los apóstoles, a la convivencia, a la fracción del pan y a las oraciones.»*

A través de esta lectura podemos identificar algunas maneras en las cuales las primeras comunidades actuaban. Ellos recibieron muchas bendiciones y sanaciones. Podemos ver su manera de actuar como una forma de cubrir o cerrar las puertas para que la sanación no se escape. Dicho de otra forma, sellar la sanación obtenida y mantenerla por fe.

 ## Acudían asiduamente a la enseñanza de los apóstoles...

Una forma de sellar la sanación es formándonos como cristianos. No podemos ir por el mundo como libres pensadores. Si recibimos la sanación de Cristo debemos permanecer fieles a sus promesas. El primer mandamiento dice que debemos amar a Dios sobre todas las cosas y lo cierto es que nadie ama lo que no conoce. Debemos crecer en este conocimiento si queremos amar más a Dios y a los demás. Para esto es necesario formarnos con responsabilidad.

 ## ...a la convivencia...

Cuando estamos en la Iglesia no hay mucha oportunidad de conocer a las personas. El integrarnos a un grupo o ministerio nos da la oportunidad de entrar no solo en una convivencia donde recibimos el amor de los hermanos, sino que tenemos la oportunidad de compartir lo que el Señor ha hecho con nosotros. Esta convivencia es muy importante pues en Santiago 5:16 Dios nos revela una impresionante promesa de sanación: *«Reconozcan sus pecados unos ante otros y recen unos por otros para que sean sanados. La súplica del justo tiene mucho poder con tal de que sea perseverante.»*

 ...a la fracción del pan y a las oraciones...

Esta forma de sellar la sanación es súper importante porque las primeras comunidades acudían con frecuencia a la Comunión. Para explicarla quisiera dividirla en tres partes: la alegría de ser perdonados, el sacramento de la Reconciliación y el sacramento de la Eucaristía.

 La alegría de ser perdonados

Qué bien se siente el ser perdonado cuando uno tiene remordimiento. No sé si tuviste la oportunidad, cuando eras pequeño, de hacer alguna travesura y experimentar el perdón. Al principio te sientes nervioso y luchas con la preocupación de lo que pasará cuando tus padres finalmente se enteren de lo sucedido. Irónicamente, nos imponemos un castigo peor al castigo que vamos a recibir pues nos auto infligimos una carga pesada cuando nos sentimos culpables. Nos sentimos inquietos, tensos y no podemos relajarnos ni tener un momento de alegría, porque en cualquier momento se podría saber la verdad. Pero, que maravilloso cuando finalmente reconocemos nuestro error y pedimos perdón, ¿no se siente fabuloso cuándo nos dicen que estamos perdonados? En Definitiva, el tener la certeza de que estamos perdonados nos libera. El mejor regalo que podemos recibir es el perdón de las faltas cometidas.

De igual manera sucede en nuestra relación con Dios. Cuando tenemos la certeza, de que Jesús vino para que todos tengamos la magnífica experiencia de ser perdonados, podemos experimentar esta libertad. Él vino para que pudiéramos reconciliarnos con Dios y con los demás. Por eso padeció horriblemente pagando el precio por cada una de nuestras faltas. Lo único que tenemos que hacer, para experimentar la alegría de ser perdonado y liberado, es acercarnos reconociendo nuestro error y confesar nuestro pecado.

La manera en que la iglesia ha reconocido esta acción salvífica es a través de las palabras y las acciones de Jesús durante su vida. Él mientras estuvo aquí en la tierra anuncio y preparo todo para cuando Él no estuviera. Él quiso darles un tesoro a todos sus hijos a través del Espíritu Santo y también quiso que los ministros de su Iglesia lo dispensaran, tal como lo hizo con el canon de las Sagradas Escrituras y con la doctrina de la fe. La idea era conducir a la Iglesia por medio de su Espíritu a la verdad completa.

Es por esto que la Iglesia ha precisado a lo largo de los siglos siete sacramentos que actúan en nosotros bajo la acción del Espíritu Santo. Todos fueron instituidos por Cristo. Todos confieren gracia y todos poseen un signo visible de algo que no se ve.

La Iglesia los comunica en distintas etapas de nuestra vida. Al nacer a una nueva vida podemos experimentar el Bautismo; para nuestro crecimiento tenemos la Confirmación; para nuestras heridas la Reconciliación; para alimentar nuestra fe la Eucaristía; para formar un hogar el Matrimonio; para consagrarnos al servicio de la comunidad el Orden Sacerdotal y para nuestra enfermedad la Unción de los enfermos.

 ## El sacramento de la Reconciliación

Quizás muchos piensen que los católicos aceptamos fácilmente la culpa personal, que nuestra fe está basada en el sentimiento de culpa y que el perdón de Dios se gana por el esfuerzo que uno haga. Lo cierto es que cuando reconocemos nuestras culpas y confesamos nuestros pecados podemos tener la certeza de que el Espíritu Santo está obrando por medio de un signo visible, profundo y liberador.

Cuando nos llenamos de valentía para admitir que hemos pecado comienza nuestra sanación. A pesar de esto a muchos de nosotros nos cuesta mucho llegar a este punto porque no queremos admitir la verdad de lo que hemos hecho.

Es aquí que debemos pensar en la alegría liberadora que podemos recibir si tan solo nos acercáramos con arrepentimiento a este Sacramento. El peso del pecado y la culpabilidad quedara borrado cuando recibimos este Sacramento. Nos sentiremos libres, aliviados y llenos de alegría como un niño

¿Qué hacer para sellar la sanación?

que arrepentido pide perdón y escucha las palabras de sus padres: «Hijo no te preocupes, estas perdonado.»

Así mismo oiremos la voz de Cristo, que aunque físicamente se fue, decidió otorgar este hermoso poder a su Iglesia. De esta manera hoy podemos experimentar la gran alegría que tantos presenciaron hace más de dos mil años cuando el mismo Jesús les dijo: «Tus pecados te son perdonados. Ve y no peques más.»

Si ya ha pasado mucho tiempo desde la última vez que recibiste la alegría de este hermoso sacramento, decide ir a confesarte hoy mismo o tan pronto puedas. Jesús te espera con los brazos abiertos para darnos su gracia y su fuerza para perdonar a otros. No solo eso, sino que nos sanara y liberara para que podamos vivir libres del mal y de su efecto en nosotros. Dicho en otras palabras, nos espera para sellar en nosotros su victoria.

 ## El sacramento de la Eucaristía

Este es sin duda el Sacramento más especial de todos. En todos los Sacramentos se confiere Gracia, mas en este se nos da el autor de la Gracia. No es un símbolo poderoso. Si fuera un símbolo nadie hubiera estado dispuesto a morir por Él. A veces nos cuesta reconocer esta realidad porque no vemos a mucha gente comprometida con esta creencia. Lo cierto es que Dios es Dios creamos o no creamos en Él.

A través del mundo entero están repartidos muchísimos milagros eucarísticos para todos los escépticos. Todavía hoy se puede ir a visitar distintas Iglesias y contemplar la manera impresionante en que Dios todavía hoy se nos revela.

En una pequeña ciudad en Italia llamada Lanciano ocurrió uno de estos milagros que todavía hoy sigue siendo un milagro continuo puesto que se conserva sin el uso de ningún preservativo. Esto ocurrió en el año 1700 cuando un monje de la Orden de San Basilio, después de haber realizado la doble consagración del pan y del vino, comenzó a dudar de la presencia real del Cuerpo y de la Sangre de Cristo en la hostia y en el cáliz. Él oraba constantemente para librarse de esas dudas por miedo de perder su vocación. Él se preguntaba: «¿Está Jesús realmente y substancialmente presente en la Eucaristía?»

Fue para ese entonces cuando, en una misa, se realizó el milagro delante de los ojos del incrédulo sacerdote. La hostia se tornó en un pedazo vivo de carne de corazón humano. No estamos hablando de la carne de un cadáver, sino de una persona viva. No solo eso, el pedazo de corazón no es de un musculo cualquiera, sino de miocardio, el músculo que proporciona la sangre y, en consecuencia, la vida.

El vino consagrado, por su parte, se transformo en sangre humana del tipo AB. Esta se coagulo en cinco piedrecitas irregulares de forma y tamaño diferentes. Tampoco era una sangre cualquiera, Las proteínas contenidas en la sangre estaban normalmente repartidas en una relación de porcentaje idéntica al del esquema proteico de la sangre fresca normal. **¡Era sangre viva!**

En el Sacramento de la Eucaristía Jesús está vivo y quiere que participemos de esta vida. Él quiere continuar la obra que empezó en el Sacramento de la Reconciliación. Él anhela seguir alimentándonos con su presencia para completar su obra en nuestro corazón.

Si asistimos con frecuencia a la fracción del pan, tal y como las primeras comunidades lo hicieron, estaremos dándole la oportunidad al Señor de que selle sacramentalmente la sanación que nos ha dado. Su vida estará viva en nosotros y estaremos mejor preparados para cuando el mal quiera habitar en nosotros por medio de las ofensas de los demás o nuestra libre aceptación de las tentaciones.

Allí nos encontraremos con el Espíritu Santo y podremos recibir la misericordia de Dios mientras nos arrepentimos de nuestros pecados. Podremos perdonar de nuevo si fuera necesario colocando el mal a los pies de la cruz y enviar una nueva bendición especifica al que nos irrito. También podremos visualizar de nuevo a la persona que nos ofendió de una manera nueva y recibirla tal y como Jesús la desea restaurar para que, tanto nosotros como esta persona que nos injurio, recibamos una victoria completa. Finalmente podremos hacer una ofrenda amorosa a esta persona mientras nos gozamos de cualquier regalo que el Señor quiera darnos para luego dar gracias anticipadas al único que merece todo honor y toda gloria, Jesucristo nuestro sanador.

Oración para ser canal de paz

No podemos ser egoístas con estas gracias que el Señor nos ha dado. Es por eso que te invito a ser un canal de sanación más allá de tu zona de comodidad. Me refiero a interceder en oración por otras personas que así lo necesiten.

Reconociendo nuestros pecados y orando
unos por otros seremos sanados.

En la Carta de Santiago 5:16 la palabra de Dios nos regala una excelente promesa de sanidad que no podemos pasar por alto, tanto para nuestra sanación, como para la de los demás. En la misma dice: **«Reconozcan sus pecados unos ante otros y recen unos por otros para que sean sanados. La súplica del justo tiene mucho poder con tal de que sea perseverante.»**

Es por eso que deseo proponer una oración que podamos usar para ayudar a otros a sanar y convertirnos nosotros mismos en canales de paz interior e inclusive de sanación física si el Señor lo permite. No se trata de una oración para realizar tal como la propongo sino más bien usarla a manera de guía ya que la oración perfecta, como ya lo he mencionado, es la oración sincera.

Básicamente sigue el mismo patrón que la Oración para recibir en fe la paz interior con la diferencia en que no hacemos una lista de personas a las que deseamos perdonar sino que solicitamos al Espíritu Santo que traiga a nuestras mentes a la persona que se necesita perdonar. La razón por la cual es cuestión de tiempo.

Antes de interceder por alguien podemos confirmar su
fe preguntándole si cree que el Señor lo puede ayudar en su situación
y si sabe lo que significa recibir en fe.

Ahora bien, quisiera traer a tu consideración algo importante antes de interceder por otra persona. Es muy saludable confirmar la fe de la persona antes de orar por ella. Una forma de hacer esto es confirmando si

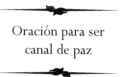

Oración para ser canal de paz

la persona cree que el Señor lo puede ayudar en su situación y si sabe lo que significa recibir en fe.

El mismo Jesús lo hizo muchas veces. Si miramos el Evangelio según San Marcos 9:17-29 nos relata como la confirmación de la fe es un elemento sumamente importante antes de interceder.

* * *

*Y uno del gentío le respondió: «Maestro, te he traído a mi hijo,
que tiene un espíritu mudo. En cualquier momento el espíritu se
apodera de él, lo tira al suelo y el niño echa espuma por la boca,
rechina los dientes y se queda rígido. Les pedí a tus discípulos que
echaran ese espíritu, pero no pudieron.»
Les respondió: «¡Qué generación tan incrédula! ¿Hasta cuándo tendré
que estar con ustedes? ¿Hasta cuándo tendré que soportarlos?
Tráiganme al muchacho.»
Y se lo llevaron. Apenas vio a Jesús, el espíritu sacudió violentamente
al muchacho; cayó al suelo y se revolcaba echando espuma por la
boca. Entonces Jesús preguntó al padre:
«¿Desde cuándo le pasa esto?»
Le contestó: «Desde niño. Y muchas veces el espíritu lo lanza al fuego
y al agua para matarlo. Por eso, si puedes hacer algo, ten compasión
de nosotros y ayúdanos.» Jesús le dijo: «¿Por qué dices: —si
puedes?— Todo es posible para el que cree.» Al instante el padre gritó:
«Creo, ¡pero ayuda mi poca fe!» Cuando Jesús vio que se amontonaba
la gente, dijo al espíritu malo: «Espíritu sordo y mudo, yo te lo ordeno:
sal del muchacho y no vuelvas a entrar en él.»
El espíritu malo gritó y sacudió violentamente al niño; después, dando
un terrible chillido, se fue.
El muchacho quedó como muerto, tanto que muchos decían que estaba
muerto. Pero Jesús lo tomó de la mano y le ayudó a levantarse,
y el muchacho se puso de pie. Ya dentro de casa, sus discípulos le
preguntaron en privado: «¿Por qué no pudimos expulsar nosotros a
ese espíritu?» Y Él les respondió:
«Esta clase de demonios no puede echarse sino mediante la oración.»*

* * *

El mismo Jesús nos da el ejemplo de que Él no es un curandero ni un milagrero. El vino con una misión específica y los milagros fueron un componente muy importante que apoyó dicha misión. Su misión fue redimirnos y los milagros solo son un medio para alcanzarla. Es por eso que Él requería fe en su palabra. Él deseaba con todas sus ansias salvarnos, mas sabía que su sacrificio no serviría sino creíamos con convicción en su mensaje. Tampoco servirá de mucho esta oración si no la hacemos con fe en la palabra de Dios.

 Oración para ser canal de paz

En el nombre del padre, del hijo y del Espíritu Santo.
En Lucas 11:13 nos prometiste: «Si ustedes, que son malos,
saben dar cosas buenas a sus hijos, ¡cuánto más el Padre
del Cielo dará espíritu santo a los que se lo pidan!»
Es por eso que digo: ¡Ven Espíritu Santo!
Ahora lo imagino llegando como una hermosa paloma que
se posa sobre nosotros y nos llena con su santa presencia.
Espíritu Santo trae a mi mente a la persona que necesito perdonar.
Guíame hasta la cruz a fin de obtener misericordia y hallar la gracia
del auxilio oportuno. Ahora frente a ti te pido perdón por haber tratado
mal a esta persona que quiero perdonar.
Perdón por... (relato mis pecados y pido perdón)
Señor gracias porque ahora siento como tú preciosa sangre
está cayendo sobre mí, me limpia
y me purifica. Señor yo recibo tu victoria.

Señor, ahora deseo perdonar en tu nombre.
Pero antes deseo repetir con convicción esta promesa que está
en Filipense 4:13 «Todo lo puedo en aquel que me fortalece.»
Por eso te pido que me ayudes a recibir a ésta persona
que deseo perdonar frente a tu cruz.
Está persona me ofendió cuando... (describo la ofensa)
Señor Jesús me siento...(describo mis sentimientos)
Padre envuelve a... (nombre de la persona) con la luz de tu
presencia y de tu amor. Ahora la veo llena de tu luz y le digo:
Te perdono (nombre de la persona) en el nombre de Jesús aquí
presente por haber hecho esto... (digo la ofensa o la irritación).
Te perdono por haber hecho esta ofensa. Señor yo reconozco que yo
no puedo destruir el pecado. Tú eres el que se encarga de esto desde
tu cruz. Por eso en tu nombre Jesús yo ato este mal y lo deposito a tus
pies en tu cruz bendita para que tú dispongas de él como Tú desees.
Tú ya lo has vencido desde la cruz.

En Lucas 6:27-28 tu me llamaste a bendecir cuando dijiste: «...amen a **sus enemigos, hagan el bien a los que los odian, bendigan a los que los maldicen, rueguen por los que los maltratan.»** *Por eso voy a bendecir a esta persona mientras la imagino muy serena frente a tu cruz.*
Te bendigo en el nombre de Jesucristo con...
(menciono lo que pienso que necesitaba
en este momento de la ofensa)
Estas bendecido y por eso recibo tu imagen perdonada.
Señor Jesús ayúdame a recibir esta persona y bendícela de nuevo.
(Permito que el Espíritu Santo revele esta persona.)

En Jeremías 33:3 tu palabra promete: «Llámame y te responderé.»
Por eso ahora te invoco para que me sanes a mí y a esta persona.
¡Sananos! Te doy gracias porque todo esto está pasando por medio del poder de Jesucristo que sacrificó su vida por mí y resucitó para darme nueva vida. Gracias Padre por lo que tú estás haciendo en nosotros.
Ahora, por favor muéstrame lo que tú quieres que haga para expresar tu amor a esta persona. Gracias Señor Jesús.

El Salmo 37:4 dice: «Pon tu alegría en el Señor,
Él te dará lo que ansió tu corazón.»
Por eso pongo mi alegría en ti
y me visualizo feliz frente a ti.
Ahora recibo lo que deseas ofrecerme
a través de tu Espíritu Santo. (alabo, recibo)
Gracias por lo que has hecho.
Recibo tu paz.
Amén.

* * *

Poesía

Jamás pidas perdón por existir

No pidas perdón por no hacerlo feliz.
Mejor perdona a quién te puso otra carga
al creer que su felicidad dependía de ti.

No pidas perdón por sentir que hablas demasiado.
Mejor perdona la ignorancia de quién te escuchó
con los oídos y no con el corazón.

No pidas perdón por tu depresión.
Mejor perdona tu distracción
al creer que perdiste algo cuando todo te fue dado.

No pidas perdón por aferrarte a esa persona.
Mejor aún, perdona la mentira
de que no podías vivir sin alguien.

No pidas perdón por sentirte inferior,
Mejor perdona a los que por sentirse inferiores
aparentaron saber de todo.

No pidas perdón por no ser la persona ideal.
Mejor perdona a quién con su idealismo
quiso arrebatarte tu individualidad.

No pidas perdón por sentirte menos.
Mejor perdona a esa persona
que por tener experiencia, creyó tener la razón.

No pidas perdón por sentir un vacío.
Mejor perdona tu descuido ya que no vales
por lo que tienes, sino por lo que eres.

No pidas perdón por querer ser mejor que otros.
Mejor perdona tu confusión
ya que solo tienes que dar lo mejor de ti.

No pidas perdón por ser tan emocional.
Mejor perdona la insensatez de quién le molesta
ver en ti lo que se le ha reprimido.

No pidas perdón por sentir rechazo.
Mejor perdona a quién por egoísta
no atesoró lo que era importante para ti.

No pidas perdón por tu imperfección.
Mejor perdona tu ceguera al no ver que tus errores
a cualquiera le quedan más que perfectos.

No pidas perdón por no saber cómo funciona algo.
Mejor perdona tu despiste ya que no servimos para todo,
pero todos servimos para algo.

No pidas perdón por tu peso.
Mejor perdona a quién no entro por tu mirada
para descubrir lo hermoso que tu alma encierra.

No pidas perdón por sentirte débil.
Mejor perdona a los que para esconder su incapacidad
aprendieron a fingir fortaleza.

No pidas perdón por tu baja autoestima.
Mejor perdona la burla de aquellos que en el fondo
lloran por creer son menos.

No pidas perdón por creer que amaste demasiado.
Cree mejor que el amor mientras más se da,
más te llena.

Apéndice
Lista de sentimientos
y sus contrarios

En la siguiente lista encontraras algunos sentimientos agradables y sus contrarios que nos pueden ayudar para definir nuestros propios sentimientos y la bendición que podemos pedir para la persona que nos lastimó. Están agrupados en categorías para facilitarnos su identificación.

Agrado	Desagrado
Calma	**Tensión**
Quietud	Inquietud
Sosiego	Desasosiego
Despreocupación	Preocupación
Tranquilidad	Ansiedad
Paciencia	Impaciencia
Reposo	Intranquilidad
Relajación	Agitación
Alivio	Ansia
Armonía	Alarma
Serenidad	Perturbación
Impasibilidad	Opresión
Consuelo	Tormento
Paz	Agobio
Certeza	**Duda**
Confianza	Desconfianza
Claridad	Turbación, Confusión
Seguridad	Inseguridad
Decisión, Firmeza	Perplejidad, Indecisión
Creencia	Duda
Disposición	Torpeza, Incapacidad
Certidumbre	Incertidumbre
Convencimiento	Desorientación, Desconcierto

Convicción

Esperanza

Resolución

Lucidez, Sensatez

Enfoque

Prudencia

Fe

Ofuscación

Desesperanza

Perplejidad

Atolondramiento, Aturdimiento

Distracción

Imprudencia

Aturdimiento

Compasión

Serenidad

Interés

Mansedumbre

Misericordia

Piedad

Clemencia,

Condolencia

Abnegación

Caridad

Generosidad

Ira

Irritación

Lástima, Indiferencia, Apatía

Enojo, Enfado

Indignación

Coraje

Rigor

Crueldad

Rabia

Furia

Venganza

Amor

Simpatía

Interés

Aprecio

Amistad

Afecto, Simpatía

Ternura

Afecto

Estimación

Cariño

Confianza

Adoración

Odio

Antipatía

Rivalidad

Oposición

Resentimiento

Despecho, Desilusión

Desdén

Desprecio

Burla

Rencor

Celos, Envidia

Idolatría

Deseo

Apetencia

Saciedad

Divertir, Interesar

Antojo, Capricho

Ilusión, Anhelo

Saturación

Agrado

Aspiración, Avidez

Aversión

Inapetencia

Ansia

Empalago

Repulsión

Repugnancia, Desilusión

Escasez

Asco, Repugnancia

Indiferencia, Desilusión

Interés, Aprecio	Aborrecimiento
Gana, Afán	Desgana, Apatía
Aceptación, Acogimiento	Rechazo
Generosidad	Codicia, Avaricia, Ambición

Placer	**Dolor**
Dulzura	Amargura
Suavidad	Aspereza
Calidez, Ardor, Calor	Frialdad
Gusto, Complacencia	Disgusto
Gozo	Molestia Aflicción
Consolar	Mortificación, Angustiar
Deleite	Tribulación, Sufrimiento
Alegría, Satisfacción	Congoja, Tormento

Agrado	**Desagrado**
Bienestar	Malestar
Beneplácito	Enojo
Satisfacción	Insatisfacción, Hastío
Complacencia	Irritación
Deleite	Fastidio

Altivez	**Humillación**
Enfrentar	Resignación, Dimitir
Exaltar, alabar	Desaprobación
Atrevimiento	Sometimiento, Doblegarse
Dignidad	Sumisión
Honra	Deshonra, Postración
Orgullo	Vergüenza
Decisión, Valentía	Timidez
Aprecio, Estima	Desprecio, Menosprecio

Valor	**Miedo**
Esfuerzo	Desánimo, Desinterés
Ímpetu	Desaliento
Brío, confianza	Recelo
Confianza	Temor
Ánimo	Consternación
Audacia, Tranquilidad	Espanto
Osadía	Terror
Coraje	Pánico, Pavor

Alegría	**Tristeza**
Alborozo, Regocijo	Pesar, Melancolía
Jovialidad	Nostalgia, Melancolía
Gozo	Culpa
Ánimo, Alegría, Contento	Depresión, Soledad, Aflicción
Jubilo	Amargura
Entusiasmo	Duelo
Exaltación	Congoja
Dicha	Desdicha
Euforia	Abatimiento
Consuelo	Desconsuelo
Mejoría	Agonía

Satisfacción	**Frustración**
Saciedad	Desaliento
Éxito, Triunfo	Fracaso, Revés
Orgullo	Decepción
Ilusión	Desengaño
Euforia	Angustia, Descontento

Entusiasmo	**Apatía**
Aliento	Desaliento
Inspiración, Diligencia	Desgano, Desidia
Propósito, Dinamismo	Desánimo
Voluntad, Diligencia	Flojera, Pereza, Dejadez
Responsabilidad	Negligencia
Afecto	Indiferencia

Diversión	**Aburrimiento**
Sorpresa	Indiferencia
Distracción	Tedio
Entretenimiento	Enfado
Esparcimiento	Disgusto
Recreo, Solaz	Fastidio
Juego	Hastío

Vigor	**Agotamiento**
Viveza	Fatiga
Fortaleza, Ardor	Debilidad, Cansancio
Energía, Animo, Valor	Languidez
Impetuosidad	Desmayo, Extenuación, Colapso

Agradecimientos

Como no agradecer, al único capaz de quitar hoy el mal de las ofensas pasadas. Como no agradecer a ese que con su muerte pagó el precio que yo estaba pagando por mis ofensas y las ofensas que cometieron otros en mi. Jamás voy a contar con las suficientes palabras para agradecer la libertad que me ha conseguido. Mi más profundo agradecimiento al maestro de maestros, Jesús de Nazareth.

Desde 2007, cuando inicie mis investigaciones para este trabajo, tuve la oportunidad de conocer a muchas personas dispuestas a compartir sus concejos y experiencias. Las historias que me confiaron son sencillamente inspiradoras. No las menciono por sus nombres reales en este momento para proteger su identidad, pero quiero referirme a ellas como unos ángeles de luz que han sido canal de sanación para todos los que las han conocido en persona y para todos los que han leído este trabajo. También deseo agradecer al P. Francis Frankovich quien con su apoyo incondicional me ha inspirado en el desarrollo de la Oración para recibir en fe la paz interior. Estimo que jamás podre agradecerles a todos lo suficiente por su generosidad y confianza.

El apoyo de mi familia —Janell, Fabiola, Alejandro y Gabriela— ha sido sencillamente invalorable. Ellos sin duda me han dado lo mejor de ellos para seguir adelante. A mis padres —Francisco y Nilda— les debo la vida. Si no fuera porque decidieron amorosamente ser co-creadores en el proyecto que Dios tiene conmigo, nada de esto hubiera sido posible. Igualmente, he sentido la presencia de mis amigos repartidos en distintos países del mundo. Por ello, les estoy profundamente agradecido.

Finalmente, gracias a ti que te lanzas a la tarea diaria de jamás pedir perdón por existir y que me inspiras para perdonar las veces que sea necesario cada día, sin importar lo difícil que pueda ser.

Mil gracias.

Francisco Irizarry

Acerca del autor

Francisco Irizarry es un bendecido escritor, conferenciante, director de retiros, arquitecto y maestro que nació en San Juan, Puerto Rico en 1973.

Obtuvo su maestría en el año 1991 por la Universidad de Puerto Rico. Durante los últimos veinticinco años ha trabajado como guía en la transformación de incontables hombres y mujeres en los Estados Unidos y el Caribe como resultado de experimentar una transformación interna desde su juventud.

Durante este tiempo ha inspirando a miles de personas a cambiar sus vidas y a manifestar todos sus sueños. Como resultado de esto escribió su primer libro, Jamás pidas perdón por existir... solo perdona, durante un período de siete años.

Actualmente, Francisco Irizarry participa activamente en el Movimiento de la Renovación Católica Carismática y reside en la ciudad de Spring, Texas junto a su hermosa esposa, Janell. A ambos Dios les encargó unos hijos fabulosos llamados Fabiola, Gabriela y Alejandro.

Para más información visita:
www.soloperdona.com

"Las veces que leo el libro encuentro muchas razones para ser libre. Allí aprendí que Perdonar no significa borrar de momento el dolor sufrido por la ofensa. Pero perdonando se es más libre. Quien perdona se libra de cargas y es más feliz." *Luis Florián*

"Aquí vamos poco a poco desmenuzando esta joya de libro, se los recomiendo, pero léanlo al pasito y sacarán un gran provecho. Gracias Francisco Irizarry por tomarte tanto tiempo en escribirlo." *Javier Maldonado*

"Gracias hermano por este libro, por estas herramientas que Dios ha puesto en sus manos para compartirlo. Estoy aprendiendo mucho gracias a este libro y estoy experimentando el verdadero perdón de corazón conmigo mismo y hacia los demás. Gracias, Dios lo bendiga y ojala mucha gente lo pueda tener. Se los recomiendo. ¡Dios los bendiga!" *Esteban Martínez*

"¡¡Una bendición de libro!! ¡¡Yo lo compré para regalárselo a alguien que lo necesitaba, junto con unos CD también de nuestro hermano Francisco Irizarry y hoy día está persona no se cansa de darme las gracias, pero siempre le digo que gracias a Dios y a nuestro hermano Irizarry por haber sido el instrumento de Dios para sanar a todo aquel quiera ser sanado leyendo este libro!! ¡¡Bendiciones!!" *Miriam García*

"Excelente libro sobre el tema de perdonar y pedir perdón, te ayuda a reflexionar y profundizar mucho sobre el tema, utiliza muchos testimonios y ejemplos prácticos." *Brenda*

"¡Hermoso, como Dios nos habla a través de personas tan entregadas a él como el hermano Irizarry! ¡Bendiciones!" *Alejandra Jaramillo*

"Solo perdona" ha sido un libro excepcional, que el hermano escribió. Nos ayuda a perdonar, crecer espiritualmente, a encontrar paz en nuestros corazones, y vivir más tranquilos y espirituales. También a usted hermano por su ejemplo. Tiene un don de convencimiento, y sé que Dios lo está usando grandemente. No sólo en encuentros matrimoniales, o grupos de oración… sino en todas partes que usted se presenta, nos trasmite alegría, gozo, felicidad. Es un excelente predicador y discípulo de Dios. ¡Esperamos que Dios lo siga usando como hasta hoy! ¡Esta bello como usted nos explica! ¡Gracias hermano en Cristo Jesús por dar el SÍ a nuestro Señor Jesucristo!" *Yolanda Monsiavis*

Made in the USA
Middletown, DE
30 March 2022

63309049R00139